absolute

W0360849

orange ● press

absolute

Herausgegeben von Klaus Theweleit

absolute

Pierre Bourdieu

Herausgegeben und mit einem biografischen Essay
von Joseph Jurt

orange ● press

absolute Pierre Bourdieu
Hg. v. Joseph Jurt
Freiburg: orange-press 2003

Copyright für die deutsche Ausgabe 2003 bei © orange-press GmbH
Alle Rechte vorbehalten

Buchgestaltung: Annette Schneider
Hergestellt in Deutschland

Herstellungshinweis
Dieser Band ist wie alle Bände der absolute-Reihe als Schweizer Broschur gebunden.
Bei dieser Variante der Schweizer Broschur wird der fadengeheftete »Buchblock«
nur auf der Rückseite in die »Decke«, den Einband eingeklebt, »eingehängt«.
Die Machart des Buchs, die Fadenheftung, bleibt so sichtbar.
Dank dieser Bindung lassen sich die Bücher ganz (180°) aufschlagen und bleiben
auch aufgeschlagen liegen!

Die im Text angegebenen URLs verweisen auf Websites im Internet.
Der Verlag ist nicht verantwortlich für die dort verfügbaren Inhalte,
auch nicht für die Richtigkeit, Vollständigkeit oder Aktualität der Informationen.

ISBN 3-936086-14-1

orange-press.com

Die Welt entfatalisieren Interview mit Sylvain Bourmeau

Im April 1997, kurz vor der Veröffentlichung von *Meditationen*, seines wichtigsten theoretischen Buchs seit 15 Jahren, meldete sich Pierre Bourdieu mit der dem Soziologen eigenen Kunst der befreienden Enthüllung zurück auf seinem eigenen Parcours des Denkens. Subversiv und unerlässlich.

Ich glaube, ich war in der Schule immer glücklich und enttäuscht zugleich. Schon sehr früh hatte ich ein gespaltenes Verhältnis zu dieser Institution. Heute ist das schwer zu erklären, weil ich Worte der Gegenwart für Erfahrungen der Vergangenheit benutzen muss. Die Enttäuschung wuchs in dem Maße, wie ich dieser intellektuellen Welt, die ich mir mehr oder weniger erträumt hatte, näher kam. Ich las sehr früh Balzacs *Illusion perdues* und zu früh Flauberts *Education sentimentale*. Es fiel mir schwer zu glauben, dass das Bild, das diese Bücher vom Journalismus, von der Kunst und der Literatur zeichneten, der Wahrheit entsprechen sollte. Aber die Ècole normale half da nach. Sie war für meine Bewusstseinsbildung in dieser Hinsicht die entscheidende Station. Man weiß ja, dass alle Institutionen des Bildungskosmos dazu verdammt sind, sich auf eine außerordentlich enge Definition von Intelligenz zu berufen.

Diese Entdeckung war sehr wichtig für meine Beziehung zum intellektuellen Umfeld. Ich habe niemals aufgehört, darüber nachzudenken. Was ist das für eine Intelligenz, die die Praxis von der Welt abspaltet und das Verstehen der praktischen Logik in gewisser Weise verhindert? In der Mathematik mag das kein Problem sein, bei der Beschäftigung mit Anthropologie oder Soziologie hingegen schon. Die Menschen, die man verstehen will, folgen eigenen Logiken, die von der Logik ignoriert werden. Niemand schien sich großartig Gedanken über dieses Problem zu machen. Ich sah hier nur Bachelard und Cassirer, die sich beide, wenn auch aus sehr unterschiedlichen Perspektiven, die Frage stellten nach dem Verhältnis von Logik und symbolischen Formen in der Wissenschaft – Mathematik oder Physik – zu den praktischen Formen alltäglicher Erfahrung. Ein Verhältnis, das für mich nichts Selbstverständliches hatte. Vor allem die einhellige Meinung in der Philosophie, das Erfahrungswissen des Alltags zu ignorieren, war mir nicht geheuer.

Dieses Unbehagen ist noch erstaunlicher, wenn man Ihre (soziale) Laufbahn bedenkt: Man hätte doch eher annehmen sollen, dass Sie sich übermäßig in der Universität engagieren würden.

Wenn es etwas Einzigartiges an meiner Karriere gibt, dann die Tatsache, dass ich mich mit der Universität niemals in dem Maße identifiziert habe wie die meisten der von ihr Verzauberten. Die Soziologie hat mich gelehrt, Distanz zu wahren gegenüber der wundersamen Verwandlung, die mit der Zulassung einhergeht. Oft wird diese Distanz als Widerspruch dargestellt: »Erst hat er alle Segnungen empfangen, und jetzt tut er so, als würde er sie verschmähen.« Ich sehe das ganz anders. Der Grund, warum ich mich der Soziologie zuwandte, lag sicher darin, dass ich mich als »Normalien«, als Philosophiestudent an der École normale, nicht unwohl fühlte – und die Soziologie hat das noch verstärkt, weil sie mir die Gründe dafür aufdeckte. Noch heute fühle ich mich oft unwohl in einem universitären Rahmen.

Sie nahmen die Soziologie also quasi zum Anlass für eine Sozioanalyse?

Das ungeklärte Verhältnis zur sozialen Herkunft erzeugt Leid und führt zu Boshaftigkeit. Viele Aussagen von Schriftstellern, Philosophen (ich denke an Heidegger), Soziologen (besonders in Bezug auf das Volk) entstehen aufgrund solch nicht gemeisterter Beziehungen. Ich denke, dass meine Laufbahn, oder genauer, ihre permanente Infragestellung, mir hinsichtlich meiner Forschung sehr geholfen hat. Die Erfahrung der Diskrepanz zwischen den beiden Welten hat mir sehr geholfen, vor allem bei den wichtigsten Fertigkeiten, zum Beispiel wie man ein Interview führt oder im Interview auftritt, wie man spricht – über die Kabylen zum Beispiel – und wie man schreibt. Die primäre Erfahrung der sozialen Welt, die, wenn sie verdrängt wird und unbewusst bleibt, zur Quelle von wissenschaftlichen und politischen Fehlern wird, kann, wenn sie erklärt und (zweifellos niemals ganz) beherrscht wird, zu einer Methode der Klarsichtigkeit und zur Quelle von Intuitionen werden, die man natürlich wiederum einer Kritik unterziehen muss.

Man kann also von einer Art Selbsttherapie sprechen.

Meine Arbeit hat für mich, und auch für andere, glaube ich, die Funktion einer, man könnte sagen, klinischen Sozioanalyse. Die Funktion des öffentlichen Schriftstellers – auch explizit eine Funktion meiner ersten Arbeiten über Algerien – verschleiert die klinische Funktion, Mechanismen aufzudecken, welche für das Leiden verantwortlich sind … Die Soziologie produziert nicht nur Wissen über die soziale Welt, sondern auch Wissen über einen selbst. Der Erwerb dieses Wissens über sich selbst ist Voraussetzung für den aktiven (Forscher) und passiven (Leser) Erwerb von Wissen über Sozialstrukturen. Dies ist der Grund, warum es beim Unterrichten der Soziologie den Aspekt der Initiation gibt. Manchmal werde ich als Guru vorgestellt, der nur mit einem kleinen Kreis von Getreuen arbeiten kann. Aber eigentlich sind das nur Leute, die konvertiert sind, und zwar nicht zu meiner Person, sondern zu einer Sichtweise des Sozialen, einer Sichtweise, die es ihnen ermöglicht, in ganz gewöhnlichen Dingen etwas ganz und gar nicht Gewöhnliches zu sehen. Ein berühmter amerikanischer Soziologe sprach einmal vom »soziologischen Blick«, und die Soziologie verleiht einem im wahrsten Sinne des Wortes, wenn man wirklich für sie lebt, neue Augen.

Hatten Sie, als Sie zur École normale kamen, bereits Ihren eigenen Interessensbereich abgesteckt, sich schon auf bestimmte Autoren spezialisiert?

Als Gegenreaktion auf das »brave Studententum«, dem ich mich beugen musste wie jeder andere, der die Aufnahmeprüfung schaffen wollte – eine Haltung, die mich, rückblickend betrachtet, geradezu anwidert (ich hatte mir geschworen, mir so etwas niemals wieder gefallen zu lassen; außerdem hielten mich andere Gründe davon ab, mich stärker für den universitären Bereich zu engagieren) –, begann ich an der École normale Widerstand zu leisten gegen das Programm (im Sinne der Informatik), das einem jede Bildungsinstitution aufzwingt. Und wie um der »Programmierung« meines Gehirns zu entkommen, widmete ich den größten Teil meiner Zeit Harmonie und Kontrapunkt, und zwar mit der Absicht… ja mit der Absicht, Dirigent zu werden. Das dauerte einige Jahre. Aber ich hatte mich zu spät entschieden und musste irgendwann aufgeben, wenn man so will… Ich sehe das heute als Gegenreaktion zur völligen Absorbiertheit einiger meiner Kommilitonen, die mittlerweile übrigens bedeutende Mitglieder der philosophischen Hierarchie geworden sind (CNU [1], etc.) Bei all diesen Entscheidungen sowie bei vielen Entscheidungen im Leben ist es schwer auszumachen, was Gegenreaktion auf etwas und was Neigung für etwas ist. Das gilt besonders für meine philosophischen Entscheidungen. Meine Ablehnung, so paradox das klingen mag, resultierte aus einer Art aristokratischem Bewusstsein (meine Kommilitonen kamen mir oft ziemlich naiv vor). Und das konnte meine Entscheidungen beeinflussen – zum Beispiel entschied ich mich für die Beschäftigung mit verschmähten Philosophen wie Hume oder damals zweitrangigen wie Leibniz – die im krassen Gegensatz zu denjenigen standen, welche die Bildungsaristokratie von einem erwartete. Das ist ein bisschen wie beim Rugby, das ich bis zu meiner Aufnahme in die École normale aktiv betrieb. Rugby war einer meiner »Fehltritte«. In der Philosophie war es Hume, aber auch Heidegger und noch mehr Husserl, *Erfahrung und Urteil*, das ich sehr gründlich las. In meinem letzten Buch habe ich Übersetzungen verwendet, die ich damals anfertigte. Da damals eine verschwommene Phänomenologie vorherrschte, konzentrierte ich mich auf den »harten« Kern: Wissenschaftsgeschichte, Geschichte der Philosophie etc. Ich war nicht der Einzige, der so reagierte.

Also waren es ganz verschiedene Leute, die sich gegen den Existenzialismus wandten?

Die Reaktion, die sich in den 70er Jahren zeigte, hatte sich schon durch den Bruch mit einem Personalismus abgezeichnet, der auch mir ziemlich einfältig und lasch vorkam – ein bisschen wie die politische Philosophie, die heute im Umfeld von *Esprit* gedeiht. Aber meine Ablehnung war nicht ziellos. Der bereits erwähnte Text von Husserl warf (mit dem Begriff der »Habitualität« zum Beispiel) Fragen auf, die denen sehr ähnlich sind, die ich mir seither stelle. Von diesem Moment an neigte ich immer mehr dazu, geächtete und verpönte Positionen einzunehmen. Das war nicht das letzte Mal, dass ich die heilige Grenze der französischen Intellektuellen überschritt: diejenige zwischen dem, was als schick, und dem, was als unschick gilt. Gegenüber der Überschreitung dieser Grenze ist diejenige, auf die sich unsere Möchtegern-Skandalschriftsteller berufen, ehrlich gesagt nur Geschwätz. Der Mut besteht in einer solchen Situation darin, das Risiko schlechthin einzugehen, nämlich als vulgär, ungebildet und engstirnig zu erscheinen. Ich denke dabei an meine Arbeit über die Museen, aus der ich einige Ergebnisse in *L'amour de l'art* veröffentlicht habe. Ein mathematisches Modell für die Wahrscheinlichkeit eines Museumsbesuchs zu veröffentlichen, und das zu einem Zeitpunkt, da andere, in der Illusion eines totalen Bruchs verhaftet, sich für Antonin Artaud oder Raymond Roussel (die ich auch las, vor allem Artaud) interessierten, das war wie ein Selbstmordversuch. Zumindest aus der Sicht einiger Unwissender haftete mir dieses Image eines Feindes von Kunst und Literatur noch sehr lange an. Der Streit, der in letzter Zeit um das Für und das Wider der modernen Kunst geführt wird, hat da einiges klar gestellt, denn es ist ein Streit, in dem die falschen Freunde sich auf die Seite der echten Feinde geschlagen und in dem sich die falschen Revolutionäre – wie Baudrillard – echten Konservativen – wie Jean Clair – angeschlossen haben.

Ich möchte noch einmal auf Ihre Studienzeit zurückkommen. Sie haben, glaube ich, eine Arbeit über die Phänomenologie des Berufslebens angefangen. Um was handelt es sich dabei?

Aus Gründen, die nicht alle intellektueller Natur waren, wollte ich versuchen, die Stärken der strengen Phänomenologie, vor allem ihren direkten Kontakt mit der Welt, mit etwas zusammenzubringen, was für das damalige philosophische Feld einen krassen Gegensatz dazu bildete, nämlich Wissenschaftsgeschichte, Wissenschaftsphilosophie und so weiter. Damals wendete ich mich an Canguilhem. Er stellte sich für mich eine Karriere nach dem Modell seiner eigenen vor: Am Lycée Pierre-Fermat in Toulouse sollte ich für die Aufnahmeprüfung an der École normale Vorbereitungskurse in Philosophie geben – einem Lycée, an dem auch Canguilhem unterrichtete – und gleichzeitig Medizin studieren, genau wie er. Aber ich schlug eine andere Richtung ein. Meinen Militärdienst absolvierte ich in Algerien, konvertierte, als er vorüber war, zur Ethnologie und beschloss, wegen meiner Recherchen in Algier zu bleiben – was eine (vorübergehende) Krise in meinem Verhältnis zu Canguilhem auslöste.

Algerien ist eine entscheidende Phase in Ihrer Karriere ...

Was für mich zuerst wie eine Katastrophe aussah, meine unfreiwillige Abreise nach Algerien, erwies sich als Chance meines Lebens. Als mein Militärdienst zu Ende war, beschloss ich, ein Buch zu schreiben, um »die französische Öffentlichkeit aufzuklären«. *Sociologie de l'Algérie* war so eine Art kritische Bilanz meines Wissens über dieses Land. Danach wollte ich eigentlich zu meinen phänomenologischen Studien zurückkehren. Die Franzosen, einschließlich die Intellektuellen, übten sich bis auf wenige Ausnahmen in zwei Formen von Ignoranz. Die sympathischere Form unterstützte den Kampf der Algerier für die Unabhängigkeit, die unsympathischere war für ein französisches Algerien. Die Gründe für die jeweilige Zugehörigkeit hatten mit der Realität Algeriens herzlich wenig zu tun. Nach langem Zögern führte ich dann ethnologische Feldforschungen über die Kabylei durch. Es ist Lévi-Strauss zu verdanken, dass die Ethnologie ihr Ansehen wiedergewonnen hat. Er schaffte, die Philosophie wieder mit den Sozialwissenschaften zu verbinden. Als ich studierte, befand sich das Prestige der Soziologie auf der untersten Stufe der Hierarchie, und, wenn man die Philosophen fragt, befindet sie sich dort heute noch.

Ansonsten lasen Sie damals ausgiebig die angelsächsischen Kulturanthropologen.

Stimmt. Bei meinen Recherchen hatte ich immer die Bauern des Béarn im Hinterkopf, sodass ich entschied, sie gleich ganz zum Untersuchungsgegenstand zu machen. Dabei ging es für mich darum, auf experimentelle Art und Weise den vertrauten Zugang zur sozialen Welt zu hinterfragen (ein Problem besonders der phänomenologischen Tradition), und zwar, indem ich genau diesen Zugang zum Untersuchungsgegenstand machte und ihn im Unterschied zum wissenschaftlichen Zugang untersuchte, der meist auf statistischer Analyse beruht. Dadurch habe ich, glaube ich, was die Bewältigung meiner Vergangenheit und meines sozialen Unterbewussten angeht, große Fortschritte gemacht. Bei dieser Untersuchung geschah es, dass ich die Bauern des Béarn, die mir trotz ihrer Exotik vertraut waren, genauso zu betrachten begann wie zuvor die Bauern der Kabylei, für die ich ein Fremder war und denen ich gezwungenermaßen mit einem ethnologischen Blick begegnet war – diesen objektivierenden Blick, der aber auch zugleich voller Verständnis und Respekt war, richtete ich nun auf all das, was vom wissenschaftlichen System mit Verachtung bedacht wird. Ich glaube, aufgrund dieser Untersuchung konnte ich das, was ich in Algerien gemacht hatte, besser verstehen und theoretisch verarbeiten.

Von diesem Moment an bestehen Sie permanent auf dieser reflexiven Haltung, Sie häufen Ihre Untersuchungen über persönliche Dinge, um schließlich in *Homo academicus* die universitäre Welt, in der Sie selbst agieren, zum Thema zu machen. Ein sehr mutiges Buch.

Man hat darin eine Form der Abrechnung gesehen, weil ich in erster Linie von mir selbst spreche und davon, was mich zu dem gemacht hat, was ich bin, ob das nun positiv oder negativ war. Das Buch zu schreiben war eine schwierige Angelegenheit, eine Art Selbstanalyse, die ich aufgab, fortsetzte, wieder aufgab und in den Schubladen meines Schreibtisches ruhen ließ. Ich hatte das Gefühl, mein eigenes Umfeld zu verraten – ein Gefühl, das ich in den Schriften von Karl Kraus wiederfand. Und ich frage mich, ob die Mythen, von denen ich umgeben bin – und an denen ich oft verzweifle, weil sie das genaue Gegenteil von dem sind, was ich eigentlich bin oder zu sein glaube –, nicht daher kommen, dass ich derjenige bin, der in diesem Buch genauso wie in *Die Illusion der Chancengleichheit* oder *Die feinen Unterschiede* die Geheimnisse des Stammes verraten hat. Die universitäre Macht analysiere ich beispielsweise als Macht über die Zeit der anderen: ein permanenter Test des Durchhaltevermögens, indem man jemanden ständig warten lässt, indem man Vorgänge nicht bearbeitet, indem der Zeitpunkt von Rigorosa und Veröffentlichungen hinausgeschoben wird und so weiter. Gerade in diesen restaurativen Zeiten kann man überall und jederzeit schreckliche Beispiele dafür erleben: Gerade die Wissenschaftler, die glauben, auf Ablehnung zu stoßen oder ein zu geringes Ansehens zu genießen, forcieren die weichen Formen repressiver Gewalt. In meiner eigenen Laufbahn gibt es ein sehr schönes Beispiel dafür. Mitte der 60er Jahre, als ich von der Philosophie zur Ethnologie und von da aus zur Soziologie übergegangen war, spielte ich mit dem Gedanken, meine Dissertation in Soziologie zu schreiben. Raymond Aron (der mir half, während des Militärputsches in Algerien rechtzeitig auszureisen, indem er mir eine Assistentenstelle an der Sorbonne anbot) schlug ich vor, mehrere unfertige Arbeiten zu einer Doktorarbeit zusammenzufügen: Ein Text über das ökonomische Verhalten im urbanen Milieu, aus dem schließlich *Travail et Travailleurs en Algérie* wurde; eine algerische Untersuchung (Monografien von 200 Familien) über die Wirtschaftlichkeit im Haushalt (ebenfalls im urbanen Milieu) und schließlich meine Arbeit über die Veränderungen der algerischen Agrargesellschaft als Folge des Krieges und des Zusammenschlusses von Volksgruppen durch die französische Armee (woraus schließlich *Le Déracinement* wurde). Aron sagte: »Das ist Ihrer nicht würdig.« Das meinte er sehr ernst, sehr freundlich und sehr großzügig. Aron erwartete von mir eine großartige theoretische Konstruktion, die ich in einem anderen Zusammenhang schon einmal skizziert und häufig mit ihm diskutiert hatte. Aber es handelte sich auch um die schlimmste Form symbolischer Gewalt, diejenige nämlich, die man ausübt, ohne es zu wissen, weil man selbst an ihr leidet, während man sie ausübt. Abgesehen davon hat mir niemand mehr als Aron diese bewundernde Anerkennung entgegengebracht, die für einen jungen Forscher so wichtig ist. Die Auswahlverfahren und Prüfungen standen kurz bevor, und ich habe mir geschworen, niemals zu promovieren. Daran habe ich mich gehalten. Und darüber bin ich glücklich: Ich habe die komplette Uni-Laufbahn absolviert, ohne dieses Zugeständnis zu machen, und oft habe ich mir den Satz von Kafka ins Gedächtnis gerufen: »Stell dich niemals einem Gericht, dessen Urteil du nicht kennst.« Außerdem kenne ich die Nebeneffekte einer Doktorarbeit, und vor diesen Effekten will ich alle, deren Arbeit ich betreue, bewahren: aufgeblähte Einleitungen, falsche und völlig unnötige Gelehrsamkeit, akademische Probleme und dergleichen mehr.

Sie sagten, Sie wären an einem Punkt angelangt, an dem Sie dachten, dass sich das Prinzip der negativen Mythologien, die Sie umgeben, sich in Ihren Werken wiederfände, vor allem in Ihrer Analyse der kulturellen Macht. Im Gegensatz zu dem, was man hier und da über den »Halbgott Bourdieu« hört, ist das Frappierende an Ihren Büchern die listige Freude, die Sie am Analysieren und Infragestellen der Institutionen haben, wie etwa in der Einleitung Ihres letzten Buches, wo Sie sagen, dass Sie die Künstler und Schriftsteller um ihre Freiheit beneiden, ohne sich allerdings dieser Freiheit selbst hinzugeben.

Ich denke beispielsweise an die Bemerkungen von Thomas Bernhard über Heidegger. Sie sind großartig. Auf andere Art und Weise und mit seinen eigenen Mitteln sagen sie genauso viel aus wie eine lange Analyse. Ich habe oft bereut, nicht über ein Instrument wie das Theater zu verfügen, um die Errungenschaften der Soziologie zu vermitteln. Immer war ich eingeschränkt durch den akademischen Anstand. Elfriede Jelinek macht in *Wolken. Heim.* eine Collage aus philosophischen Zitaten und Ausschnitten aus touristischen Prospekten: Man müsste einmal etwas Ähnliches machen, mit denen, die Louis Pinto »Alltagssoziologen« nennt – Lefebvre, Barthes, Baudrillard, Lipovetsky, Yonnet etc. – die ihrem eigenen (und manchmal auch unserem) Ego schmeicheln, indem sie mit einer billigen Masche die Konsumgewohnheiten des Volkes anprangern. Ihre Analysen entmutigen gerade diejenigen, die am meisten davon profitieren würden.

Kommen wir auf diejenigen zurück, die Ihre »Macht« anprangern ...

Wer von meiner »Macht« spricht, ist sehr schlecht informiert. Aber ich bin mir gar nicht sicher, ob ich sie über ihren Irrtum wirklich aufklären soll. »Macht«, so Hobbes, »hat nur, wem Macht zugesprochen wird.« Ich muss zugeben, dass ich es oft bereue, die besten jungen Wissenschaftler nicht gegen Ungerechtigkeiten schützen zu können, Ungerechtigkeiten, die durch das Zusammenwirken von akademischem und politischem Konservatismus und Mittelmäßigkeit entstehen. Das Collège de France verfügt, so viel Ansehen es auch genießt, streng genommen über keine akademische Macht: Meine Analyse des universitären Feldes, die ich in *Homo academicus* präsentierte, zeigt, dass die prestigereichen Positionen, wie sie überzeugte Ketzer wie Lévi-Strauss, Braudel oder Dumézil innehatten, deren Arbeiten in alle erdenklichen Sprachen übersetzt wurden, Wissenschaftler, die weltweit bekannt sind, keinen wirklichen Einfluss bei Stellenausschreibungen und Beförderungen haben und denen sogar selbst, wie das bei Foucault der Fall war, gar keine Forschungszuschüsse gewährt wurden, also dass sich Leute in solchen Position den echten Machtzentren entgegenstellen, solchen, die für die Zusammensetzung der Komitees und Kommissionen verantwortlich sind und die für die Rekrutierung und Kontrolle des akademischen Nachwuchses verantwortlich sind. Es handelt sich um eine polemische Reaktion, wenn man mich als machtbesessen hinstellt: eine Reaktion, weil sie nichts gegen meine Arbeit einwenden können. Ich bin immer ein wenig enttäuscht, dass ich so gut wie nie auf ernst zu nehmende Ablehnung stoße – und so tendiert man dazu, diejenigen, die Macht, vor allem symbolische Macht, in Frage stellen, zu diskreditieren und zu schwächen, indem man sich persönlich an ihnen rächt, und zwar unter dem Vorwand, dass auch sie über Macht verfügten und dass dies der einzige Grund sei, warum man ihnen überhaupt zuhöre. Untersuchungen von sozialen Bedingungen der Kunst- und Literaturproduktion oder -rezeption versucht man sogar als eine Kritik an Kunst und Literatur, ja sogar als »Hass« auf Kunst und Literatur darzustellen. Das stellt natürlich alles auf den Kopf, und diejenigen, die daran zweifeln, sollten einmal die Zeitschrift *Liber* aufschlagen, wo wir versuchen, avantgardistische Vorstöße in Kunst, Literatur, Philosophie und Sozialwissenschaften zu verteidigen und die »Standesgrenzen«, welche zumindest in Frankreich zwischen diesen Disziplinen und Genres herrschen, abzuschaffen.

Der Widerstand einiger Kunsthüter, sich beobachten und analysieren zu lassen, geht oft mit einer ahistorischen Konzeption von Kunst einher. In der Philosophie ist das oft das Gleiche: Ansätze, die heute als fortschrittlich gelten – derjenige von Habermas zum Beispiel, über den Sie in den *Meditationen* ausführlich schreiben –, kennzeichnet dieser Glaube in die Transzendenz.

Die Vorstellung dieser Leute, die sich als Verteidiger von Kunst, Literatur und Philosophie verstehen, basiert meist auf einem weit verbreiteten Kult der Einzigartigkeit, der aber gerade die Zerstörung der Einzigartigkeit zur Folge hat. Eine historische Rekonstruktion dessen, was es bedeutet, *Die Blumen des Bösen* zu schreiben oder *Die Kartause von Parma*, restituiert die Einzigartigkeit Baudelaires oder Stendhals hingegen viel besser als dieser »Schöpfungskult«. Baudelaire in Bezug auf sein literarisches Feld zu betrachten, wie ich es in den *Meditationen* tue, stellt erst die Mittel zur Verfügung, sich selbst in diesem Feld zu positionieren und Baudelaires individuellen Standpunkt zu definieren. Dann erkennt man, was allen großen Schöpfern und Revolutionären gemeinsam ist: die Fähigkeit, Positionen einzunehmen, die von der Logik des Feldes normalerweise ausgeschlossen werden, weil sie – und das zum Preis einer wunderbaren Spannung – Dinge miteinander in Verbindung bringen, die nicht miteinander verbunden werden dürfen.

Anstatt also die Komplexität eines Sachverhalts zu verkürzen, was man den Sozialwissenschaften oft vorwirft, besitzen sie im Gegenteil die Fähigkeit, einen Standpunkt in seiner ganzen Komplexität wiederzugeben.

Max Weber zufolge »routinisiert« die Schule genau wie die Kirche. Sie reduziert das Außergewöhnliche aufs Gewöhnliche, das Nicht-Alltägliche aufs Alltägliche. Baudelaires Texte kennzeichnet oft eine schreckliche Gewalt (in den *Meditationen* gebe ich Beispiele dafür), die uns entgeht, weil wir nicht fähig sind, das Umfeld, in dem sie funktioniert, zu aktualisieren.

In der Politik stoßen die Sozialwissenschaften im Allgemeinen – und Ihre Soziologie im Besonderen – auf die gleichen Rezeptionsprobleme. Ihren Arbeiten zur Politik, die als ernüchternd gelten, wird eine demobilisierende Wirkung unterstellt.

Tatsache ist, dass die Soziologie eine Art »Offenbarung« bewirken kann: Diejenigen, die symbolisch dominiert werden – Frauen, Menschen niederer sozialer Herkunft, Menschen aus der Provinz, Angehörige stigmatisierter Gruppen in der Gesellschaft und so weiter –, fühlen sich nun berechtigt, bis dahin undenkbare oder unaussprechbare Dinge zu denken und zu sagen; ihre Existenz ist ein bisschen mehr gerechtfertigt als vorher – ich habe Instrumente geschaffen, um den Auswirkungen der symbolischen Gewalt entgegenzuwirken, welche einige Institutionen ausüben, nicht zu vergessen die Kunst selbst.

Als Leser hat man das Gefühl, dass sich Ihre Position Mitte der 80er Jahre etwas veränderte, dass Sie hofften, die Anwendung Ihrer Soziologie mehr zu kontrollieren. Sie gingen sogar so weit, sie selbst außerhalb des wissenschaftlichen Universums einzusetzen.

Ich denke, dass sich die soziale Effizienz meiner Arbeit seit den 80er Jahren erheblich gesteigert hat. Als Indiz dafür sehe ich die Heftigkeit und das lange Anhalten der Reaktionen. Als *Die feinen Unterschiede* erschien, veröffentlichte der

Nouvel Oberservateur einen Artikel und ein Foto von mir mit der Unterschrift: »Un jdanovisme new-look.« [Ein neuer Jdanov]. Solche Äußerungen wachsen oft auf dem Mist von Leuten, die die Kommunistische Partei durchlaufen haben (was ich niemals gemacht habe) und die nicht aufhören, stalinistische Denk- und Ausdrucksweisen zu illustrieren, was ich ihnen schon immer, und bis heute, vorwerfe. Kürzlich denunzierte man mich mehrmals als »Neostalinist«. Die Welt der Intellektuellen, die sich für von Grund auf frei und antikonformistisch hält, scheint mir durchzogen von Konformismen. Am schlimmsten dabei ist der Konformismus des Antikonformismus mit einer missbräuchlichen Verwendung traditioneller Modelle der Subversion. Ich habe mich immer auf einer Gegenposition befunden, und zwar aus meinem abgründigen Horror vor Heuchelei, insbesondere vor dem Pharisäertum der »gerechten Sache«. Ich war kein Kommunist, als der größte Teil meiner Kommilitonen in der Partei war, ich habe mich auch nie diesem überschwänglichen Antikommunismus hingegeben, dem sie im Anschluss daran alle verfielen. 1989 veröffentlichte ich *La Noblesse d'État*, ein Buch, das daran erinnerte, dass es die strukturellen Erben des Adels und des Ancien Régime waren, die mit großem Kostenaufwand und Pomp den Geburtstag der Revolution feierten. Ich könnte noch viele Beispiele für Stellungnahmen meinerseits aufführen, die oft als unangebracht wahrgenommen wurden – und zwar angefangen bei meiner Unterschrift unter Coluches Kandidatur für das Präsidentenamt, und das in einem Moment, wo sich der unaufhaltsame Aufstieg Mitterrands bereits abzeichnete, bis hin zur Veröffentlichung von *Das Elend der Welt*, einer Bilanz von vierzehn Jahren »Sozialismus«. All das hat mir den wenig beneidenswerten Ruf des Spielverderbers und des »lebendigen Vorwurfs« eingetragen. Aber die Gründe für die Veränderung, die Sie in den 80er Jahren ansetzen, liegen noch woanders. Am Ende meiner Antrittsvorlesung am Collège de France sagte ich, man könne sich die symbolische Macht zu Eigen machen (diejenige zum Beispiel, die einem die universitäre Berufung verleiht), um die symbolische Macht zu bekämpfen. Vielleicht hat mir der Zugang zum Collège de France das Gefühl gegeben, doch über genügend symbolische Macht zu verfügen, um gegen den Missbrauch derselben kämpfen zu können – was ich in meinen Schriften in gewissem Sinne ja immer getan habe. Gleichzeitig hatte ich das Gefühl, es sei irgendwie meine Pflicht, diese Macht so effektiv wie möglich einzusetzen, indem ich direkt ins öffentliche Leben eingriff und sowohl analysierende als auch katalysierende Rollen spielte. Genau das tat ich mit meiner Stellungnahme 1995 am Gare de Lyon oder mit meinem kürzlich erschienenen Text über das Fernsehen, mit meiner Teilnahme an Bewegungen zur Verteidigung der Rechte der Ausländer oder an Gruppen wie der

ARESER (Association de réflexion sur les enseignements supérieurs et la recherche), die das Ziel haben, das universitäre System zu hinterfragen und zu dynamisieren; oder an Unternehmungen wie *Raison d'Agir* (national und international), die, basierend auf wissenschaftlichen Analysen, konstruktive Vorschläge für soziale Veränderungen entwickeln.

Es gibt also immer noch die Hoffnung, dass die Soziologie eine Befreierrolle spielt.

Genau. Und vor allem auf symbolischem Gelände. Es wäre schon mal nicht schlecht, wenn die Intellektuellen etwas weniger dazu beitragen würden, die dominierenden gesellschaftlichen Kräfte zu unterstützen. Ich glaube, man muss unterscheiden zwischen der wissenschaftlichen Analyse des Feldes der kulturellen Produktion und Prinzipien eines speziellen Kampfes. Und zwar mit dem Bewusstsein, dass das Symbolische – nach der veralteten marxistischen Interpretation – nicht eine einfache Überbaustruktur, sondern etwas Konstitutives ist, auch für die Ökonomie. Gehorsam – das ist eines der zentralen Themen meines letzten Buches – ist eine der unverzichtbaren Grundlagen der Ökonomie, des Wirtschaftssystems.

Die Soziologie kann also politisch sein?

Sie kann der Grundsatz einer spezifischen Politik sein, einer vernünftigen und universellen Realpolitik, die sich vor allem auf die symbolische Ordnung auswirkt. Ich dachte lange, dass meine politische Arbeit das Schreiben über die Bildungsinstitutionen, über die Museen und so weiter sei. Langsam, aber sicher komme ich zu der Überzeugung, dass man mehr tun kann. Man kann wenigstens das bekämpfen, was die Reproduktionsmechanismen der symbolischen Ordnung zum Erhalt der etablierten Ordnung beitragen. Man kann auch hinter das Feld der kulturellen Reproduktion schauen und die eigentlichen Grundsätze der ökonomischen Mechanismen in Frage stellen.

Genau das haben Sie erst kürzlich mit der Interpellation von Bundesbankpräsident Tietmeyer getan.

Dies habe ich als bescheidenen, aber effizienten Beitrag zur Konstruktion eines symbolischen europäischen Raums begriffen, in dem sich die symbolische Gegenmacht der Intellektuellen der ökonomischen Macht der Bankiers entgegenstellen kann. Ich machte nur darauf aufmerksam, dass die ökonomischen Gesetze, auf die sich der Bankier beruft und mit denen er symbolische Macht ausübt, keine zwangsläufigen Gesetze sind, nur weil er für sich den Wahrheitsanspruch der Wissenschaftlichkeit geltend macht. Sie sind genauso wenig wahr wie die des Marxismus. Herrn Tietmeyers Diktion erinnert übrigens an diejenige bestimmter marxistischer Finanztheoretiker. Die Zwangsläufigkeit seiner Aussagen betrifft nicht alle, und bei den Arbeitern, die davon betroffen sind, den Glauben an ihre ökonomische Zwangsläufigkeit zu zerstören, trägt dazu bei, erlahmte gesellschaftliche Kräfte von neuem freizusetzen wie etwa eine europäische Sozialbewegung – wie sie sich bei der Werkschließung in Vilvorde abzeichnet. Eine solche Bewegung könnte sowohl die Tendenz zum Sozialdumping, welches aus der Konkurrenz zwischen den Staatsnationen entsteht, bekämpfen als auch den sozialen Rückschritt, der verbunden ist mit der Zerstörung einer der Haupterrungenschaften der europäischen Gesellschaften: den sozialen Rechten der Arbeiter. Ich reise bald nach Frankfurt auf Einladung der Verantwortlichen der Grünen, der SPD und der IG Metall, um in Hinsicht auf die französischen Bewegungen, an denen ich teilgenommen habe, Möglichkeiten internationaler Maßnahmen zu diskutieren. Das sage ich nicht aus Eitelkeit, sondern um zu verdeutlichen, dass auch eine intellektuelle Maßnahme eine bestimmte Wirkung erzielen kann.

Ist es nicht ein Problem, dass es eine so große Zahl von Einmischungen aus allen möglichen Richtungen gibt, die ja fast nie auf seriösen Vorarbeiten beruhen? Und, kann man trotz allem hoffen, dass wirkliche Forschungsarbeiten auch größere politische Wirkung haben können?

Eine wirkungsvolle symbolische Aktion kann in der Tat nie Sache eines Einzelnen sein – die Zeiten der einsamen und auch ein wenig unverantwortlichen Propheten ist vorbei. Es geht darum, gemeinsam schonungslose und gleichzeitig für alle zugängliche Analysen zu produzieren, indem man die Anstrengungen aller kompetenten Spezialisten vereinigt – und das, ohne die Wissenschaft gleich zum exklusiven und absoluten Grundsatz von politischen Aktionen zu machen. Und im Anschluss daran geht es darum, effiziente Mittel zur Verbreitung dieser Analysen zu finden, was nicht immer ganz einfach ist. Die Zeitschriften und Journalisten wollen bekannte Namen. Sie mögen nicht die Anonymität und Unpersönlichkeit von Kürzeln. Wir haben große Mühe, die Analysen und Vorschläge der ARESER zu veröffentlichen, während sich gleichzeitig in den Rubriken »Horizons« von *Le Monde* und »Rebonds« von *Libération* Massen von Beiträgen ohne jeden Nutzen breit machen. Aus diesem Grund waren wir gezwungen, unseren eigenen Verlag, die »Raison d'Agir«, zu gründen. Patrick Champagne hat gezeigt, wie sehr der Zugang zur Öffentlichkeit filtriert wird durch die Medien, die zu regelrechten »Türstehern« mutiert sind, um nicht zu sagen Zensoren.

Ich wünsche mir eine Bewegung des kritischen Journalismus, in der sich all jene zusammenschließen, die sich mit der Zensur durch Geld und Macht, wie sie von ihren nächsten Vorgesetzten praktiziert wird, nicht abfinden wollen, und die sich verleugnen müssen zugunsten irgendwelcher überbezahlter und unterwürfiger

Vorgesetzter. In Zusammenarbeit mit ihnen könnten die Wissenschaftler den Auswirkungen der Entpolitisierung, welche die Medien erzeugen, entgegenwirken und geeignete Maßnahmen ergreifen, um die Tyrannei der ökonomischen Kräfte einzuschränken.

Ihre Konzeption der Sozialwissenschaften führt zwangsläufig dazu, die Welt zu »entfatalisieren«.

Die Soziologie »entfatalisiert«, indem sie die Regelmäßigkeiten aufdeckt, die die Gesellschaft befolgt, und indem sie die Möglichkeit schafft, diese Mechanismen zu kontrollieren – und das mit mehr oder weniger großem, manchmal aber auch riesigem Aufwand, wie demjenigen, der notwendig wäre, um die Mechanismen vollständig zu neutralisieren, die die Übertragung des kulturellen Kapitals steuern. Aber die Soziologie entfatalisiert auch, indem sie den (vor allem wirtschaftlichen) Missbrauch der Wissenschaft anprangert.

Ist es nicht eine Ironie der Geschichte, dass es gerade die Wissenschaften sind, die als deterministisch gelten, die die Macher daran erinnern, dass es keine historische Zwangsläufigkeit gibt?

Das ist immer so. »Halbwissende« sind immer sehr gefährlich. Leute, die sich in der Diskussion über wirtschaftliche Politik auf Herrn Tietmayers Seite schlagen, sind von der Wissenschaft, auf die sie sich berufen, überzeugt, obwohl sie kein bisschen von ihr verstehen. Sie benutzen sie, um diejenigen zu denunzieren – als archaische Revanchisten oder irrealistische Utopisten, je nachdem, was gerade am besten passt –, die sich gegen das eherne Gesetz der »Finanzmärkte« auflehnen. Sie versuchen schon im Vorfeld auch nur die Möglichkeit einer kollektiven Aktion gegen ökonomische Tendenzen auszuschließen, die weiter oben als fatal beschrieben wurden.

Neben Ihrer großen theoretischen Vielfalt scheint mir das besonders Typische an Ihren Projekten ein ganz eigenwilliges und enges Verhältnis zur Praxis zu sein.

Mein schwieriges Verhältnis zur Welt hat sich in das konstante Bemühen gewandelt, das zu bekämpfen, was Merleau-Ponty ganz entgegen dem üblichen Gebrauch Intellektualismus nannte. In den *Meditationen* analysiere ich ausgiebig die (epistemologischen, ethischen und ästhetischen) Konsequenzen des scholastischen Ansatzes. Und der Bruch mit diesem Ansatz hat mich dazu geführt, das, was ich den »Habitus« nenne, als Prinzip allen menschlichen Handelns anzusehen, also einen gewissen Spieltrieb, einen Sinn für das Praktische (sense pratique) und kein rationales Reflektieren. Das ist sicher untrennbar verbunden mit einem Bemühen, das sich durch all meine praktischen Untersuchungen verfolgen lässt und sich auch in meinen theoretischen Konstruktionen und Analysen manifestiert, dem Bemühen, mit dem »distanzierten Blick« des Zuschauers zu brechen, um der Theorie den praktischen Blickwinkel des sozialen Akteurs einzuschreiben. Und dabei ist es egal, ob es sich um einen Langzeitarbeitslosen wie in *Das Elend der Welt* handelt oder um große Schriftsteller wie Flaubert oder Baudelaire in *Die Regeln der Kunst* oder in *Meditationen*. Die Subversion – die man in der wissenschaftlichen Arbeit immer praktizieren muss – des eingespielten Verhältnisses von Theorie und Praxis kann gar nicht anders als zu einer Reflexion darüber zu führen, wie man der Objektivität der sozialen Welt eine ähnliche Subversion einschreiben könnte.

Anmerkungen

[1] Comité national des universités.

»Mein Schreiben ist weitgehend von der Ablehnung des großen totalisierenden Denkens motiviert, das gemeinhin mit Philosophie gleichgesetzt wird.«

Biografie I **Béarn – Paris – Algerien**
(1930 – 1960)

In »Die biografische Illusion« warnte Pierre Bourdieu ausdrücklich vor der Gefahr, die jeder narrativen Disposition eines biografischen Projekts anhaftet. Einen Lebensweg, »dessen einziger Zusammenhang in der Verbindung zu einem ›Subjekt‹ besteht«, als kohärente Linie zu konzipieren, sei »etwa so absurd wie der Versuch, eine Fahrt in der U-Bahn zu beschreiben, ohne die Struktur des Netzes zu kennen«.[1]

Alle teleologisch konstruierten Biografien basieren auf der philosophischen Vorannahme eines kohärenten Sinnes der Existenz, wie er in Sartres Begriff des »Entwurfs« seinen deutlichsten Ausdruck fand. Bourdieu geht auf Distanz zu diesem Mythos des »ungeschaffenen Schöpfers« ebenso wie zu den Theorien der totalen Determination. Er glaubt vielmehr an das Zusammenwirken der persönlichen Prägungen, des »Habitus«, und der Strukturen des sozialen Raums. So ist es folgerichtig, wenn er den posthum erschienenen Rückblick auf sein Leben nicht als »Biografie« bezeichnet, sondern als »Elemente einer soziologischen Selbstbeschreibung «.[2] Einem Akteur kann man nur gerecht werden, wenn man ihn von der sozialen Umwelt her erklärt, die ihn bestimmt und auf die er reagiert.

Selbst wenn sich die hier versammelten Texte meist an die Stationen seines Lebensweges halten, so folgen sie doch keiner strikten Chronologie. Pierre Bourdieu griff in seinen Reflexionen immer wieder auf frühere Erfahrungen zurück, und dieser zeitlichen Tiefendimension in seinem Denken würde eine Darstellung als lineare »Entwicklung« nicht gerecht. Noch 1998 machte er seine Feldforschungen aus dem Algerien der 50er Jahre zur empirischen Basis für eine Studie über das Geschlechterverhältnis *La domination masculine*. Bei Bourdieu erweist sich die retrospektive Reflexion durchweg als ergiebig, weil frühere Erfahrungen rekonstruiert und aus der Distanz noch einmal bewertet werden.

Als Bourdieu im Herbst 2001 den Rückblick auf seine Lebenserfahrung verfasst, betont er die »Spanne [s]eines Wegs im sozialen Raum und [die] praktische Unvereinbarkeit der sozialen Welten, die er verbindet, ohne sie zu versöhnen«.[3] Schon als Herausgeber der posthum erschienenen Studie seines großen algerischen Schülers und Freundes Abdelmalek Sayad »Die doppelte Abwesenheit« *La double absence*[4] hatte er im Bild des Immigranten/Emigranten auch sich selbst beschrieben: als zugleich in seiner Ursprungskultur fremd Gewordenen und in der Zielkultur fremd Gebliebenen. Diese doppelte Distanz, die einen doppelten Erkenntnisprozess und einen Hang zu ständiger Objektivierung nach sich zieht, kann kaum verwundern angesichts von Bourdieus eigenem großen »Sprung« innerhalb des sozialen Raums. Seine Erforschung immer neuer sozialer Felder wirkt nicht selten wie eine Sozioanalyse des eigenen Weges, wie ein unermüdlicher Versuch, seine eigenen beiden Welten, die der Herkunft und die der Ankunft, besser zu begreifen.

Pierre Bourdieu kam am 1. August 1930 in Denguin, einem kleinen Ort im Département Pyrénées Atlantiques, 14 Kilometer von Pau, zur Welt. Sein Vater stammte aus einem bäuerlichen Milieu, war zunächst Briefträger und später Leiter eines Postamts in einem abgelegenen Dorf im Béarn. Die Kindheitserfahrungen als »Überläufer und Sohn eines Überläufers«,[5] wie er sie bei dem häufig von ihm zitierten Paul Nizan und vor allem in dessen Roman *Antoine Bloyé* wiederfand, war die Erfahrung einer Grenze, die ihn von den Mitschülern, den Söhnen kleiner Bauern oder Handwerker, trennte, einer Grenze, die auch Bourdieus Vater von seinem Bruder und Großvater trennte, die auf dem elterlichen Hof blieben. Im Internat in Pau (1941 – 1947) lernte er diese soziale Grenze von der anderen Seite kennen: Nun stand sie zwischen ihm, dem Internen, der vom Land stammte, und den Externen, den Bürgersöhnen aus der Stadt. Die Erfahrung des Widerspruchs zwischen der wunderbaren Welt des Wissens und der menschlichen Beziehungen, wie sie von den Lehrern vermittelt wurde, und der grausamen Realität des Schulalltags habe ihn dazu gebracht, sich im späteren Leben so ausgiebig mit der Untersuchung des Bildungssystems zu befassen.[6] Die Erfahrung der Doppelnatur der Schule musste »fast zwangsläufig und dauerhaft die Diskrepanz zwischen der hohen schulischen Anerkennung und einer niederen gesellschaftlichen verstärken und damit einen gespaltenen, von Spannungen und Widersprüchen beherrschten Habitus« erzeugen.[7] Pierre Bourdieu erlebte seine Herkunft aus der Provinz und die einfachen Verhältnisse, aus denen er stammte, vor allem in Paris immer wieder als Stigma. Er hat seine Herkunft nie verleugnet, etwa durch eine Überanpassung an die Pariser Gesellschaft; er hatte sie aber auch nicht zu einem außergewöhnlichen Aufstieg stilisiert. Er blieb seiner Heimat, dem Béarn, treu, ohne sie sentimental zu überhöhen. Er versuchte vielmehr, die ländliche Realität mittels soziologischer Studien zu objektivieren.

Von 1948 bis 1951 absolvierte Pierre Bourdieu die Vorbereitungsklassen am berühmten Lycée Louis-le-Grand in Paris, an dem bereits Diderot und Voltaire, aber auch Durkheim, Sartre, Butor und Rocard studiert hatten. 1951 wurde er an der Eliteschule *Ecole Normale Supérieure* aufgenommen, zusammen mit Gérard Genette, Jacques Seebacher und Roger Zuber, sowie Christian Metz, der spätere Filmsemiologe, und Pierre Juquin, der eine wichtige Rolle in der KPF, der kommunistischen Partei Frankreichs, spielen sollte. Jacques Derrida, den Bourdieu sehr schätzte, wenn er auch wissenschaftlich nicht immer mit ihm übereinstimmte, wurde 1952 aufgenommen. Bourdieu studierte Philosophie an der Faculté des Lettres und schrieb unter der Leitung von Henri Gouhier eine Diplomarbeit über Leibniz als Kritiker von Descartes. In seinem Werk *Méditations pascaliennes* (1997) rekonstruierte Bourdieu präzise die Struktur des intellektuellen Feldes zu Beginn der 50er Jahre, in das er nun eingetreten war.[8] Auch sein *Soziologischer Selbstversuch* begann nicht mit dem Blick auf seine ersten Jahre, sondern mit der Rekonstruktion dieses Feldes, da für ihn der Eintritt in ein spezifisches Feld eine Art ›soziale Geburt‹ darstellt. »Verstehen heißt zunächst, das Feld verstehen, mit dem und gegen das man sich entwickelt.«[9]

In seinen Reflexionen über das philosophische Feld der 50er Jahre skizziert Bourdieu den spezifischen Stellenwert der Philosophie. Das Bestehen der äußerst anspruchsvollen Aufnahmeprüfung der *Ecole Normale Supérieure*, die Ankunft am »Gipfel der Hierarchie des Bildungswesens«,[10] zog logischerweise die Entscheidung für das Fach Philosophie nach sich, da die Philosophie in der Disziplinenhierarchie den höchsten Rang beanspruchte. »Man wurde ›Philosoph‹, weil man ausgezeichnet worden war, und man zeichnete sich aus, indem man sich die prestigereiche Bezeichnung ›Philosoph‹ sicherte.«[11] Diese Initiationsriten hätten, so Bourdieu, eine Art elitären ›Korpsgeist‹ unter den Philosophen geschaffen. Geprägt durch die Vorliebe für das Erhabene, hätten sie sich nicht mit konkreten Fragen des sozialen Lebens beschäftigt.

Das intellektuelle Feld der Nachkriegszeit wurde von Sartre dominiert, und Bourdieu räumt ein, dass dieser auf ihn wie auf alle anderen, die in irgendeiner Beziehung zur Philosophie standen, in intellektueller wie politischer Hinsicht eine große Faszination ausübte – eine ambivalente Faszination allerdings. »*Das Sein und das Nichts*«, so Bourdieu später in einem Gespräch, »das war schon zu einer Art Fetisch für viele junge Philosophen geworden, ein Buch, über das alle Welt sprach, das aber tatsächlich nur wenige gelesen hatten [...] Sartre hatte einen bestimmten Stil, einen neuen Ton eingeführt. Man glaubte, den Meister einer Philosophie des Lebens zu hören, einer Philosophie über die Dinge des alltäglichen Lebens, in einer Sprache wie aus einem Roman. Das hat viele junge Philosophen sehr bewegt.«[12] Sartre wurde zur Projektionsfläche für viele Jungintellektuelle, was damit zu tun hatte, dass Sartre den Eindruck vermittelte, alles zu können und alles zu kennen. Sartre wurde zum Prototyp des »totalen Intellektuellen«, dem Endprodukt, auf das, nach Bourdieu, bereits die Vorbereitungsklassen zur *Ecole Normale Supérieure* hin arbeiteten. In diesen »Classes préparatoires« wird vor allem gelehrt, Aufsätze »de omni re scibili«, also über alles und jeden, zu verfassen, »eine Übung, die eine nicht selten an die Leichtfertigkeit triumphierender Ignoranz grenzende Selbstsicherheit förderte«.[13] Sartre wurde für Bourdieu zur Verkörperung all dessen, gegen das er sich selbst »zu entwerfen hatte, gegen den ›Normalien‹, den intellektuellen Philosophen der Ecole normale«.[14] Bourdieus Habitus-Konzept war eine Antwort auf Sartres Subjekts- und Freiheitsphilosophie, die das eigene Selbstverständnis des »ungeschaffenen Schöpfers« universalisierte. Als Bourdieu in den 90er Jahren sein Buch *Die Regeln der Kunst* mit einer intensiven Analyse von Flaubert begann, war auch das eine Antwort auf Sartres Flaubert-Studie *L'Idiot de la famille.*

Die Vorherrschaft Sartres war jedoch auch in den 50er Jahren nicht absolut. Wer sich dem »Existenzialismus« in seiner mondänen oder akademischen Form widersetzen wollte, konnte auf andere, nicht dominante Denkströmungen zurückgreifen. Bourdieu verweist hier vor allem auf die Wissenschaftstheorie und Wissenschaftsgeschichte, die durch Gaston Bachelard, Alexandre Koyré und vor allem Georges Canguilhem vertreten wurden. Als Verteidiger dieser Tradition, die zur Zeit der Vorherrschaft des Existenzialismus »das Rückzugsgebiet gelehrter Ernsthaftigkeit und gedanklicher Strenge« darstellte,[15] galt vor allem Canguilhem. Jene, die wie Bourdieu, Foucault oder Althusser mit dem dominanten Modell brechen wollten, fanden bei ihm Zuflucht. Canguilhem wurde zum Betreuer von Foucaults »thèse«, und auch Bourdieu dachte zunächst daran, seine Dissertation über Fragen der Phänomenologie und der Wissenschaftsgeschichte bei ihm zu schreiben. Zeitlebens hatte Bourdieu großen Respekt vor der wissenschaftlichen Strenge von Canguilhem. »Er spielte nie den ›Philosophen‹« überschrieb er den Nachruf auf seinen Lehrer, der 1995 in der Zeitschrift *Les Inrockuptibles* erschien.[16]

Nach der mit Auszeichnung bestandenen »Agrégation« unterrichtete Pierre Bourdieu von 1954 bis 1955 als Philosophielehrer an einem Gymnasium in Moulins, also in der Provinz. Dem Missbehagen, das er an der *Ecole Normale Supérieure* verspürte, begegnete er später in Paul Nizans Buch *Aden Arabie*. Nizan hatte der École, in der ein Korpsgeist herrschte, der, wie er schrieb, junge Menschen dazu brachte, aus ihrer privaten Schwäche ein kollektives Überlegenheitsgefühl herzuleiten, den Rücken gekehrt, indem er als Privatlehrer nach Aden ging. Pierre Bourdieu zog es vor, sofort seinen Schuldienst anzutreten, statt noch ein weiteres

Jahr zu bleiben. »Ich ging nicht nach Aden, ich wollte das Gefühl haben, nützlich zu sein, meinen ›Lebensunterhalt‹ selber verdienen.«[17]

1955 wurde Bourdieu zum Militärdienst nach Algerien einberufen. Er hatte es abgelehnt, die Reserveoffiziersschule zu absolvieren, und wurde so zusammen mit einfachen Soldaten aus dem Westen Frankreichs einem Regiment zugeteilt, das in Algerien Flugstützpunkte und andere strategische Einrichtungen schützen sollte. 1958, nach dem Ende seiner Dienstzeit, blieb er weitere zwei Jahre in Algerien, als Assistent für Philosophie an der Universität von Algier. Einer seiner damaligen Schüler, Abdelmalek Sayad, erinnert sich mit Begeisterung an seine Vorlesungen, die sich nicht in abstrakten Spekulationen verloren, sondern Philosophie als ein Mittel der unmittelbaren Welterkenntnis verstanden. In Algerien »konvertierte« Bourdieu von der Philosophie zur Ethnologie und schließlich zu der in der offiziellen Disziplinhierarchie niedriger rangierenden Soziologie. Rückblickend macht er für diese Hinwendung zu den Sozialwissenschaften seine »grundsätzliche Ablehnung des scholastischen Blickes« verantwortlich, die »Grundlage eines Hochmutes, einer sozialen Distanz ..., die [ihm] nie behagte und die zweifellos mit einer bestimmten sozialen Herkunft eng zusammenhängt«.[18] Statt seine Doktorarbeit über »Die Zeitstruktur des Gefühlslebens« zu schreiben, wurde er durch die Verhältnisse in Algerien gezwungen, sich mit dem Land selbst auseinander zu setzen. Seine *libido sciendi* entsprang, wie er im Rückblick schrieb, »einer Leidenschaft für alles, was dieses Land und seine Menschen anging, und auch dem heimlichen und ständigen Gefühl der Schuld und der Auflehnung im Angesicht so vielen Leidens und so großer Ungerechtigkeit«.[19] Als Assistent an der Philosophischen Fakultät führte er seine ethnologischen Studien fort, die er bereits in den letzten Monaten als Soldat begonnen hatte: Verwandtschaft, Ritual, vorkapitalistische Gesellschaft, Bekleidungsvarianten und Sprachwechsel übten eine immer größere Faszination auf ihn aus. Zusammen mit den Vertretern des INSEE, des Statistischen Amtes von Frankreich, Alain Darbel, Jean-Paul Rivet und Claude Seibel führte er soziologische Umfragen über die Erwerbssituation in Algerien durch. »In einer historischen Situation«, so erklärte er später, »in der in jedem Moment, in jeder politischen Erklärung, in jedem Gespräch, in jeder Petition die gesamte Wirklichkeit auf dem Spiel stand, war es absolut notwendig, selber an den Ort des Geschehens zu gehen und sich ein eigenes Bild zu machen – gleichviel wie gefährlich das sein mochte, und es war gefährlich.«[20] Die Intensität der Feldforschung, die Bourdieu in Algerien geleistet hat, war überwältigend. In dieser Zeit machte er über 3.000 Fotos, die sowohl durch ihre ästhetische Qualität als auch durch den scharfen ethno-soziologischen Blick bestechen. 2003 wurden diese Aufnahmen der Öffentlichkeit erstmals in größerem Umfang zugänglich gemacht, mit einer Ausstellung und einem Sammelband.[21]

Der erste Impuls, über die algerische Gesellschaft zu forschen, entsprang einem intensiven kognitiven Interesse. Bourdieu stellte fest, dass die Franzosen, egal welche Position sie gegenüber dem Algerienkrieg vertraten, das Land schlecht kannten. Es war daher wichtig, erklärte er später, »Elemente für eine Beurteilung und ein zureichendes Verständnis zu liefern, und zwar nicht nur gegenüber den Franzosen, sondern auch gegenüber den gebildeten Algeriern, die aus historischen Gründen häufig ihre eigene Gesellschaft ignorierten«.[22] Bourdieu bemühnte sich, die tragische Situation sichtbar und begreifbar zu machen, in der sich die Algerier, aber auch die Algerien-Franzosen befanden, und die mythische Sicht auf die algerische Gesellschaft, wie sie viele Pariser Intellektuelle pflegten, mit den konkreten Erfahrungen vor Ort zu konfrontieren. In den frühen Texten zu Algerien fällt immer wieder sein Bemühen um rationale Erkenntnis auf, die einhergeht mit einem Misstrauen gegenüber allen Mystifikationen. »Die algerischen Arbeiter und Nicht-Arbeiter, Arbeitslosen, Subproletarier, Bauern ohne Land usw. von Nahem betrachten zu wollen, das hieß, mit dem Diskurs in Großbuchstaben zu brechen – wie er wenig später mit Althusser und seinen Normaliens auftauchen sollte –, dem Diskurs über ›Die Arbeiter‹, ›Das Proletariat‹ oder ›Die Partei‹«.[23]

Im Zentrum der Untersuchungen stand die Frage nach einer spezifischen Logik der vorkapitalistischen Ökonomie (die Beziehung zu Zeit, Planung und Berechnung, Ehre, nicht warenförmigem Tausch). Was aus kolonialistischer Sicht als bloße Modernisierungsresistenz erschien, gehorchte in Wirklichkeit einer eigenen Logik, die die Logik der kapitalistischen Gesellschaft als eine historische, endliche und ›nicht-natürliche‹ erscheinen ließ. Arbeit war in dieser Gesellschaft, wie Bourdieu in seiner ersten Algerien-Studie ausführte, nicht bloß Mittel oder Instrument, um den Lebensunterhalt zu sichern, sondern ein Teil des Lebens. Entscheidend war nicht die Summe, die man verdiente, sondern die Zeit, die man einsetzen musste. Und die Zeit war in dieser Gesellschaft nicht Objekt quantitativer Berechnung, sondern Teil eines biologischen Rhythmus.

Das kalkulierende Denken setzte sich in immer mehr Bereichen der gesellschaftlichen Praxis durch, in krassem Widerspruch zur Logik der allein auf die Familie bezogenen Wirtschaft. »Letztere beruht ja gerade auf der […] Verneinung des Kalküls, also auf der Weigerung, dem Prinzip des Ökonomischen zu gehorchen, d.h. auch im Austausch im familialen Kontext zu ›sparen‹ (Anstrengung, Mühsal, Arbeit, Zeit, Geld etc.)«.[24] Wenn die Logik des Kalküls und des Profits heute als universelles Prinzip aller Praktiken und allen Tausches – auch des familialen – erscheint, so ist das eine Perspektivenverschiebung, die man als solche erst nach der Analyse traditioneller Gesellschaften erkennen konnte.

Die ethno-soziologischen Untersuchungen der algerischen Gesellschaft hatten aber für Bourdieu durchaus auch eine politische Dimension. Die revolutionären Intellektuellen beschäftigte die Frage, ob nun die Bauern oder das Proletariat die eigentliche revolutionäre Klasse darstellten. Mit dem Instrument der sozio-ethnologischen Analyse entkräftete Bourdieu ihre sozialromantischen Vorstellungen. Die Untersuchungen gehorchten zunächst der noch kaum geklärten theoretischen Frage nach den Unterscheidungsprinzipien von Proletariat und Subproletariat. In »Vom revolutionären Krieg zur Revolution«, 1962, beschrieb Bourdieu die ländlichen Massen als eine explosive Kraft, die ihre eigenen Ziele nur affektiv und negativ formulieren und darum auch leicht zur Beute von Demagogen werden könnten, ähnlich wie auch das Subproletariat der Städte: »Weil sie auf die Gegenwart nicht diesen minimalen Zugriff haben, der für die bewusste und rationale Anstrengung unabdingbar ist, die Zukunft zu meistern, sind all diese Menschen eher einem zusammenhanglosen Ressentiment unterworfen als von einem wahrhaft revolutionären Bewusstsein beseelt; das Fehlen von Arbeit oder die Instabilität der Beschäftigung gehen Hand in Hand mit der fehlenden Perspektive von Erwartungen und Meinungen, mit der Abwesenheit eines Systems von Projekten und rationalen Prognosen, zu denen als ein Aspekt der revolutionäre Wille gehört.«[25] Bourdieu identifizierte die ökonomischen Bedingungen der Möglichkeit von rationalen Voraussagen als Trennungslinie zwischen Subproletariat und Proletariat. Er warnte gleichzeitig vor einer Überhöhung der magischen Ungeduld der städtischen Subproletarier und der landlosen Bauern, die von der Unabhängigkeit all das erwarteten, was ihnen das Kolonialsystem versagt hatte. Im Gegenteil: Nur »Individuen, die es gewohnt sind, sich rationalen Erfordernissen zu beugen, werden in der Lage sein, nötigenfalls die falschen Wahrheiten der Demagogie zu durchkreuzen, und von den Verantwortlichen Algeriens eine rationale Politik verlangen.«[26] Die gefährlichste Illusion sei es zu glauben, so schrieb er 1962, dass der Krieg wie durch Magie die algerische Gesellschaft verändert habe. Er sollte mit seinen Vorahnungen leider Recht behalten.

Bourdieu verstand den Befreiungskrieg als Kampf gegen das von der Kolonialgesellschaft eingerichtete Kastensystem, das nur im Rahmen einer autonomen Nation endgültig aufgelöst werden könne. Der Krieg mit seinen Folgeerscheinungen beschleunigte einen kulturellen Zerfall, der mit dem Aufeinandertreffen der Herkunfts-Zivilisation und der Kolonialpolitik begonnen hatte. Durch innere Migration, Zwangsumsiedlungen und die Dominanz des Staates wurden die früheren Solidarsysteme zerstört und traditionelle Wertvorstellungen zerschlagen. Eine so radikal umgewälzte Gesellschaft verlange nach neuen Lösungen: »Eine Lebenskunst, die nicht mehr auf der Beachtung unbestreitbarer Gewohnheitsregeln beruht, auf Werten, die von einer althergebrachten Überlieferung bereitgestellt werden, sondern auf der aktiven Teilnahme an einem gemeinsamen Werk [...]«.[27]

Bourdieu verfügte zwar über eine exzellente philosophische Ausbildung, aber das methodologische und forschungspraktische Rüstzeug für seine sozio-ethnologischen Untersuchungen musste er autodidaktisch erwerben. Er lässt sich Bücher aus Frankreich schicken, darunter auch Max Webers *Protestantische Ethik*, von der er einige Kapitel selbst übersetzt. Er erarbeitet Fragebögen, sammelt Sprichwörter, analysiert Haushalts- und Zeitbudgets und macht über 3.000 Fotos.[28] Seine Faszination für den Gegenstand lässt ihn nach Verfahren suchen, die diesem angemessen scheinen.

Die Priorität des Gegenstandes vor einem Disziplinen-Korporatismus sollte stets seinen Ansatz bestimmen. Im Rückblick berichtet Bourdieu, wie die wissenschaftlichen Bereiche in den 50er Jahren säuberlich aufgeteilt waren: Nordafrika wurde von der Orientalistik beherrscht; der Soziologie waren die europäische und nordamerikanische Gesellschaft zugeteilt, und die Ethnologie sollte die so genannten primitiven Völker studieren. Bourdieu respektierte diese Grenzen nicht und konzipierte seine Untersuchung als »ökonomische Ethnosoziologie«.[29] So schuf er einen neuen Ansatz und veränderte das Verhältnis der Soziologie und Ethnologie zu ihrem Forschungsobjekt.

Von nun an bestimmte Reflexivität sein Wissenschaftsverhältnis: »Da ich überzeugt bin, dass man sich entfernen muss, um sich anzunähern, dass man sich selbst einbringen muss, um sich auszuschließen, dass man sich objektivieren muss, um die Erkenntnis zu entsubjektivieren, war mein erstes Objekt der anthropologischen Erkenntnis ganz bewusst die anthropologische Erkenntnis selbst, und die Differenz, die sie notwendigerweise von der praktischen Erkenntnis unterscheidet.«[30] Hier entwickelt er seine Kritik am ›Intellektualismus‹; hier entdeckt er die spezifische Logik der Praxis, den Primat der Strategie – eine Erkenntnis, die ihre Systematik im zentralen Werk *Le sens pratique. Esquisse d'une théorie de la pratique* (1980) finden sollte. In seinem Werk *Méditations pascaliennes* von 1997 stand noch einmal die Spezifität einer praxeologischen Erkenntnisweise im Vordergrund und mit ihr die Aporien des ›scholastischen‹ Blicks, der die Eigenlogik der Praxis verkennt. Wissenschaftliches Erkennen ist nicht identisch mit der praktischen Erkenntnis des Handelnden, der Blick des Beobachters nicht der des Akteurs, die Wissenschaft nicht in die Zeitlichkeit der Akteure eingebunden, für die die Praxis ein Kontinuum darstellt, dessen Richtung irreversibel ist. Bourdieu zeigte das anhand seiner Deutung des Gabentausches, den er in der kabylischen Gesellschaft Algeriens kennen lernte. Gegenüber der strukturalistischen Interpretation von Lévi-Strauss suchte er die spezifische Logik der Praxis zu rekonstruieren. Den Austausch von Gaben versteht er als eine Praxis, die aus strategischen Gründen erwidert oder unterlassen werden kann. Der theoretisch konstruierte Regelbegriff kann nicht stillschweigend zu dem die Praxis leitenden Grundbegriff erhoben werden.

Die ersten Resultate seiner Forschungen wurden schon 1958 in einem Bändchen der populären enzyklopädischen Reihe ›Que sais-je?‹ unter dem Titel *Sociologie de l'Algérie* herausgegeben. Diese Publikation in einer Reihe, die vor allem Informationen vermitteln will, blieb wohl ohne unmittelbare Wirkung: »Es war die schlechte Strategie eines Outsiders«, sollte er später erklären.[31] Auch nach seiner Rückkehr nach Paris beschäftigt er sich weiterhin mit Algerien in den Untersuchungen *Le Déracinement* (1964) oder *Travail et travailleurs en Algérie* (1964). Resultate einer Studie über die häusliche Ökonomie verarbeitet er in dem Buch *Algérie 60. Structures économiques et structures temporelles* (1977).

Pierre Bourdieu unterstreicht immer wieder die Bedeutung der Algerien-Erfahrung für seine Entwicklung. Er spricht in diesem Kontext von »einer Art Initiation«, »einer gleichzeitig intellektuellen und affektiven Wandlung«.[32] Er bleibt mit seinen algerischen Freunden verbunden, und nach dem Beginn des Bürgerkriegs in Algerien in den 1990er Jahren engagiert er sich aktiv für die verfolgten Intellektuellen und übernimmt den Vorsitz des ›Comité International de Soutien aux Intellectuels Algériens‹ (CISIA).

In den ethnologischen Studien sind bereits wesentliche Kategorien von Bourdieus späterem Werk angelegt, so die bereits erwähnte Idee der Eigenlogik der Praxis, aber auch der Begriff des symbolischen Kapitals: In der traditionellen Gesellschaft der algerischen Kabylei hatte Bourdieu die relative Unabhängigkeit des Symbolischen (etwa der Ehre) gegenüber dem Ökonomischen entdeckt. Bourdieu hatte Durkheims Idee, dass die soziale Ordnung unser Denken und Handeln bestimmt, weil sie unsere Klassifikationssysteme modelliert, weiterentwickelt. Im Unterschied zu Durkheim und Lévi-Strauss stimmte er mit Marx und Weber darin überein, dass Sinnbeziehungen auf Machtbeziehungen beruhen. Während Marx in seiner anti-idealistischen Haltung das Symbolische als eine bloße Widerspiegelung der ökonomisch-politischen Beziehungen betrachtete, unterstrich Bourdieu die Eigenlogik des Symbolischen, das nicht auf das Ökonomische (im engeren Sinne) reduziert werden kann. Bourdieu hatte schon im Anschluss an seinen Algerien-Aufenthalt die wesentlichen theoretischen Konzepte erarbeitet, wobei er auf unterschiedliche Denktraditionen zurückgegriffen hatte, die sich für die konkrete Analyse als hilfreich erwiesen. Er praktizierte eine »Realpolitik des Begriffs«,[33] die aber nicht ohne eine theoretische Linie funktioniert, um sich vor dem Eklektizismus zu schützen. Bourdieu sprach darum von einem »Theorie-Raum«, auf den er sich bezog: »Sich der Existenz dieses Raumes (und seiner Zwänge), anders gesagt, der wissenschaftlichen Problematik als Raum von Möglichkeiten, bewusst zu werden, stellt eine der zentralen Voraussetzungen bewusster, damit kontrollierter wissenschaftlicher Praxis dar. Autoren, wie Marx, Durkheim, Weber und andere bilden gewissermaßen Wegmarken, die unsere Wahrnehmung desselben abstecken.«[34] Bourdieu schuf kein geschlossenes Gedankengebäude – wie etwa die traditionelle Philosophie, mit der er gebrochen hatte –, sondern erarbeitete seine Konzepte über empirische Analysen, die auf universalisierbare Schlüsse abzielten. Im Lauf der Jahre wendete er seinen Ansatz immer wieder auf neue Bereiche an, auch um dadurch den Universalitätsanspruch der Soziologie zu belegen.

Anmerkungen

[1] *Praktische Vernunft*, Frankfurt a. M., Suhrkamp, 1998, S. 82.

[2] *Ein soziologischer Selbstversuch*, Frankfurt a. M., Suhrkamp, 2002, S. 9.

[3] Ebenda, S. 9.

[4] Abdelmalek Sayad: *La double absence. Des illusions de l'émigré aux souffrances de l'immigré*. Vorwort: Pierre Bourdieu, Paris, Seuil, 1999.

[5] *Ein soziologischer Selbstversuch*, S. 95.

[6] Siehe dazu Pierre Bourdieu: *Science de la science et réflexivité*. Paris, Raisons d'agir Editions, 2001, S. 214.

[7] *Ein soziologischer Selbstversuch*, S. 113.

[8] *Méditations pascaliennes*, Paris, Seuil, 1997, S. 44–53. Diese Reflexionen gingen aus dem Vortrag hervor, den Bourdieu im Rahmen einer Veranstaltung über die Philosophie der 50er Jahre hielt und der schon 1989 veröffentlicht worden war: »Aspirant philosophe. Un point de vue sur le champ universitaire dans les années 50«. *Les enjeux philosophiques des années 50*. Paris, Editions du Centre Pompidou, 1989, S. 15–24.

[9] *Ein soziologischer Selbstversuch*, S. 12.

[10] Ebenda, S. 12.

[11] *Meditationen. Zur Kritik der scholastischen Vernunft*. Frankfurt a. M., Suhrkamp, 2001, S. 48.

[12] »Der totale Intellektuelle«. Ein Gespräch über Jean-Paul Sartre. Übersetzt von Stephan Egger, *Süddeutsche Zeitung*, Nr. 89, 15./16. April 2000, S. 1.

[13] *Meditationen*, S. 48–49.

[14] »Der totale Intellektuelle«, S. 1.

[15] *Ein soziologischer Selbstversuch*, S. 18.

[16] »Il ne faisait jamais ›le philosophe‹«, in: *Les Inrockuptibles*, 25, 27.9–3.10. 1995, S. 2.

[17] »Der Kampf um die symbolische Ordnung«. Pierre Bourdieu im Gespräch mit Axel Honneth, Hermann Kocyba und Bernd Schwibs, *Ästhetik und Kommunikation*, 16. Jg., Heft 61/62, S. 147.

[18] *Ein soziologischer Selbstversuch*, S. 50.

[19] Ebenda, S. 55.

[20] »Der Kampf um die symbolische Ordnung«, S. 148.

[21] *Images d'Algérie. Une affinité élective*. Actes Sud/Sindbad/Camera Austria, 2003, Konzeption Franz Schultheis/Christine Frisinghelli. Eine ausgezeichnete Darstellung von Bourdieus Algerienerfahrung stellt Franz Schultheis' Nachwort »Initiation und Initiative. Entstehungskontext und Entstehungsmotive der Bourdieuschen Theorie der sozialen Welt« dar, in: Pierre Bourdieu, *Die zwei Gesichter der Arbeit.* UVK, Univ. Verlag Konstanz, 2000, S. 165–184.

[22] *Interventionen* 1961–2001, Band 1: 1961–1980, Hamburg, VSA-Verlag, 2003, S. 42–43.

[23] *Interventionen*, Band I, S. 50.

[24] *Die zwei Gesichter der Arbeit*, S. 180.

[25] *Interventionen 1961–2001*, Band 1, S. 35.

[26] Ebenda, S. 37.

[27] Ebenda, S. 30.

[28] Siehe dazu Franz Schultheis, »Initiation und Initiative«, S. 169.

[29] *Interventionen*, Band 1, S. 43.

[30] Ebenda, S. 45.

[31] »Der Kampf um die symbolische Ordnung«, S. 147.

[32] *Ein Soziologischer Selbstversuch*, S. 67, 68.

[33] »Der Kampf um die symbolische Ordnung«, S. 158.

[34] Ebenda, S. 159.

Abdelmalek Sayad in Algerien, Foto von Pierre Bourdieu

Algerien, Foto von Pierre Bourdieu

Pierre Bourdieu in Algerien

Die biografische Illusion

Die Lebensgeschichte ist ein *common sense-Begriff*, der in das wissenschaftliche Universum eingeschmuggelt wurde; zunächst sang- und klanglos bei den Ethnologen, später dann, und nicht ohne lautstarke Kommentare, bei den Soziologen. Spricht man von Lebensgeschichte, setzt man mindestens voraus, und das ist nicht nichts, dass das Leben eine Geschichte ist und dass ein Leben immer zugleich die Gesamtheit der Ereignisse einer als Geschichte verstandenen individuellen Existenz und die Erzählung von dieser Geschichte ist. Genau das meint der *common sense*, das heißt die Umgangssprache, die das Leben als Weg, Straße, Bahn samt Kreuzungen (Herkules zwischen Sünde und Tugend) beschreibt oder als Wanderung, also als Fahrt, Lauf, *cursus*, Übergang, Reise, gerichteten Verlauf, lineare, in nur eine Richtung gehende Bewegung (»Mobilität«) mit einem Beginn (»Eintritt ins Leben«), verschiedenen Etappen, einem Ende im doppelten Sinne von Endpunkt und Ziel (»er wird seinen Weg machen« bedeutet, er wird Erfolg haben, Karriere machen), Ende der Geschichte. Stillschweigend wird damit eine bestimmte Philosophie der Geschichte (gleich Abfolge von historischen Ereignissen) akzeptiert, die mit einer bestimmten Philosophie der Geschichte (gleich historische Schilderung), kurz, mit einer bestimmten Theorie der Erzählung impliziert ist, Historiker-Erzählung oder Romancier-Erzählung, das macht hier keinen Unterschied, Biografie oder Autobiografie vor allem.

Ich möchte – ohne Anspruch auf Vollständigkeit – versuchen, einige Voraussetzungen dieser Theorie deutlich zu machen. Die erste wäre, dass »das Leben« ein Ganzes darstellt, eine kohärente und gerichtete Gesamtheit, die als einheitlicher Ausdruck einer subjektiven und objektiven »Intention«, eines »Entwurfs« aufgefasst werden kann und muss: Sartres Begriff des »Entwurfs« formuliert nur explizit eine Hypothese, die implizit auch in den gewöhnlichen Biografien und ihrem »schon«, »von nun an«, »von frühester Kindheit an« usw. oder in den »Lebensgeschichten« mit ihrem »immer schon« (»immer schon habe ich die Musik geliebt«) steckt. Dieses wie eine Geschichte (gleich Erzählung) ablaufende Leben hat – nach einer chronologischen Ordnung, die auch eine logische Ordnung ist – einen Anfang, einen Ursprung im doppelten Sinne von Ausgangspunkt, Beginn, aber auch Urgrund, *raison d'être*, erste Ursache, und ein Ende, das auch ein Ziel ist, eine Vollendung (*telos*). Die biografische oder autobiografische Erzählung, etwa die des Befragten, der sich vor einem Interviewer »ausspricht«, breitet Ereignisse aus, die, ohne dass immer und in allen Fällen die chronologische Reihenfolge strikt eingehalten wird (wer jemals Lebensgeschichten erhoben hat, weiß, dass die Befragten, streng kalendarisch gesehen, ständig den Faden verlieren), einer Neigung oder einem Anspruch folgen, unter dem sie sich zu Sequenzen gliedern, die über intelligible Relationen miteinander verknüpft werden. In gewisser Weise besteht beim Subjekt wie beim Objekt der Biografie (beim Interviewer und beim Befragten) das gleiche Interesse, das *Postulat des Sinns der* – erzählten und implizit jeder – *Existenz* zu akzeptieren.

Man geht wohl nicht fehl in der Annahme, dass hinter der autobiografischen Erzählung immer zumindest teilweise ein Interesse an der Sinngebung steht, am Erklären, am Auffinden einer zugleich retrospektiven und prospektiven Logik, einer Konsistenz und Konstanz, um derentwillen intelligible Relationen wie die von Wirkung und Ursache zwischen aufeinanderfolgenden Zuständen hergestellt werden, die damit zu Etappen einer notwendigen Entwicklung erhoben sind. (Und dieser Profit an Kohärenz und Notwendigkeit ist wahrscheinlich auch der Ursprung des je nach Position und Verlauf variablen Interesses der Befragten an dem biografischen Unternehmen.[1]) Der Neigung, sich zum Ideologen des eigenen Lebens zu machen, indem man in Abhängigkeit von einer Globalintention bestimmte *signifikante* Ereignisse auswählt und Verknüpfungen zwischen ihnen herstellt, die geeignet scheinen, ihr Eintreten zu begründen und ihre Kohärenz zu gewährleisten, solche etwa, wie sie implizit geschaffen werden, wenn man Ereignisse als Ursachen oder, häufiger noch, als Zwecke setzt – dieser Neigung also kommt die natürliche Komplizenschaft des Biografen entgegen, der in jeder Hinsicht, angefangen bei seinen Dispositionen des Berufsinterpreten, geneigt ist, diese künstliche Sinnschöpfung zu akzeptieren.

Bezeichnenderweise fiel die Abkehr von der linearen Erzählstruktur des Romans mit dem Fragwürdigwerden einer Auffassung vom Leben als einer sinnvollen – im doppelten Sinne von Etwas-bedeuten und Auf-etwas-gerichtet-sein – Existenz zusammen. Dieser doppelte Bruch, für den Faulkners Roman *Schall und Wahn* steht, kommt mit voller Deutlichkeit in jener Definition des Lebens als Anti-Geschichte zum Ausdruck, die Shakespeare am Ende von *Macbeth* gibt: »… ein Märchen ist's, erzählt von einem Blöden, voller Klang und Wut, das nichts bedeutet.« Vielleicht huldigt man überhaupt nur einer rhetorischen Illusion, einer gemeinsamen Vorstellung von der Existenz, die von einer ganzen literarischen Tradition unablässig verstärkt wurde und wird, wenn man eine Lebensgeschichte produziert und das Leben als eine Geschichte behandelt, das heißt als

kohärente Erzählung einer signifikanten und auf etwas zulaufenden Folge von Ereignissen. Darum ist es nur logisch, wenn man diejenigen um Beistand bittet, die mit dieser Tradition auf eben dem Terrain zu brechen hatten, auf dem sie zu ihrer exemplarischen Vollendung kam. Wie Alain Robbe-Grillet sagt, »hängt das Auftreten des modernen Romans genau mit dieser Entdeckung zusammen: Das Wirkliche ist unzusammenhängend, aus grundlos nebeneinander gestellten Elementen gebildet, von denen jedes einzigartig ist und die umso schwieriger zu fassen sind, als sie ständig unvorhergesehen, ungelegen, zufällig auftauchen«.[2]
Die Erfindung einer neuen literarischen Ausdrucksform macht a *contrario* deutlich, wie willkürlich die traditionelle Vorstellung vom Romandiskurs als einer kohärenten, Totalität behauptenden Geschichte und die mit dieser rhetorischen Konvention implizierte Philosophie der Existenz ist. Nun muss man sich dieser Philosophie der Existenz, die von dieser rhetorischen Revolution nach Ansicht einiger ihrer Urheber nicht zu trennen ist, nicht unbedingt anschließen.[3] Um die Frage nach den sozialen Mechanismen, die dieser gewöhnlichen Erfahrung des Lebens als Einheit und Totalität den Boden bereiten und die Rechtfertigung liefern, kommt man aber in keinem Falle herum. Wie nämlich sollte man, ohne die Grenzen der Soziologie zu überschreiten, auf die alte empiristische Frage nach der Existenz eines nicht auf die Rhapsodie der Einzelempfindungen reduzierbaren Ichs antworten? Gewiss lässt sich im Habitus das aktive, nicht auf die passiven Wahrnehmungen reduzierbare Prinzip der Vereinheitlichung der Praktiken und Vorstellungen finden (das heißt das historisch entstandene, also historisch bedingte, Äquivalent jenes Ichs, dessen Existenz man, laut Kant, postulieren muss, um die in der Anschauung gegebene Synthese der verschiedenen Sinneseindrücke und die Verknüpfung der Vorstellungen im Bewusstsein zu erklären). Aber diese praktische Identität teilt sich der Anschauung nur in Gestalt der unerschöpflichen und unfassbaren Aneinanderreihung ihrer Erscheinungsformen mit, sodass die einzige Art, sie als solche zu fassen zu bekommen, vielleicht doch darin besteht, zu versuchen, sie in der Einheit einer sie zur Summe rundenden Erzählung festzuhalten (wozu die verschiedenen mehr oder weniger institutionalisierten Formen der »Selbstdarstellung«, der Vertraulichkeit usw. berechtigen).
Die soziale Welt, die gerne Normalität mit Identität gleichsetzt, die sie als das Sich-gleich-bleiben eines verantwortlichen, das heißt vorhersehbaren oder zumindest – nämlich wie eine gut aufgebaute (im Gegensatz zu der von einem Idioten erzählten) Geschichte – intelligiblen Wesens versteht, bietet alle möglichen Institutionen zur Ich-Summierung und Ich-Vereinheitlichung an und auf. Am offensichtlichsten ist natürlich der Eigenname, der »feste Designator« bzw.

»Bezeichnungsausdruck«, um mit Kripke zu sprechen, »der in allen möglichen Welten dasselbe Objekt benennt«, konkret also ein Objekt in verschiedenen Zuständen desselben sozialen Felds (diachronische Konstanz) oder in verschiedenen Feldern zum selben Zeitpunkt (synchronische Einheit über die Vielzahl der eingenommenen Positionen hinweg).[4] Und mit Recht sieht Ziff, der den Eigennamen als »einen festen Punkt in einer sich bewegenden Welt« bezeichnet, in den »Taufriten« die notwendige Form der Identitätszuweisung.[5] Durch den Eigennamen, diese ganz eigentümliche Form des *Benennens*, wird eine gleichbleibende und dauerhafte soziale Identität gesetzt, die für die Identität des biologischen Individuums in all den möglichen Feldern einsteht, in die es als *Akteur* hineingerät, das heißt in allen seinen möglichen Lebensgeschichten. Der Eigenname »Marcel Dassault« steht zusammen mit der biologischen Individualität, deren sozial festgesetzte Form er darstellt, dafür ein, dass die verschiedenen sozialen *Akteure*, welche die Erscheinungsformen – als Unternehmer, Chef eines Pressekonzerns, Abgeordneter, Filmproduzent usw. – dieser Individualität in verschiedenen Feldern sind, über die Zeit hinweg eine Konstanz und über die sozialen Räume hinweg eine Einheit aufweisen; und nicht zufällig ist die diese Identität beglaubigende Unterschrift, das *signum authenticum*, die juristische Bedingung dafür, dass die mit diesem feststehenden Individuum verbundenen Eigenschaften von einem Feld ins andere, das heißt von einem Akteur auf den anderen transferiert werden können.

Als Institution ist der Eigenname der Zeit und dem Raum wie auch den orts- und zeitbedingten Variationen entzogen: Damit sichert er den benannten Individuen über alle Veränderungen und alle biologischen und sozialen Fluktuationen hinweg *die nominale Konstanz*, die Identität im Sinne von Identität mit sich selbst, *constantia sibi*, welche die soziale Ordnung verlangt. Und man begreift, dass in vielen sozialen Universen die heiligsten Pflichten, zu denen man sich selbst gegenüber gehalten ist, die Form von Pflichten annehmen, die man dem Eigennamen schuldet (der zumindest zum Teil, nämlich als *Familienname*, immer auch ein durch einen Vornamen spezifizierter gemeinsamer Name ist). Der Eigenname ist der sichtbare Beleg für die Identität seines Trägers über die Zeit und über die sozialen Räume hinweg, Grundlage der Einheit dieses Trägers in der Abfolge seiner Erscheinungsformen und der sozial anerkannten Möglichkeit, diese Erscheinungsformen zu einem Ganzen zusammenzufassen und aktenkundig werden zu lassen, als *curriculum vitae*, *cursus honorum*, Eintrag im Strafregister, Nachruf oder Biografie, lauter Formen der Erfassung, die durch das Verdikt, das sie über eine vorläufige oder endgültige Bilanz fällen, das Leben als fertiges Ganzes setzen.

Als »fester Designator« ist der Eigenname die Form schlechthin der von den Einsetzungsriten vollzogenen willkürlichen Setzung: Benennung und Klassifizierung bringen klare, absolute, den umständebedingten Besonderheiten und individuellen Zufällen gegenüber indifferente Gliederungen in das Unscharfe und Fließende der biologischen und sozialen Realitäten. Daraus erklärt sich, dass der Eigenname keine Eigenschaften bezeichnen kann und keine Information über das vermittelt, was er benennt: Da das, was er bezeichnet, immer nur eine zusammengewürfelte und disparate Rhapsodie aus sich ständig verändernden biologischen und sozialen Eigenschaften ist, käme allen Beschreibungen eine Gültigkeit nur in den Grenzen eines Stadiums oder eines Raums zu. Mit anderen Worten, nur um den Preis einer gewaltigen Abstraktion kann er als Beweis für die Identität der *Person* als einer sozial feststehenden Individualität dienen. Daran erinnert bei Marcel Proust der ungewöhnliche Gebrauch des Eigennamens mit dem bestimmten Artikel (»le Swann de Buckingham Palace«, »l'Albertine d'alors«, »l'Albertine caoutchoutée des jours de pluie«), eine komplexe Wortverbindung, die zugleich das »jähe Offenbarwerden eines vielfachen, aufgesplitterten Subjekts« und die Permanenz der sozial durch den Eigennamen zugewiesenen Identität über die Vielzahl der Welten hinweg zum Ausdruck bringt.[6]
Somit ist der Eigenname der Träger (man möchte fast sagen, die Substanz) dessen, was man den Personenstand nennt, das heißt jenes Bündel der einer Person anhaftenden Eigenschaften (Nationalität, Geschlecht, Alter usw.), die zivilrechtlich wirksam sind und durch die vom Standesamt vollzogenen Akte scheinbar nur aktenkundig gemacht, tatsächlich aber gesetzt werden. Als Produkt dieses Setzungsritus ist er das eigentliche Objekt aller nachfolgenden Setzungs- oder Benennungsriten, mit deren Hilfe die soziale Identität konstruiert wird: Diese (oft öffentlich und feierlich vollzogenen) staatlich kontrollierten und garantierten *Zuweisungsakte* sind auch starre, das heißt für alle möglichen Welten geltende Bezeichnungen, die eine regelrechte *offizielle Beschreibung* jener die historischen Fluktuationen transzendierenden sozialen Wesenheit entwickeln, welche die soziale Ordnung mithilfe des Eigennamens setzt; sie alle nämlich beruhen auf dem Postulat der Konstanz des Nominalen, die bei allen Benennungsakten und allgemeiner allen juristischen Akten mit langfristig bindender Wirkung vorausgesetzt wird, ob *Zertifikate*, die eine Fähigkeit (oder Unfähigkeit) irreversibel bescheinigen, ob langfristig bindende Verträge wie Kredit- oder Versicherungsverträge, ob Maßnahmen der Strafjustiz, denn die Voraussetzung jeder Verurteilung ist die Behauptung der über die Zeit hinweg konstanten Identität der Person, die das Verbrechen begangen hat, und der Person, die die Strafe verbüßt.[7]

Alles spricht für die Annahme, dass sich die erzählte Lebensgeschichte umso mehr dem amtlichen Modell der amtlichen Selbstdarstellung – Personalausweis, Familienbuch, *curriculum vitae*, offizielle Biografie – und der ihr zugrunde liegenden Philosophie der Identität annähert, je näher man den offiziellen Fragestellungen der von Amts wegen eingezogenen Erkundigungen kommt – deren Grenzfall die gerichtliche oder polizeiliche Ermittlung ist – und je ferner man damit zugleich dem intimen Austausch zwischen vertrauten Menschen und der Logik der *Vertrautheit* rückt, die auf jenen geschützten Märkten gilt, auf denen man unter sich ist. Auch auf die besondere Ausdrucksform, die der Diskurs über sich selbst darstellt, finden die Gesetze Anwendung, die die Produktion der Diskurse in der Relation zwischen einem Habitus und einem Markt regeln; und formal wie inhaltlich wird die Lebensgeschichte je nach der sozialen Beschaffenheit des Marktes variieren, auf dem sie angeboten werden soll – wobei ganz unvermeidlich die Befragungssituation selber zur formalen und inhaltlichen Determinierung des erfassten Diskurses beiträgt. Das eigentliche Objekt des Diskurses aber, das heißt die öffentliche Darstellung, und damit Offizialisierung, einer *privaten* Darstellung des eigenen Lebens impliziert einen Mehraufwand an spezifischen Zwängen und Zensurmaßnahmen (deren Grenzfall die gesetzlichen Strafen darstellen, die auf die Annahme einer falschen Identität oder auf das unbefugte Tragen von Orden und Ehrenzeichen stehen). Und alles spricht für die Annahme, dass die Gesetze der amtlichen Biografie weit über die offiziellen Anlässe hinaus Anwendung finden, und zwar vermittelt über die in die Befragung eingehenden unbewussten Voraussetzungen (etwa das Streben nach chronologischer Darstellung und was sonst alles der Darstellung des Lebens als Geschichte inhärent ist); vermittelt auch über die Befragungssituation selbst, deren Variationsbreite ja, je nach der objektiven Distanz zwischen dem Interviewer und dem Befragten und auch je nach der Fähigkeit des Ersteren zur »Manipulation« dieser Beziehung, von der sanften Form der amtlichen Ermittlung, wie sie die soziologische Befragung ohne Wissen des Soziologen meist darstellt, bis zur vertraulichen Mitteilung gehen kann; vermittelt schließlich über die mehr oder weniger bewusste Vorstellung, die sich der Befragte, abhängig von seiner mittelbaren oder unmittelbaren Erfahrung mit ähnlichen Situationen (Interview mit einem berühmten Schriftsteller oder Politiker, Prüfungssituation usw.), von der Befragungssituation macht und die seinem ganzen Versuch der Selbstdarstellung oder, besser noch, Selbstproduktion zur Orientierung dient.

Die kritische Analyse der kaum untersuchten und kaum beherrschten sozialen Prozesse, die ohne Wissen des Wissenschaftlers bei der Konstruktion des untadeligen Artefakts »Lebensgeschichte« am Werke sind, ist kein Selbstzweck. Sie führt dazu, dass nunmehr der Begriff *Verlauf* als eine Abfolge von *Positionen* konstruiert wird, die ein und derselbe Akteur (oder ein und dieselbe Gruppe) in einem selber im Werden begriffenen und einem ständigen Wandel unterworfenen Raum einnimmt. Der Versuch, ein Leben als eine einmalige und sich selbst genügende Abfolge von Ereignissen zu verstehen, deren einziger Zusammenhang in der Verbindung mit einem »Subjekt« besteht, dessen Konstanz nur die eines Eigennamens sein dürfte, ist ungefähr so absurd wie der Versuch, eine Fahrt mit der U-Bahn zu erklären, ohne die Struktur des Netzes zu berücksichtigen, das heißt die Matrix der objektiven Relationen zwischen den verschiedenen Stationen. Die biografischen Ereignisse sind als ebenso viele *Platzierungen* und *Platzwechsel* im sozialen Raum zu definieren, das heißt, genauer, in der Abfolge der verschiedenen Zustände der Distributionsstruktur der verschiedenen Kapitalsorten, die in dem betreffenden Feld im Spiel sind. Die Richtung der Bewegungen, die von einer Position zur anderen führen (von einem Verlag zum anderen, einer Zeitschrift zur anderen, einem Bistum zum anderen usw.), bestimmt sich ganz offensichtlich aus der objektiven Relation zwischen der Richtung dieser Positionen zum betreffenden Zeitpunkt innerhalb eines gerichteten Raums. Mithin kann man einen Verlauf (das heißt das soziale *Altern*, das, obwohl mit dem biologischen Altern unvermeidlich einhergehend, doch unabhängig von ihm ist) nur dann verstehen, wenn man zuvor die Abfolge der Zustände des Felds konstruiert hat, in dem er sich vollzogen hat, also die Gesamtheit der objektiven Relationen, die den betreffenden Akteur – zumindest in einer gewissen Anzahl relevanter Zustände des Felds – mit der Gesamtheit der im selben Feld tätigen und mit demselben Raum des Möglichen konfrontierten anderen Akteuren bindet. Diese vorherige Konstruktion ist als wissenschaftlich exakte Beschreibung der mit dem Eigennamen bezeichneten *Persönlichkeit* auch die Voraussetzung jeder wissenschaftlich exakten Evaluierung dessen, was man ihre *soziale Oberfläche* nennen kann, das heißt die Gesamtheit der Positionen, die zu einem gegebenen Zeitpunkt gleichzeitig von einer sozial feststehenden biologischen Individualität eingenommen werden, die als Träger einer Gesamtheit von Attributen und Zuschreibungen agiert, die sie in die Lage versetzen, als wirkender Akteur in verschiedenen Feldern tätig zu werden.[8]

Anmerkungen

[1] Vgl. F. Muel-Dreyfus, *Le Métier d'éducateur*, Paris 1983.

[2] A. Robbe-Grillet, *Der wiederkehrende Spiegel*. Aus dem Französischen von Andrea Spingler, Frankfurt a. M. 1986.

[3] »All das ist Wirkliches, das heißt fragmentarisch, flüchtig, unnütz, so zufällig gar und so vereinzelt, dass jede Begebenheit in jedem Augenblick wie beliebig erscheint und jede Existenz letzten Endes bar der geringsten einigenden Bedeutung.« (A. Robbe-Grillet, ebd.).

[4] Vgl. S. Kripke, *Name und Notwendigkeit*, Frankfurt a. M. 1993; sowie P. Engel,

Identité et Référence, Paris 1985.

[5] Vgl. P. Ziff, *Semantic Analysis*, Ithaka, Cornell University Press, 1960, S. 102 – 104.

[6] E. Nicole, »Personnage et rhétorique du nom«, *Poétique* 46 (1981). S. 200 – 216.

[7] Die eigentliche biologische Dimension der Individualität – die sich bei der Festlegung des Personenstands in Form der besonderen Kennzeichen und des Passfotos niederschlägt – unterliegt Variationen je nach Zeit und Ort, das heißt je nach den sozialen Räumen, und ist damit eine viel weniger verlässliche Basis als die rein nominale Definition. (Zu den Variationen der körperlichen Hexis entsprechend den sozialen Räumen lese man S. Maresca, »La représentation de la paysannerie. Remarques ethnographiques sur le travail de représentation des dirigeants agricoles«, Actes de la recherche en sciences sociales 38 [Mai 1981], S. 3 – 18.)

[8] Die Unterscheidung zwischen konkretem Individuum und konstruiertem Individuum, wirksam handelnder Person, kehrt wieder in der Unterscheidung zwischen der in einem Feld wirksam handelnden Person und der Persönlichkeit als einer biologischen Individualität, die durch die Benennung sozial eingeführt und der Träger von Eigenschaften und Befugnissen ist, die ihr (in bestimmten Fällen) eine soziale Oberfläche sichern, das heißt die Fähigkeit, als handelnde Person in verschiedenen Feldern zu existieren.

Die Erfindung des totalen Intellektuellen

»Sartre hat zweifelsohne seine Generation überragt und hat keinen Nachfolger gehabt.« So lautet das Urteil, das die Schulkritik in einem in den siebziger Jahren veröffentlichten, der französischen Literatur seit 1945 gewidmeten Werk über Sartre ausgesprochen hat. Die Sozialwissenschaft hat zu diesem Urteil nicht Stellung zu beziehen, sondern muss es als das nehmen, was es ist, als eine unbestreitbare *soziale Tatsache*, muss versuchen, darüber Rechenschaft zu geben, es einsichtig zu machen. Wie ist Sartre, der (französische) Intellektuelle schlechthin möglich gewesen? Welches waren die sozialen Bedingungen der Möglichkeit des *totalen* Intellektuellen, der an allen Fronten des Denkens gegenwärtig war, als Philosoph, als Kritiker, als Romancier, als Dramatiker? Typisch anti-Sartresche Fragen: Sartre, der Schöpfer des Intellektuellen als eines Schöpfers ohne Ursprung, hat immer wieder in den Selbst-Analysen und Selbst-Kritiken, die er ein ganzes Leben lang vorlegte, behauptet, fähig zu sein, seine eigene Wahrheit erschöpfend zu kennen, sowohl als Privatperson als auch als Intellektueller. Damit hat er von *vornherein* jeden Versuch, das Unumgehbare zu umgehen, das Nicht-Einzuordnende einzuordnen, den Denker des objektivierten Denkens selber objektiv zu denken, als reduktionistisch zurückgewiesen.

Und wenn Sartre nur der Ideologe der Intellektuellen gewesen wäre, der sicher sein konnte, dass diese sich im Bild ihrer selbst, das er ihnen entgegenhielt, wiedererkannten, in jenem Bild des totalen Intellektuellen, dem nichts Intellektuelles fremd ist, in jenem Bild des freien Intellektuellen, der allen Determinationen entgeht? Und wenn derjenige, der über die ganze intellektuelle Welt eine ungeteilte Herrschaft ausübte, völlig durch das beherrscht worden wäre, was er beherrschte? Und wenn der freie Intellektuelle, der am meisten determinierte Intellektuelle gewesen wäre, gerade darin, dass er verkannte, dass die Determinationen, die mit seiner sozialen Position verbunden waren, in der Illusion der Nicht-Existenz von Determinationen bestand?

Die Einzigartigkeit Sartres bestand darin, dass er in einem *Gewaltstreich*, der im selben Maße Kraft und Gewalt voraussetzte (der bescheidene alte Mann der Meetings und Demonstrationen ließ die »meisterhafte Selbstsicherheit« des jungen École Normale-Absolventen vergessen, welche die Kritiker beim frühen Schriftsteller hervorhoben), eine Vielzahl von bisher dissoziierten Weisen, die

Funktion des Intellektuellen wahrzunehmen, in sich vereinte. Allein eine vertiefte Sozialgeschichte könnte zeigen, dass alle Elemente der sozialen Persönlichkeit des Intellektuellen *vor* der Operation der Kapitalkonzentration, durch die sie von Sartre in seiner Person vereint wurden, existierten. Das, was man schnell beschreiben kann, das ist die Logik der Akkumulationsarbeit, dank der Sartre in sich ein ganzes Bündel von intellektuellen Seinsweisen vereinte, die im Laufe der intellektuellen Geschichte Frankreichs erfunden wurden und sich durchgesetzt hatten. Indem er die unsichtbare, aber fast unüberbrückbare Grenze überwand, die Professoren, Philosophen oder Literaturkritiker und Schriftsteller, kleinbürgerliche »Stipendiaten« und großbürgerliche »Erben«, Wissenschaft und »Genie«, die Schwerfälligkeit des Begriffs und die Eleganz des literarischen Ausdrucks trennte, schuf Sartre die Persönlichkeit des Schriftsteller-Philosophen und des metaphysischen Romanciers. Die philosophische »Revolution« gegen die (durch Léon Brunschvicg symbolisierten) Erkenntnistheorien ist nicht zu trennen von einer »Revolution« des philosophischen Stils. Die Ausfaltung der Husserlschen Theorie der Intentionalität, die dazu neigt, die geschlossene Welt des sich selbst kennenden Bewusstseins durch die offene Welt des Bewusstseins zu ersetzen, das »ausbricht« zu den Dingen, zur Welt, zu den andern, hat das Einfließen eines ganzen Universums von neuen Gegenständen in den philosophischen Diskurs zur Folge (wie etwa der berühmte Café-Kellner), die sich bisher in der etwas stickigen Atmosphäre der akademischen Philosophie kaum fanden und die den Schriftstellern überlassen worden waren. Sie ruft aber auch nach einer neuen, offen literarischen Art und Weise, von diesen neuen Gegenständen zu sprechen. Die Philosophie geht auf die Straße und der Philosoph schreibt, gemäß Schriftstellertradition, in Straßencafés. Die Wahl Gallimards – der Hochburg der reinen Literatur – als Verleger für philosophische Werke, die vorher bei Alcan, dem Vorgänger der *Presses universitaires*, erschienen, zeigt, wie Sartre die Grenzen zwischen literarischer Philosophie und philosophischer Literatur, zwischen den durch die phänomenologische Analyse geförderten literarischen Wirkungen und den existenziellen Analysen des metaphysischen Romans, zwischen *La Nausée* und *Le Mur* aufhebt. Indem die Thesenstücke, *Huis clos* oder *Le Diable et le Bon Dieu*, philosophische Thesen dramatisieren und vulgarisieren, sind sie bestens geeignet, Eingang in die bürgerlichen Salons und in den Philosophie-Unterricht der Schulen zu finden. Die Literaturkritik – traditionellerweise den Universitätsleuten zugesprochen – bildet die unabdingbare Ergänzung dieser Kulturrevolution. In den Lehrjahren war die Analyse der bewunderten Autoren, die alle dem schulischen Kanon fremd waren, zweifelsohne eine – ein wenig akademische – Weise, die grundlegenden

Techniken des »Handwerks« eines Avantgarde-Schriftstellers zu erfassen und zu assimilieren, und so den Beitrag von Joyce, Kafka und Faulkner in eine literarische Form einzubringen, die von vornherein – und dies aus gutem Grunde – als »klassisch« anerkannt wurde. So wie im Bereich des Theaters, wo er Giraudoux oder allenfalls noch Brecht – etwa für *Les Séquestrés d'Altona* – näher ist als Ionesco oder Beckett, hat er auch im Roman keineswegs die Revolution der Form verwirklicht, die die Literaturkritiken in *Situations* erwarten ließen. Da der kritische Diskurs wesentlich normativ oder vielmehr performativ ist, erlaubt er es überdies, dem den Anschein der Feststellung eines Analytikers zu geben, was in der Tat Anspruch auf das Monopol der literarischen Legitimität ist, die eine neue Definition des Schriftstellers und der Romanform durchsetzen will. In Bezug auf Faulkner zu schreiben, dass eine Romantechnik eine Metaphysik impliziert, das heißt auch Sartre – gegen Gide, Mauriac und Malraux – als Inhaber der Roman-Legitimität zu konstituieren, weil er allein sich als Metaphysiker ausweisen kann. Die Funktion der Literaturkritik als Selbst-Legitimierung erkennt man nie so gut wie in den Fällen, wo sie, der Polemik kaum entgehend, auf unmittelbare Konkurrenten Camus, Blanchot oder Bataille angewendet wird, die auch Anwärter auf die dominante Position sind, wo es nur Platz für einen gibt, sowie auf die entsprechenden Embleme und Attribute, wie etwa das Recht, das Erbe Kafkas – des metaphysischen Romanciers schlechthin – zu beanspruchen. Die Strategien der Auszeichnung, welche die Literaturkritik ermöglicht, wären jedoch nichts, wenn sie sich nicht auf ein »totales« Werk abstützten, das dem Verfasser erlaubt, in jeden Bereich der intellektuellen Praxis das ganze technische und symbolische Kapital, das er in anderen Bereichen erworben hat, einzuführen. Die Figur des totalen Intellektuellen als einzige legitime Realisierung des Intellektuellen hinzustellen, das bedeutet auch, die Konkurrenten negativ als partielle oder gar unfertige Intellektuelle zu markieren: Merleau-Ponty ist, trotz einiger Ausflüge in die Literaturkritik *nur* ein Philosoph; Camus, nachdem er mit *Le Mythe de Sisyphe* oder *L'Homme révolté* auf naive Weise verraten hatte, dass er nichts von einem professionellen Philosophen hat, ist nur ein Romancier; Blanchot ist nur Literaturkritiker und Bataille ein Essayist, ganz zu schweigen von Aron, der auf den Rang eines Soziologen oder Politologen verwiesen wird, der auf jeden Fall disqualifiziert ist, weil er nicht jene andere notwendige Komponente des totalen Intellektuellen aufweisen kann, das Links-Engagement.

Vorbereitet durch die literaturkritischen Schriften und die philosophischen Manifeste der Vorkriegszeit und auch durch den Roman *La Nausée*, der sogleich als »meisterhafte« Verbindung von Literatur und Philosophie anerkannt wurde, findet die Konzentration intellektuellen Kapitals in all seinen Formen, welche die Figur des totalen Intellektuellen ausmacht, in der unmittelbaren Nachkriegszeit ihre Vollendung mit der Gründung der *Temps modernes*: eine spezifische Institution der Konzentration und der Ausübung der intellektuellen Macht; die »intellektuelle Zeitschrift«, die, wie die Zusammenstellung des Redaktionskomitees belegt, unter dem Banner Sartres die lebenden Vertreter aller intellektuellen Traditionen – versöhnt im Werk und in der Person des Gründers – versammelt, und so erlaubt, das Sartresche Vorhaben, alle Aspekte der Existenz zu denken (»Wir dürfen nichts von unserer Zeit verfehlen« hieß es im Vorstellungstext der *Temps modernes*), als kollektives Programm hinzustellen und so die ganze intellektuelle Produktion zu lenken, in ihrer Form ebenso sehr wie in ihrer Thematik (beispielsweise etwa durch die Themen der Sondernummern). In der Tat bleibt die Versöhnung aller kulturellen Produktionen, die Sartre verwirklicht, eine spezifische Form der philosophischen Ambition, die aus der Begegnung zweier Phänomenologien entstanden ist, derjenigen Hegels in der Lesart Kojèves und derjenigen Husserls, vermittelt durch Heidegger. Durch diese Versöhnung erreicht die Philosophie (die sich vor allem mit Kant gegen die »weltlichen« Verstrickungen durchgesetzt hatte) im ganzen intellektuellen Feld die dominante Position, die sie immer beansprucht hatte – ohne sie je wirklich zu erreichen, ausgenommen im universitären Feld. Es ist darum kein Zufall, dass die Ambition zu totalisieren – intellektueller Ausdruck der Ambition der absoluten Macht – nirgendwo so deutlich behauptet wird wie in den philosophischen Werken und zunächst in *L' Etre et le néant*, erste Behauptung des Anspruchs eines unüberschreitbaren Denkens, das seine absolute Waffe in der allesverzehrenden Dialektik der *Critique de la raison dialectique* finden wird – letzter Versuch, um eine schon in Frage gestellte intellektuelle Macht aufrechtzuerhalten: Der Umfang selbst des Werkes, der Umfang einer Summe oder einer Abhandlung, die Reichweite der behandelten Themenkreise, die sich dem Schein nach auf das ganze Leben erstreckt (Liebe, Tod, Begierde, Gefühl, Erkenntnis, Phantasie, Erinnerung und Geschichte), die souveräne Erhabenheit (auf die neben anderem auch der Verzicht auf Zitatangaben hindeutet) der Auseinandersetzung mit Autoren höchsten Ranges wie Hegel, Husserl oder Heidegger und insbesondere der Anspruch, alles zu überschreiten und alles zu integrieren, beginnend mit dem Bereich der rivalisierenden Denksysteme wie die Psychoanalyse oder die Sozialwissenschaften, alles in diesem Werk zeugt vom Willen, ausschließlich und auf allen Gebieten der Existenz und des Denkens, den Anspruch, sich als Grund-Instanz zu verstehen, der immer der Anspruch der Philosophia war, wahrzunehmen. Die unfehlbarste dieser Einverleibungsstrategien besteht darin, sich als transzendierendes Bewusstsein einzuführen, das fähig ist, der Person oder der Institution, auf die es sich bezieht, die Wahrheit ihrer selbst (deren sie entbehrt) zu vermitteln. Schon im Kampf gegen die Humanwissenschaften systematisch angewendet, stand die typisch philosophische Strategie des radikalen Überschreitens (das auch einer der beliebten »Überraschungseffekte« des Meisters Heidegger war) im Zentrum der Beziehung Sartres mit der Kommunistischen Partei und später mit dem Marxismus.

Wir müssen einen Augenblick bei diesem Punkte innehalten sowie generell bei der Beziehung Sartres zur Politik. Beim Prozess der Akkumulation der verschiedenen konstitutiven Züge der Figur des Intellektuellen musste Sartre notwendigerweise der Person des engagierten Intellektuellen begegnen sowie dessen Anspruch, sich als moralische Instanz zu verstehen, der sich mit Zola und den Verteidigern von Dreyfus ausgebildet hatte, und der so sehr zu einem konstitutiven Zug des dominanten Intellektuellen geworden war, dass er sich einen Augenblick lang selbst Gide aufdrängte. Nachdem er zur Inkarnation des Intellektuellen schlechthin geworden war, musste Sartre der Politik begegnen, d.h. in der fast revolutionären Nachkriegszeit: der Kommunistischen Partei. Die Strategie des radikalen Überschreitens war wie geschaffen, um der Beziehung der gegenseitigen Legitimierung, die die Surrealisten mit der Partei in der Vorkriegszeit eingeführt hatten, eine von der Theorie her annehmbare Form zu geben und zwar in einer Zeit, wo die intellektuelle Atmosphäre und der Zustand der Kommunistischen Partei völlig verschieden waren. Die freie Verbindung zwischen dem »Weggenossen« und der Partei hat nichts von der bedingungslosen Infragestellung seiner selbst (die für das Proletariat gut ist gemäß der Formel »Die Partei *ist* das Proletariat«), die man darin hat sehen wollen. Diese Verbindung erlaubt es dem Intellektuellen, sich als Grundbewusstsein der Partei vorzustellen, sich gegenüber der Partei und dem Volk in einer Beziehung zu situieren, die analog ist zur Beziehung des »Für-sich« und des »In-sich« und so einen Ausweis revolutionärer Tugend zu erhalten, aber gleichzeitig die volle Freiheit für die ausgesprochen intellektuelle Tätigkeit zu wahren und die Distanz aufrechtzuerhalten, die in einer Zustimmung eingeschrieben ist, die als allein begründbar erlebt wird. Diese Distanz gegenüber allen festen Positionen und ihren Inhabern – Kommunisten oder Katholiken – definiert den »freien Intellektuellen« und seine ontologische Verklärung, das »Für-sich«. Man könnte in der Tat zeigen, dass die Grundkategorien der Sartreschen Ontologie, das »Für-sich« und das »In-sich«, eine sublimierte Form der Beziehung zwischen dem »Intellektuellen« und dem »Bürger« aus der Sicht Sartres sind: als ein nicht gerechtfertigter »Bastard«, als fehlendes »Sein«, als eine dünne Schicht von Nichts, Freiheit und Bewusstsein, zwischen den Bürgern, den »gemeinen Kerlen« der *Nausée*, und dem Volk, die beide wenigstens gemeinsam haben, voll das zu sein, was sie sind und nichts mehr, ist der Intellektuelle immer in Distanz zu sich selber, von seinem Sein getrennt – und damit auch von allen, die nur das sind, was sie sind – durch den hauchdünnen, aber unüberschreitbaren Abstand, der sein Elend und seine Größe ausmacht. Elend, also Größe, diese typisch Pascalsche Umkehrung steht im Zentrum der ideologischen Verklärung, die es dem Intellektuellen von Flaubert bis Sartre (und darüber hinaus) erlaubt, sein geistiges Ehrgefühl auf der Umdeutung seines Ausschlusses von weltlicher Macht und weltlichen Privilegien als freie Wahl zu begründen. Und der »Wunsch, Gott zu sein« – imaginäre Vereinigung des »In-sich« und des »Für-sich«, den Sartre der Universalität der menschlichen Existenz zuschreibt –, könnte letztlich nichts anderes als eine verklärte Form des intellektuellen Traums sein, den Flaubert – auf naivere Weise – aussprach: »Leben wie ein Bürger, aber denken wie ein Halbgott« (d. h. wie ein Intellektueller) …

Sartre hat so bis hinein in sein Leben, das er zwischen dem Arbeitszimmer und dem Literatencafé teilte, die künstlerische und politische Meinungsäußerung, ja das kulturelle Unbewusste der Intellektuellen (oder genauer, der französischen Philosophie-Professoren) zum Ausdruck gebracht und verwirklicht. Er hat die Illusion der Transparenz seiner selbst bis zur äußersten Grenze vorangetrieben ebenso wie die Illusion des adäquaten Bewusstseins seiner selbst, die die Grundlage der verzweifelten Ablehnung aller Determinationen bildete, die Grundlage aber auch der pathetischen Anstrengung, die Person des Intellektuellen jeder Reduzierung auf das Allgemeine, das Gattungs- oder Klassenspezifische zu entziehen. Es ist kein Zufall, wenn Sartre in der Philosophie wie im Theater, in seinen Romanen wie in seinen politischen Analysen oder kritischen Essays immer wieder dasselbe einzige Thema von allen Seiten beleuchtet: das Problem des sozialen Status des Intellektuellen, wobei er immer wieder mit derselben Verneinung (im Sinne Freuds) schließt, die sich im so oft verwendeten Schema Größe / Elend verdichtet in Form des übertriebenen und sich zur Schau stellenden Geständnisses (»Ich bin nur ein kleinbürgerlicher Intellektueller«) – gemäß dem Lacanschen Paradigma des entwendeten Briefes. Mittels der Universalisierung des Einzelfalls, welche jede essenzialistische Analyse vollzieht, die auf eine nicht in ihrer sozialen Besonderheit charakterisierten Lebenspraxis angewendet wird, wandelt Sartre die Erfahrung des Intellektuellen in eine ontologische, für die menschliche Existenz in ihrer Universalität konstitutive Struktur um: Als »Bürger«, der fähig ist, seine Klasse abzulehnen, um mit dem »Proletariat« zu kämpfen, der aber dazu verur-

teilt ist, seinerseits von denjenigen, die nicht wählen, wegen seiner Wahl zurückgewiesen zu werden, ist der Intellektuelle Paria und Privilegierter, Paria weil Privilegierter, Privilegierter weil Paria, der Verdammung des Bewusstseins und der radikalen Freiheit gegenüber seinem Zustand und seinen Bedingungen geweiht, was wiederum sein Privileg ist. Man versteht, dass diese Botschaft beim intellektuellen Publikum – vor allem in einem Augenblick, wo die politische und soziale Lage dieses zum angstvollen Nachdenken über sich selbst veranlasste – auf ein Echo stieß, das weit über die intellektuelle Zustimmung hinausging.
Ein umfassenderes Verständnis des »Sartre-Effektes« würde voraussetzen, dass man die soziale Nachfrage nach einer intellektuellen Prophetie analysierte und die konjunkturellen Bedingungen – wie die Erfahrung des Bruchs, der Tragik und der Angst, die mit den kollektiven und individuellen, aus dem Krieg, der Résistance und der Befreiung entstandenen Krisen verbunden waren –, vor allem aber die strukturellen Bedingungen beschriebe. Man müsste zumindest die Charakteristika eines autonomen intellektuellen Feldes in Erinnerung rufen, das mit eigenen Reproduktions- (École Normale Supérieure) und Legitimationsinstanzen (Zeitschriften – wie die *NRF* –, literarische Gruppen, Verleger, Akademien) ausgestattet ist, und das in der Lage ist, die unabhängige Existenz einer »Aristokratie der Intelligenz« aufrechtzuerhalten, die von der Macht getrennt, ja selbst gegen die Macht gerichtet ist. Man müsste auch die Definition des Intellektuellen und der intellektuellen Vollendung erwähnen, welche diese Institutionen anerkennen und sanktionieren, vor allem die Vorbereitungsklassen zur École Normale (Khâgnes), die Eintrittsprüfung für die École Normale und die Examen für die Agrégation. Es ist bekannt, dass Durkheim, der sich ausdrücklich für das Lager der Professoren, der Spezialisierung und der Wissenschaft entschied, in einer seiner ersten Schriften die schädlichen Einflüsse der schulmäßigen Übungen, etwa des Agrégation-Aufsatzes geißelte, die verlangten von »omni re scibili« zu sprechen. Die Nachfrage nach dem prophetischen Intellektuellen und die »meisterliche Selbstsicherheit«, die notwendig ist, um dieser Aufgabe zu genügen, sind so, wie man sieht, im Kern der Institution Schule verankert, gegen die sich die intellektuelle Prophetie – dem Schein nach – erhebt; sie wurzeln im Ort selber der Entstehung des Jean-Paul Sartre, seiner Anlagen und seiner Titel, d. h. seines ganzen symbolischen Kapitals, das er in die intellektuellen Strategien seiner Anfangszeit investierte.
Als ehemaliger Schüler der École Normale Supérieure, als Agrégé der Philosophie, als Sprössling einer bürgerlichen Pariser Familie bewegt sich Sartre im intellektuellen Milieu wie ein Fisch im Wasser. Als beispielhafte Verwirklichung

des durch seine Erbschaft beerbten Erben ist er mit allen Eigenschaften ausgestattet, die nötig sind, um die vollendete Form des Intellektuellen zu verwirklichen, welche die gesamte Geschichte des französischen intellektuellen Feldes rückblickend gleichsam für ihn vorbereitet zu haben scheint, angefangen bei der frühkindlichen Selbstsicherheit, die fähig ist, sich ein ganzes Leben lang fortzupflanzen, und die eine stillschweigende Vorbedingung für dominante Positionen darstellt. Das Unbehagen, das er zum Ausdruck bringt – etwa durch das Thema des Bastarden – ist nicht das Unbehagen, in der intellektuellen Welt zu sein, sondern das Unbehagen, Intellektueller zu sein. Dies erklärt zweifelsohne, dass die Intellektuellen, die in diesem Wortführer der Angst der Intellektuellen gleichzeitig den beruhigendsten Intellektuellen zu erkennen verstanden, ihm das Recht zuerkannten, die dominante Position im intellektuellen Feld einzunehmen. Diejenigen aber, die – Opfer ihrer Jugendträume – eilig danach trachten, die Nachfolge des Intellektuellen schlechthin anzutreten, vergessen zu Unrecht, dass die konjunkturellen, aber auch die strukturellen Bedingungen, die ihn möglich machten, heute im Schwinden begriffen sind: Der Druck der Staatsbürokratie, die Lockungen der Presse und des Kulturmarktes, die sich zusammentun, um die Autonomie des intellektuellen Feldes und seiner Reproduktions- und Konsekrationsinstanzen einzuschränken, bedrohen das Seltenste und Wertvollste am Sartreschen Modell, das, was den »bürgerlichen« Neigungen am wirklichsten zuwiderlief: die Ablehnung weltlicher Macht und weltlicher Privilegien (und wäre es der Nobel-Preis) sowie die Behauptung der spezifisch intellektuellen Macht, des spezifisch intellektuellen Privilegs, allen zeitlichen Mächten Nein zu sagen.

mai 1980

Pierre Bourdieu

L'invention de l'intellectuel total

"Sartre a dominé sans aucun doute sa génération et n'a pas eu de successeur". Tel est le verdict que la critique scolaire, dans un ouvrage publié vers les années 70 et consacré à la littérature en France depuis 1945, porte sur l'oeuvre de Sartre. La science sociale n'a pas à prendre parti sur ce verdict, mais à le prendre pour ce qu'il est, c'est-à-dire un fait social indiscutable, et à tâcher d'en rendre raison, de le rendre intelligible. Comment Sartre, l'intellectuel (français) par excellence, a-t-il été possible ? Quelles ont été les conditions sociales de possibilité de l'intellectuel total, présent sur tous les fronts de la pensée, philosophe critique, romancier, homme de théâtre ? Questions typiquement anti-sartriennes : Sartre, créateur de l'intellectuel comme créateur incréé, n'a pas cessé d'affirmer, à travers les auto-analyses et les auto-critiques qu'il a multipliées tout au long de sa vie, sa capacité d'épuiser la connaissance de sa propre vérité, en tant que personne individuelle et en tant qu'intellectuel. Du même coup, il a d'avance récusé comme réductrice toute tentative pour contourner l'incontournable, pour classer l'inclassable, pour penser objectivement le penseur de toute pensée objectivante.

Et si Sartre n'avait été que l'idéologue des intellectuels, assuré d'obtenir d'eux qu'ils se reconnaissent dans l'image d'eux-mêmes qu'il leur renvoie, celle de l'intellectuel total à qui rien de ce qui est intellectuel n'est étranger, celle de l'intellectuel libre, irréductible à toutes les déterminations ? Et si celui qui a exercé sur tout l'univers intellectuel une domination sans partage avait été totalement dominé par ce qu'il dominait ? Et si l'intellectuel libre était le plus déterminé des intellectuels en ce qu'il ignore précisément que les déterminations attachées à sa position sociale résident précisément dans l'illusion de l'absence de détermination ?

La singularité de Sartre a consisté à rassembler, par un coup de force qui supposait à la fois beaucoup de force et beaucoup de violence (le vieillard modest des meetings et des manifs a fait oublier l'"assurance magistrale" du jeune normalien que les critiques saluent chez le premier écrivain), un ensemble de manières jusqu'à là disjointes d'accomplir la fonction d'intellectuel. Seule une histoire sociale approfondie pourrait montrer que tous les éléments du <u>personnage social</u> de l'intellectuel existaient antérieurement à l'opération de concentration de capital par laquelle Sartre les a réunis en sa personne. Ce que l'on peut évoquer rapidement, c'est la logique du travail d'accumulation grâce auquel Sartre a fait converger sur lui un faisceau de manières d'être intellectuel qui s'étaient progressivement inventées et instituées tout au long de l'histoire intellectuelle de la France. Transgressant la frontière invisible, mais quasi infranchissable, qui séparait les professeurs, philosophes ou critiques, et les écrivains, les "boursiers" petit-bourgeois et les "héritiers" bourgeois, la science et le "génie", la lourdeur du concept et la finesse de l'écriture, Sartre constitue le personnage du philosophe écrivain et du romancier métaphysicien. La "révolution" philosophique contre les théories de la connaissance (symbolisées par Léon Brunschvicg) est inséparable d'une "révolution" dans l'écriture philosophique. La mise en oeuvre de la théorie husserlienne de l'intentionnalité qui porte à substituer au monde clos de la conscience se connaissant le monde ouvert de la conscience qui "éclate vers" les choses, vers le monde, vers les autres, entraîne l'irruption dans le discours philosophique de tout un univers d'objets nouveaux (comme le célèbre garçon de café), exclus de l'atmosphère un peu confinée de la philosophie "académique" et jusque-là abandonnés aux écrivains. Elle appelle aussi une manière nouvelle, ouvertement littéraire, de parler de ces objets nouveaux. La philosophie descend dans la rue et le philosophe écrit, tradition d'écrivain, à la table des cafés. Comme le manifeste son choix de Gallimard, bastion de la littérature pure, pour publier des écrits philosophiques, jusque-là voués à Alcan, ancêtre des Presses

Die Erzeugung des ökonomischen Habitus

Vorwort zur deutschsprachigen Ausgabe

In den frühen 60er Jahren erlebte ich in Algerien ein, wie es mir im Rückblick erscheint, regelrechtes gesellschaftliches Experiment. Dieses Land, in welchem sich bestimmte isolierte und abgelegene Bergvölker wie diejenigen, die ich in der Kabylei erforschen konnte, noch mehr oder minder intakte Traditionen einer vorkapitalistischen Ökonomie bewahrt hatten, denen die Marktlogik völlig fremd war, hat mit dem Befreiungskrieg eine enorme historische Beschleunigung erfahren. Diese historische Beschleunigung, zu der auch bestimmte repressive militärische Maßnahmen wie die von der französischen Armee bewerkstelligte Zusammenführung ganzer Bevölkerungsgruppen in Sammellagern einen Beitrag leisteten, brachte vor meinen Augen zwei Typen von Wirtschaftssystemen mit völlig konträren Anforderungen zur Koexistenz, die gewöhnlich durch einen Zeitraum von mehreren hundert Jahren voneinander getrennt sind.

Ich möchte hier kurz auf das zu sprechen kommen, was sich mir in dieser Laborsituation in voller Klarheit zu Bewusstsein brachte, wobei ich mich hauptsächlich auf bestimmte, bisher unveröffentlichte Informationen aus meinen ethnographischen Aufzeichnungen konzentrieren werde und nur am Rande auf die hier vorgestellte Studie selbst eingehe.

Die Diskrepanz zwischen den in einer vorkapitalistischen Ökonomie geformten Haltungen und dem importierten und oft auf brutale Weise durch die Kolonialisierung aufgezwungenen ökonomischen Kosmos führte unabweislich zu Bewusstsein, dass der Zugang zu den elementaren ökonomischen Verhaltensweisen (Sparen, Kredit, Familienplanung etc.) sich keineswegs von selbst versteht und dass der »rational« genannte ökonomische Akteur das Produkt ganz besonderer historischer Umstände ist. Genau dies aber ignoriert die ökonomische Theorie wie auch die so genannte »neue Wirtschaftssoziologie«. Erstere übersieht diesen Zusammenhang, weil sie unter dem Label »Theorie des rationalen Handelns« einen spezifischen, historisch verorteten und datierten ökonomischen Habitus einfach registriert und bestätigt, ohne im Entferntesten die Frage zu stellen, welche ökonomischen und gesellschaftlichen Voraussetzungen diesen überhaupt ermöglichen. Er wird also schlicht als selbstverständlich angesehen. Die neue Wirtschaftssoziologie hingegen übersieht diesen Zusammenhang, weil sie mangels einer echten Theorie des ökonomischen Akteurs die *rational action theory* einfach übernimmt und darauf verzichtet, die ökonomischen Verhaltensdispositionen, die ja ebenso wie das ökonomische Feld eine soziale Genese aufweisen, zu historisieren. Sicherlich wurde mir die Idee, die Möglichkeitsbedingungen dieser historisch hervorgebrachten Verhaltensdispositionen statistisch zu analysieren, dadurch nahe gelegt, dass ich mich in eine Situation hineingeworfen sah, in der ich die Verwirrung und die Not ökonomischer Akteure vor Augen hatte, die über die uns selbst völlig vertrauten bzw. selbstverständlich, natürlich und universell erscheinenden und von der ökonomischen Ordnung stillschweigend vorausgesetzten Verhaltensdispositionen schlichtweg nicht verfügten.

Einige Eigenschaften der vorkapitalistischen Ökonomie

Alle zentralen Charakteristika vorkapitalistischer ökonomischer Praktiken finden ihren gemeinsamen Nenner darin, dass die von uns als ökonomisch angesehenen Verhaltensweisen noch nicht als solche konstituiert und verselbstständigt sind, d.h. noch nicht als aus einer besonderen Ordnung stammend betrachtet werden, eine Ordnung, welche von Gesetzen anderer Art beherrscht wird als jene, welche gewöhnliche gesellschaftliche Beziehungen, insbesondere zwischen Verwandten, bestimmen. Der Austausch zwischen Verwandten oder Nachbarn gehorcht der Logik von Gabe und Gegengabe. Ehrenhafte Personen verkaufen weder Milch (»Na hör mal! Der hat Milch verkauft!«) noch Butter noch Käse, auch nicht Gemüse oder Früchte, sondern »lassen es Nachbarn zugute kommen«. Ein Müller, der einen Überschuss an Mehl erzielt, wird erst gar nicht auf den Gedanken kommen, ein Gut wie das Mehl, welches ja ein Grundnahrungsmittel darstellt, zu verkaufen. Die Logik des Gabentausches vereint sich mit der mythisch-rituellen Logik zu einem Verbot, ein Utensil leer zurückzugeben. Was man zurückgibt oder -schickt heißt *fel*, genau wie das, was man dem Maurer mitgibt, z.B. Eier und Geflügel, wenn er außerhalb des Dorfes ans Werk geht. Gleiches gilt für alle Dienste, die ebenfalls streng nach den Regeln der Reziprozität und der Unentgeltlichkeit geleistet werden, etwas, das übrigens auch für das Ausleihen gilt. So wird etwa die *charka* eines Ochsen, bei der ein Bauer sein Zugtier für einen bestimmten Zeitraum für ein bestimmtes Maß Getreide vermietet, nur unter fremden Personen praktiziert und dabei von einer ganzen Reihe an Euphemisierungen und Verschleierungen begleitet, welche darauf abzielen, die möglichen merkantilen Implikationen zu kaschieren oder zu verdrängen. Meistens sind beide Parteien einvernehmlich daran interessiert, ihren Handel nicht in aller Öffentlichkeit zu schließen. Der Ausleihende versucht, seine Mittellosigkeit zu verdecken, und spiegelt vor, es handle sich um seinen Ochsen, während der Besitzer das Spiel mitspielt, da es angeraten ist, eine Transaktion geheim zu halten, die nicht ganz mit dem Gerechtigkeitssinn in Einklang steht. Übrigens scheint es ganz so, als ob solche Händel umso unverhohlener praktiziert werden, je ferner sich die betreffenden Partner stehen und je unpersönlicher und neutraler die Beziehung zwischen ihnen ist.

Beziehungen, die auf ihre rein »ökonomische« Dimension reduziert sind, werden als feindselige wahrgenommen und können sich nur zwischen Fremden ergeben. Der Ort, an dem sich solche kriegerischen ökonomischen Praktiken prototypisch zum Ausdruck bringen, ist der Markt, allerdings nicht so sehr der Dorfmarkt oder der Markt des Stammes, wo man es noch mit Bekannten zu tun hat, sondern die größeren Märkte der ferneren Kleinstädte (unsere ethnographischen Informanten nennen spontan Orte wie Bordj bou Arreridj, Akbou oder Maison-Carrée), wo man auf Unbekannte trifft und es mit dem Schlimmsten von allen, dem Schacherer, zu tun bekommt und mit der Hinterlist und den Betrügereien eines gnadenlosen Krieges rechnen muss. Aus den zahllosen Berichten der Glücklosen des Marktes lassen sich durchaus einige Verhaltensregeln und Vorsichtsmaßnahmen ableiten. Wenn der Gegenstand einer Transaktion wohl bekannt und wie im Falle von Grund und Boden keine bösen Überraschungen erwarten lässt, ist eine anonyme Tauschbeziehung möglich und wird sich hauptsächlich, wenn nicht sogar ausschließlich vom Tauschobjekt selbst leiten lassen. Ist der Gegenstand des Tausches wenig bekannt und risikobehaftet, d. h. auch für Betrügereien geeignet, wie etwa im Falle eines störrischen Mulis oder eines künstlich und vorübergehend zum Schwergewicht getrimmten Ochsen, wird sich die Wahl der Tauschbeziehung hauptsächlich an der Person des Verkäufers selbst orientieren und man wird auf jeden Fall einem bekannten Tauschpartner den Vorzug geben. Auch wird man versuchen, alle denkbaren Arten an Garantien zu mobilisieren, persönliche Garanten bzw. Zeugen, welche die Beziehung zwischen den Tauschpartnern in ein Netz von Vermittlern und Zwischengliedern einbetten sollen.

Die Strategien der Ehre, die gewöhnliche Tauschprozesse regeln, sind auch beim außergewöhnlichen Tausch auf dem Markt nie völlig abwesend. So gibt etwa, ähnlich wie beim Beschließen einer Heirat, der Verkäufer nach der mündlichen Aushandlung und Festlegung des Preises dem Käufer einen recht beachtlichen Teil der Kaufsumme ostentativ zurück, damit dieser »seinen Kindern Fleisch kaufe«. Und man berichtet immer wieder von Situationen, in denen der Erwerb von Grund und Boden primär, wenn nicht ausschließlich dadurch motiviert ist, dass der Käufer einem Verwandten oder einer Verwandten helfen und einer erzwungenen Abgabe des Bodens in fremde Hände zuvorkommen will, eine Praktik, die auch durch eine andere Logik motiviert sein kann und dann darauf abzielt, die Ehre der eigenen Gruppe gegenüber einer rivalisierenden anderen Gruppe zu verteidigen. Kurzum: Die Marktlogik im Sinne eines unverhohlenen Kampfes wird niemals wirklich als solche akzeptiert und anerkannt, und jene, die sich, so wie die Schacherer oder Pfandleiher, dennoch mit ihr arrangieren, sind der sozialen Verachtung ausgesetzt.

Noch ein kurzer Abstecher zu den Beziehungen zwischen Bauern und Handwerkern, insbesondere den Schmieden und Müllern, und deren Veränderungen im Gefolge des Auftauchens echter Handelsberufe. Hier bewahrheitet es sich, dass die im eigentlichen Sinne ökonomische Logik nie unabhängig von der Logik sozialer Beziehungen ist: Sie ist immer in Letztere eingebettet. So war etwa die Arbeit der Schmiede in der Kabylei der 50er Jahre Gegenstand non-monetärer Transaktionen, welche meistens vom Gewohnheitsrecht geregelt wurden. Der Dorfschmied ist verpflichtet, allen Bauern die zum Unterhalt ihres Arbeitsmaterials nötigen Reparaturen zu leisten. Im Gegenzug erhält er einen Anteil an der Ernte, der sich nach der Zahl der vorhandenen Ochsengespanne richtet. Anhand der gemeinsam mit Abdelmalek Sayad erforschten Mühlen von Aghabala konnte ich die wechselseitige Verschränkung ökonomischer und gesellschaftlicher Beziehungen näher untersuchen, denn im Gegensatz zu den stark stigmatisierten Schmieden waren die Müller nicht von der Gemeinschaft ausgeschlossen, obwohl sie zu den Mittellosesten zählten. Jede Mühle war über das Spiel des Austauschs von Dienstleistungen und das Hin und Her der Beziehungen und Allianzen mit einem festen Klientel verbunden. Dieses wurde mit ganz besonderer Aufmerksamkeit und Zuvorkommen behandelt, so wie man Gäste behandelt, und lieferte im Gegenzug ein Zehntel des verarbeiteten Getreides für die empfangenen Dienste ab. Aber mit dem Niedergang der Landwirtschaft, einhergehend mit der Einführung neuer Tätigkeiten (Handwerk, Handel etc.) und der Verbreitung von nichtlandwirtschaftlichen Einkünften (etwa im Gefolge der Auswanderung), ging die Nutzung der traditionellen Mühlen zurück. Man versorgt sich jetzt direkt mit Hirse, anstatt sein geerntetes Getreide mahlen zu lassen, und schließlich nimmt die Motormühle den Platz der wasserbetriebenen Mühle ein und zerstört auf einen Schlag und wie von Geisterhand das gesamt System an Konventionen, welches die traditionelle Solidarität rund um das Mahlen regelte. So war es zuvor etwa Brauch, gratis und vorrangig alle jene zu bedienen, die ihr Getreide mit eigener Muskelkraft, ohne Nutzung eines Lasttiers, zur Mühle schafften. Hierbei konnte es sich ja doch nur um den Vorrat eines Armen handeln, der aus der Nachlese am Dreschplatz, aus Gaben, der Zehntsteuer, Unterstützung wohlhabenderer Verwandter oder schlicht dem Betteln am Dreschplatz stammte. Auf jeden Fall ging es um ein Quantum, das man nicht noch um ein Zehntel beschneiden konnte und das wohl auch so dringend erwartet und benötigt wurde, um eine vorrangige Verarbeitung zu rechtfertigen. Mit der Motormühle, meistens durch mühsames Zusammensparen erworben, nicht einfach von der vorausgehenden Generation ererbt und im Übrigen auch wie ein einfaches Produktionsmittel (im ökonomischen Sinne) benutzt, tritt auch die Logik der Investition und der doppelten Buchführung auf den Plan, und an die Stelle der zuvor noch wirksamen Befriedigungen, die dem Bauern und Besitzer (bzw. Anteilseigner) einer Mühle aus der relativen Autarkie, dem Umstand, das eigene Getreide selbst verarbeiten zu können, erwachsen mochten. Ein alter Fellache erinnert sich, die Mühle, die ihm zu drei Vierteln gehörte, während einer Dauer von 35 Tagen, also rund eines Viertels des agrarischen Produktionszyklus, ununterbrochen in Betrieb gehabt zu haben. Der Nutzer einer Motormühle sieht sich jetzt plötzlich in der Rolle eines Kunden wieder, gegenüber welchem sich der Müller wie ein Geschäftsmann verhält, dem es primär um die Abdeckung seiner Betriebskosten zu tun ist. Diese Transformation »handwerklicher« Aktivitäten, welche zuvor immer den landwirtschaftlichen Tätigkeiten untergeordnet und meistens von stigmatisierten Gruppen von Individuen wie Farbigen oder den Mittellosesten in Ergänzung der *Khammessat* (traditionelle Form der Pacht) ausgeübt wurden, in selbstständige Berufe, findet sein Gegenstück auf der Ebene des Handels. Dieser konnte einst nur eine die landwirtschaftliche Produktion ergänzende Aktivität darstellen; man hätte denjenigen, der »auf dem Stuhl sitzen bleibt«, »tagelang«, »im Schatten«, einen »Faulenzer« geschimpft. Auch achtete man darauf, den Laden nur am Morgen, vor dem Aufbruch zur Arbeit auf den Feldern, zu öffnen, und während der schönen Jahreszeit nochmals abends nach der Heimkehr. Der hierfür reservierte Raum gehörte zur Wohnung, und die Vertrauten zögerten nicht, in den Wohnraum selbst einzutreten, um vom Besitzer selbst oder einer der Frauen bzw. einem hierfür angestellten Knaben ein Paket Kaffee oder Zucker zu verlangen.

All dies ändert sich, sobald mit den 60er Jahren der Vollzeit-Händler auf den Plan tritt, welcher nicht mehr Bauer sein will, Grund und Boden seinem Sohn (falls vorhanden) oder seinem Bruder bzw. einem Pächter überlässt. Von nun an ist er während klar festgelegter Zeiten in seinem Laden ständig präsent und dieser ist jetzt auch räumlich klar von der Wohnsphäre getrennt. Oft anders gekleidet als die Fellachen, hat dieser hauptberufliche Kaufmann nun das Gefühl, »etwas zu tun« und nicht etwa »seine Zeit zu verlieren«, wenn er den Laden öffnet. Und dies Gefühl bewahrt er, selbst wenn sein Geschäft infolge der u.a. durch die von der Armee bewerkstelligte Zusammenführung der Bevölkerung in Sammellagern, dieser Schein-Urbanisierung, nur sehr bescheiden ist. Häufig wird der Laden nur zu einem Treffpunkt, zu dem man sich begibt, um zu schwätzen, ohne dabei irgendetwas zu konsumieren. Dieser »Aufstieg« der Kaufleute ist für die an die Ökonomie »auf Treu und Glauben« (niya) gewohnten Bauern eines der Zeichen des Niedergangs der alten Welt. Treffend schildert das ein Informant aus der Siedlung *Aghbel*: »Sogar die Metzger machen sich heute über die Landwirte lustig. Sie brauchen nur einen Laden und ein besonderes Arbeitshemd, abends die Kleider zu wechseln, Arbeiter für das Schlachten des Viehs und den Verkauf auf dem Markt anzuheuern, um sich auf einen Schlag vom Metzger (einem traditionell verachteten Handwerk, P.B.) in einen »Reichen« zu verwandeln. Heutzutage ist alles ein »Beruf«. »Was bist du von Beruf?«, fragt man ständig. Und jeder sucht sich seinen. Ja, sobald man nur drei Päckchen Zucker und zwei Pakete Kaffee in einem Raum lagert, nennt man sich schon »Händler«. Wer vier Bretter zusammennageln kann, ist bereits ein Schreiner. Die Zahl der Chauffeure lässt sich schon gar nicht mehr überschauen, selbst wenn es kaum Autos gibt. Es reicht ja, wenn man den Führerschein in der Tasche hat! Kann man denn davon leben? Die Armee (die französische: P.B.) trägt dafür teilweise die Verantwortung, da sie den Leuten einfach so einen Beruf gab. All die verschiedenen Rangstufen, vom *Harki* bis zum Sergeanten. Ein Leutnant braucht nur zu erfahren, dass dieser oder jener dieses oder jenes zu tun versteht, um diesen dann mit einer Berufsbezeichnung zu versehen. Nach und nach hat dann keiner mehr gemerkt, dass man die Feldarbeit dabei übersah und vernachlässigte. Bei der Volkszählung hörte ich Mohaud L. meckern, weil man ihn als Landwirt eingeordnet hatte, während man seiner Meinung nach für alle anderen einen echten Beruf gefunden habe: »Ihr verachtet mich! Den wirklichen Landwirten habt ihr einen echten Beruf zugestanden, aus mir, der ich keinen einzigen Morgen Land besitze, macht ihr aber einen Fellachen. Die Landwirte sind die dort. Ihr Grund reicht bis zur Türschwelle und dennoch heißen sie »Chauffeur« oder »Kaufmann«. Ich spreche erst gar nicht von Hocine M., der sagt, er arbeite in einem Büro. Auch ich habe einen Beruf!« Und er schildert dann ausführlich, wie sich jene andere Person zum Rosshändler und dann zum Zwischenhändler wandelte, der den gesamten Holzhandel organisiert und das gesamte Dorf mit Stroh beliefert. »Auch die Arbeit in Frankreich hat uns Schweißer, Anstreicher, Maschinenarbeiter etc. beschert. Die Minen brachten uns Hauer, Zimmermann, Verschaler. Jetzt fehlen nur noch die Ingenieure. Alle diese Leute arbeiten heute längst nicht mehr, behalten jedoch ihren Beruf, solange der im Personalausweis genannt wird: Das ist der unschlagbare Beweis. Denen, die noch keinen Beruf haben, bleibt nur die Möglichkeit, sich *antriti* (Rentner) oder *anfaliditi* (Invalide) zu nennen.«

Die ökonomischen Bedingungen des Zugangs zu den ökonomischen Praktiken

Dieser ausführliche und ausschmückende Monolog nennt uns ungeordnet eine Vielzahl an Faktoren wie die Emigration, die klassifikatorischen Effekte des Militärs, einer großzügigen Spenderin von Scheinaktivitäten, welche gemeinsam mit der Verallgemeinerung des monetären Tauschs und der Einführung technischer Innovationen die Logik der Geldwirtschaft und des als rational bezeichneten wirtschaftlichen Kalküls bis in die agrarische Lebenswelt einfließen ließen. Wählt man sich diesen Prozess zum Gegenstand der soziologischen Analyse, so kann man über die hiervon ausgehenden Transformationen ökonomischer Praktiken im ländlichen Milieu besser das damit einhergehende System an Glaubensüberzeugungen begreifen und erfassen, was dies alles an Veränderungen im Hinblick auf den gesamten Lebensstil mit sich bringt. Hier schlicht von Anpassung zu sprechen, wäre unpassend. Es handelt sich in Wirklichkeit um eine Konversion.

Um aber auch jene Leser davon zu überzeugen, die zum Lager der Ökonomen und der Wirtschaftssoziologen gehören und sich in der als rational bezeichneten Ökonomie wie die Fische im Wasser tummeln, dass der Begriff der Konversion hier keineswegs überzogen ist, um in ihnen also auch jene Konversion ihres gesamten Denkens auszulösen, derer es bedarf, um mit dem Universum all der eingefleischten Vorannahmen zu brechen, welche uns gerade die in unserer Wirtschaftswelt üblichen Praktiken als rational erscheinen lassen, dann müsste ich in der Lage sein, konkret und detailliert von einer langen Erfahrungskette zu berichten. Diese oft noch so kleinen und marginalen Erfahrungen erlaubten es mir, den zufälligen und willkürlichen Charakter jener Praktiken auf sehr handfeste und sinnliche Weise zu erleben, welche, versehen mit dem Siegel größter Selbstverständlichkeit und Natürlichkeit, vom Gegenwartsmenschen routiniert und problemlos vollzogen werden.

Man denke z.B. an die Gewohnheit, sich in einem Geschäft das Wechselgeld auszahlen zu lassen, anstatt, wie man es bei den Händlern in der Kabylei beobachten konnte, schon mit dem peinlich genau abgezählten Kleingeld anzukommen und dieses für die gekaufte Ware auf den Tisch zu legen. Ich erinnere mich daran, einen

kabylischen Bauern stundenlang mit Fragen bombardiert zu haben, als dieser mir zu erklären versuchte, worauf denn eine traditionelle Form des Viehverleihs eigentlich beruhe. Mir war einfach nicht nachvollziehbar, dass der Eigentümer des Zugtieres sich entgegen aller »ökonomischen« Vernunft dem Mieter verpflichtet fühlte, da er scheinbar davon ausging, dass dieser ja für das Tier sorgte und er es ja sonst hätte selber füttern müssen. Ich erinnere mich an all die anekdotischen Beobachtungen und statistischen Hinweise, die ich zusammentragen musste, bis ich die implizite Philosophie der modernen Idee der Arbeit durchschaute, einer Arbeit, beruhend auf dem Äquivalent der Arbeit bzw. der Entlohnung in Geldform, welche ich in meiner spontanen Interpretation dieser fremden Welt anwendete und die mich daran hinderte, bestimmte Verhaltensweisen oder ein bestimmtes Erstaunen meiner ethnographischen Informanten vollumfänglich zu begreifen. Diese Philosophie schien mir so selbstverständlich, dass es mir gar nicht bewusst wurde, wie sehr sie mich daran hinderte zu verstehen, welche Mühe es den von mir beobachteten Menschen bereitete, sich von dem von mir nur unter größten Schwierigkeiten nachvollziehbaren Verständnis von Aktivität als einer gesellschaftlich anerkannten gesellschaftlichen Beschäftigung zu lösen. Diese kaum nachvollziehbare Sicht von Aktivität schien weitgehend unabhängig von materiellen Sanktionen zu sein und konnte sich im Extremfall auf die schlichte Ausübung des Menschlichen beschränken, wo man nicht seine Zeit zu verlieren scheint, wenn man bei einer Versammlung mit anderen Männern spricht oder den anderen Bewohnern des Hauses die Arbeit zuteilt. Ebenso musste ich mich ausgiebig mit der Logik des mythisch-rituellen Systems der Kabylen vertraut machen, um in der Lage zu sein, bewusst und gewollt in meine Fragen verschiedene barbarische Übertretungen einzuflechten (indem ich z. B. einen feuergefertigten Gegenstand wie einen Kamm zur Wollverarbeitung in ein Ritual einbaute, bei dem man eigentlich weibliche Symbole wie Wasser oder Wolle erwartete hätte), um eine Widerlegung oder ein Lachen seitens meiner Informantinnen zu provozieren.
Nichts hatte mich darauf vorbereitet, die Ökonomie, und erst recht nicht die eigene, als ein Glaubenssystem zu denken, und ich musste nach und nach auf dem Wege der ethnographischen Beobachtung und verstärkt durch meine statistischen Untersuchungen die praktische Logik der vorkapitalistischen Ökonomie erlernen, während ich gleichzeitig damit befasst war, deren Grammatik mehr schlecht als recht zu beschreiben. Sicherlich war es die quasi »eingeborene« Vertrautheit mit der praktischen Logik vorkapitalistischer Ökonomie, die ich auf dem Wege der ethnographischen Forschung schrittweise gewinnen konnte und die durch eine Art methodischer Anamnese tief vergrabene Erinnerungen an meine Kindheit auf

dem Lande in mir wachrief (ich bin selbst mehr als einmal mit dem genau abgezählten Kleingeld in der Hand zum Lebensmittelladen gelaufen und habe durch Rufen im Flur auf mich aufmerksam gemacht), welche es mir gestattete, das historisch Außergewöhnliche an einer scheinbar völlig banalen Geschichte zu erkennen. Diese wurde in den Tageszeitungen des 29. Oktober 1959 berichtet. Kinder des Dorfes Lowestoft in Großbritannien hatten eine Versicherung gegen körperliche Bestrafungen erfunden, die vorsah, dass ein Versicherter im Falle einer körperlichen Züchtigung vier Schilling Wiedergutmachung für den erlittenen Schmerz erhalten sollte. Angesichts einiger Versuche des Missbrauchs dieser Versicherung hatte man einen Passus eingeführt, in dem es hieß, die Versicherungsgesellschaft übernehme im Falle bewusst herbeigeführter Schäden keine Haftung. Es ist auch dieses praktische Verständnis einer geradezu exotisch gewordenen Ökonomie ökonomischer Praktiken, die es mir erlaubte zu entdecken und zu verstehen, dass es, wie Henri Bergson es ausdrückte, »einige Jahrhunderte braucht, um einen Utilitaristen wie Stuart Mill zu fabrizieren«. Anders gesagt: Das, was sich die gesamte Wirtschaftswissenschaft als eine unhinterfragbare Tatsache vorstellt, d.h. das Ensemble der Einstellungen des ökonomischen Akteurs, welche die Illusion einer ahistorischen Universalität der von dieser Wissenschaft verwandten Kategorien und Konzepte begründet, stellt sich in Wirklichkeit als das Produkt einer langfristigen kollektiven Geschichte dar und muss im Rahmen der Ontogenese, d.h. der Individualgeschichte, immer wieder aufs Neue über und durch eine zu leistende Konversionsarbeit angeeignet werden, welche nur unter bestimmten Bedingungen Erfolg hat. Nachdem dieser »Utilitarist« auf diesem Wege wieder in all seiner Exotik sichtbar wurde, wollte ich, ebenso wie schon so viele vor mir, man denke nur an Weber, Sombart oder Tawney, die ich mit Leidenschaft las, zu einem besseren Verständnis der Art und Weise beitragen, in der dieser sich im Laufe der Geschichte Schritt für Schritt selbst erfand. Hierbei verfolgte ich das explizite Vorhaben, die Aneignungsprozesse all jener Verhaltensdispositionen zu beobachten, die den kleinen Schülern aus Lowestoft mit ihrem spontanen »Stuartmillismus« wie in die Wiege gelegt schienen: Kosten- und Gewinnberechnung, Sparen, Kredit, Investition oder gar Arbeit. Des Weiteren ging es mir bei diesem Projekt darum, auf dem Wege der Statistik die ökonomischen und kulturellen Bedingungen des Zuganges zu einem rational genannten ökonomischen Verhalten systematisch zu erfassen.

Grundprinzip aller genannten Verkehrungen des Weltbildes ist nichts anderes als die Entwicklung und Aneignung von Rechenhaftigkeit bzw. eines kalkulierenden Denkens. Man muss sich davor hüten, Letzteres mit der sicherlich universellen menschlichen Fähigkeit des Rechnens und Berechnens zu verwechseln. Alle Handlungsweisen unserer Existenz einer kalkulierenden Vernunft unterwerfen zu wollen, wie die Ökonomie es will, heißt mit der Logik der *philia*, von der Aristoteles sprach, heißt mit dem Prinzip von »auf Treu und Glauben«, des Vertrauens und der Gerechtigkeit zu brechen, welche die Beziehungen zwischen Verwandten prägen müssen und die gerade auf der Verdrängung bzw. besser auf der Verneinung des Kalküls beruht. Es sich im Austausch zwischen Verwandten zu verbieten, zu rechnen und berechnend zu sein, heißt sich weigern, dem Prinzip der Ökonomie – als Neigung und Fähigkeit »hauszuhalten« oder zu sparen (Anstrengung, Mühe, Arbeit, Zeit, Geld etc.) anstatt zu geben, ohne zu rechnen – zu gehorchen. Eine solche Weigerung kann sicherlich auf die Dauer mit einem Schwinden kalkulierender Einstellungen einhergehen. Dies heißt auch, sich zu weigern, aus einer Welt hinauszutreten, in der die Familie und die sich um sie herum organisierenden Tauschbeziehungen das Modell für alle Formen des Austauschs abgeben, sogar für diejenigen, die wir heute als ökonomisch ansehen, und in eine Welt einzutreten, in der die Ökonomie jetzt schon als solche mit den ihr eigenen Prinzipien wie dem des Profits und des Kalküls konstituiert ist und den Anspruch erhebt, Grundprinzip aller Praktiken und allen Austauschs zu sein. Eine solche Logik wird von Autoren wie Gary Becker nur konsequent zu Ende gedacht, wenn dieser sie auf Gegenstände wie Familie, Heirat oder Kunst anwendet.

Stills aus *La sociologie est un sport de combat* (2001), einem Videofilm von Pierre Carles

Biografie II **Die Entdeckung der feinen Unterschiede** (1960 – 1980)

Bei seinen Feldforschungen in Algerien hatte Bourdieu oft Parallelen zur agrarischen Gesellschaft des heimatlichen Béarn gezogen – was dem Exotischen das Exotische nahm. Wieder in Frankreich, untersuchte er nun die bäuerlichen Produktionsweisen im Béarn vor dem Hintergrund seiner Algerienerfahrung. Wie zuvor das Heranzoomen in den Bereich des Vertrauten, eröffnet hier die bewusst gewählte Distanz die Möglichkeit zur Objektivierung. Der Blick auf das ganz Andere schärfte, wie so oft bei Ethnologen, den Blick auf sich selbst. Es ist kein Zufall, dass ethnographische Texte oft literarische Formen wie etwa die eines Tagebuchs oder autobiografischen Berichts annehmen. Man denke an Michel Leiris' *Afrique fantôme* oder *Tristes Tropiques* von Claude Lévi-Strauss. Auch Pierre Bourdieu, der in Algerien zur Ethnologie und damit zu den Sozialwissenschaften konvertiert war, fand über die ethnologische Betrachtungsweise zurück zu seiner eigenen Welt. »Den verstehenden ethnologischen Blick, den ich auf Algerien gerichtet hatte, konnte ich nun auf mich selber anwenden, auf die Menschen meiner Heimat, auf meine Eltern, auf den Akzent meines Vaters, meiner Mutter und all das wieder zurückgewinnen, ohne Drama, was ja eines der großen Probleme der entwurzelten Intellektuellen ist, die oft vor der Alternative stehen, populistisch zu sein oder sich infolge eines Klassenrassismus ihrer Herkunft zu schämen. Ich habe nun auf Leute, mit denen ich meine Kindheit teilte, die den Menschen in der Kabylei sehr glichen, den notwendigerweise verstehenden Blick geworfen, der die Disziplin der Ethnologie definiert.«[1]

Die ethnologische Forschung verband sich bei Pierre Bourdieu mit einer autobiografischen Intention, die er auch mit ästhetischen Mitteln zu übersetzen versuchte. Beim Blick auf das heimatlichen Béarn bediente er sich, wie schon in Algerien, der Fotografie, die Ausdruck der Distanz eines registrierenden Beobachters ist, gleichzeitig aber die ganze Nähe des Vertrauten voraussetzt und kaum wahrnehmbare Details einfängt. Ethnologische Studien eröffneten die Möglichkeit, eine Welt wiederzufinden, von der man getrennt ist, erklärte Pierre Bourdieu im Vorwort zu einem Sammelband seiner frühen Studien über die bäuerliche Welt der Pyrenäen, der erst im Jahr seines Todes herauskam.[2] Auch wenn der ethnographische Ansatz nach Objektivierung verlangt, fehlt doch nie die persönliche Anteilnahme bei der Beschreibung der ländlichen Welt des Béarn, was seinem

Bemühen entsprach, die »*Traurigen Tropen* nicht aus der nahen Ferne, sondern aus der fern gewordenen Nähe zu schreiben«. Dies spürt man beispielsweise an der verhaltenen Zärtlichkeit, mit der er über den Ball der Junggesellen schreibt, eine Szene, die uns auch wegen ihrer großen literarischen Qualität in Bann zieht.

Nach seiner intellektuellen Neuausrichtung als Soziologe, der sich dem ländlichen Raum widmet, fand sich Bourdieu am untersten Ende der Hierarchie der soziologischen Fächer wieder: »Diese selbstgewählte Entsagung wäre sicher nicht so leicht gewesen, wäre sie nicht von dem verschwommenen Wunsch einer Wiedererlangung der Welt meiner Heimat begleitet gewesen.«[3]

Nach seiner Rückkehr aus Algerien besuchte Bourdieu Seminare bei Lévi-Strauss am Collège de France. Auch die von Lévi-Strauss gegründete und geleitete Zeitschrift *L'Homme* fand bei ihm wie bei anderen, die sich neu orientierten, große Resonanz. Lévi-Strauss hatte der Ethnologie zu neuem Prestige verholfen, vor allem durch die Bezugnahme auf die Linguistik. Doch auf der Basis seines empiristischen Vorgehens konnte Bourdieu die Faszination, die damals von der »strukturalistischen Konstruktion« eines Lévi-Strauss ausging, nicht mehr ganz teilen. In seinem zweiten Aufsatz über die rurale Welt des Béarn nimmt er Abstand vom strukturalistischen Paradigma. Der Text markiert »den Übergang von der Regel zur Strategie, von der Struktur zum Habitus, vom System zu einem durch die Struktur der sozialen Beziehungen beherrschten Akteur«. Diese Umkehrung der Blickrichtung entsteht, wenn man »hinter den Verwandtschaftsregeln die Heiratsstrategien entdeckt und so das praktische Verhältnis zur Welt wieder in Sichtweite bringt«.[4] Diese doppelte Distanz – gegenüber einer Subjektphilosophie Sartrescher Observanz wie gegenüber einem reinen Strukturalismus – sollte nunmehr das spezifische Profil von Bourdieu ausmachen: »Ich wollte die leibhaftigen Akteure wieder ins Spiel bringen, die durch Lévi-Strauss und die Strukturalisten, zumal Althusser, dadurch eskamotiert worden waren, dass man sie zu Epiphänomenen der Struktur erklärt hatte.«[5] In seinem Lebensrückblick betont Bourdieu die persönliche Großzügigkeit von Lévi-Strauss ihm gegenüber, kritisiert aber seinen »szientistischen Naturalismus«, der durch die unmittelbare Bezugnahme auf die Naturwissenschaften letztlich eine völlig ungeschichtliche Vorstellung der sozialen Welt erzeugt. Lévi-Strauss jedoch konnte in der Kritik am Strukturalismus nichts anderes erkennen als einen Rückfall hinter jenen Objektivismus, den er in der Ethnologie durchgesetzt hatte, eine Rückkehr zum Subjektivismus.[6]

Bourdieu bewegte sich nach seiner Rückkehr aus Algerien allerdings nicht so sehr im Umfeld von Lévi-Strauss, sondern eher in dem von Raymond Aron. Dieser hatte ihm mit dem Angebot, Assistent der Soziologie an der Sorbonne zu werden, die schnelle Rückkehr nach Paris ermöglicht. Nur wenige Menschen hätten ihn so vorbehaltlos unterstützt. Als Bourdieu Aron vorschlug, seine Arbeiten über Algerien, die später in *Travail et travailleurs en Algérie* und *Le Déracinement* eingegangen sind, zusammen mit einem dritten Teil über die häusliche Ökonomie algerischer Familien zu einer Dissertation zusammenzufassen, sagte Aron: »›Das wäre Ihrer unwürdig‹. Ganz offen und großherzig ausgesprochen, aber auch sehr zweideutig, eine vollkommene Form symbolischer Gewalt, die man unbewusst ausübt, weil man ihr während des Vorgangs ihrer Ausübung selbst unterliegt.«[7] Bourdieu sieht dieses konkrete Beispiel als Illustration eines seiner zentralen Konzepte: das der symbolischen Gewalt, deren Ursprung in nicht hinterfragten Herrschaftsverhältnissen liegt. Sie werden von den Herrschenden und Beherrschten als selbstverständlich angesehen und funktionieren deshalb viel besser als Unterordnungen, die mit physischer oder politischer Gewalt durchgesetzt werden. Als es später zum Bruch mit Aron kommt und dieser sich enttäuscht über seinen ehemaligen Mitarbeiter äußert, liegt das nach Bourdieu nicht etwa an politischen oder sonstigen Meinungsverschiedenheiten, sondern an der »Betroffenheit über das Ausmaß der sicher übertriebenen Zuneigung, die er mir entgegenbrachte – und die ich, seinem Gefühl nach, enttäuscht hatte«.[8]

1962 wird Bourdieu Akademischer Rat *(Maître de conférences)* an der Universität Lille, und bleibt bis 1964. Danach wird er als Forschungsdirektor *(Directeur de recherches)* an die Pariser *Ecole pratique des Hautes Etudes* berufen und übernimmt die Funktion des Generalsekretärs des von Raymond Aron gegründeten *Centre de sociologie européenne*. Seit 1964 nimmt er auch regen Anteil an dem von Léonce Petitot gegründeten Kulturzentrum Noroit in Arras, eine der erfolgreichsten Initiativen der kulturellen Dezentralisierung. 1965 und 1966 beteiligt er sich dort aktiv an zwei interdisziplinären Kolloquien, bei denen Soziologen, Ökonomen, Statistiker des INSEE, die er schon in Algerien kennen gelernt hatte, über den aktuellen Zustand der französischen Gesellschaft und deren Zukunft unter der doppelten Perspektive des ökonomischen und des kulturellen Kapitals diskutierten. Die Akten dieser beiden Kolloquien erscheinen 1966 unter einem Pseudonym, das auf den Ursprung, nämlich den Tagungsort verwies: DARRAS, *Le partage des bénéfices*. Pierre Bourdieu kam bis 1987 immer wieder in das kleine, aber sehr lebendige Kulturzentrum nach Arras zurück.

In Paris organisiert Bourdieu schon bald eine sehr rege Forschungsgruppe, Team-Arbeit prägt seinen Forschungsstil bis zu seinem Tod. Die Forschungsgruppe, die er um schart, wird von seinem Charisma zusammengehalten – was ihm den Vorwurf der Sektiererei einbringt. Die Mitglieder des Teams handeln »im Bewusstsein, der Gemeinschaft viel zu verdanken [...]«, ohne jedoch große Worte darüber zu verlieren, »wie Aktivisten des Universellen oder, in Anlehnung an ein Wort Husserls, wie ›Beamte der Humanität‹«.[9] Die ersten Untersuchungen, die Bourdieu in den 60er Jahren veröffentlicht, sind Kollektivpublikationen, an denen vor allem Luc Boltanski, Robert Castel, Jean-Claude Chamboredon, Alain Darbel, Dominique Schnapper und Jean-Claude Passeron großen Anteil haben. 1975 gründet er, auch als Plattform für sein Team, eine eigene Zeitschrift, *Actes de la recherche en sciences sociales*, die schon durch ihre grafische Aufmachung, aber auch durch ihre Themen (Haute Couture, Comics, Sozialarbeiter, marxistische Rhetorik) mit dem akademischen Formalismus bricht.

Bourdieus Arbeit ist von Anfang an interdisziplinär ausgerichtet. Schon bei seiner autodidaktischen Aneignung der Grundlagen der Ethnologie und der Soziologie war er sich der Arbitrarität der Fächergrenzen bewusst geworden. Die breite Fächerung seiner Forschungsgebiete war gemäß seiner Selbstinterpretation die »vielleicht etwas seltsame Art, an der Zusammenführung einer künstlich zerstückelten Sozialwissenschaft zu arbeiten und [sich] damit jener verbreiteten fachlichen Verengung der Gegenstandsbereiche zu verweigern, die sich am Vorbild weiter fortgeschrittener Wissenschaft maß, [mir] aber völlig verfrüht erschien im Rahmen einer Wissenschaft, die erst am Anfang stand«.[10]

Bourdieu geht es letztlich um eine allgemeine Sozialwissenschaft, um eine sozialwissenschaftlich orientierte Anthropologie. Eine global argumentierende Sozialwissenschaft soll die fundamentale Einheit menschlichen Handelns erfassen, das sich nicht säuberlich in Teilbereiche ausfaltet, die – arbiträr – von Fachwissenschaftsgrenzen festgelegt werden. »Ich habe nie aufgehört, die willkürlichen Grenzziehungen zwischen Soziologie und Ethnologie, Soziologie und Geschichte, Soziologie und Sprachwissenschaft, Kunstsoziologie und Bildungssoziologie, Sportsoziologie und politischer Soziologie usw. zu bekämpfen, die ein bloßes Produkt der akademischen Reproduktion sind und keinerlei wissenschaftstheoretische Grundlage haben.«[11]

Am Beispiel der Sprache konnte Bourdieu dies besonders gut verdeutlichen: »Meiner Meinung nach kann man die Sprache ohne eine Einbindung der sprachlichen Praktiken, also der Ess- und Trinkweisen, der Kulturkonsumation, des Kunst-, Sport-, Kleidungs-, Möbel-, Politik- usw. -geschmacks, gar nicht verstehen.« »Eine – zugleich strukturale und genetische – soziologische Analyse der Sprache muss die Einheit der menschlichen Praktiken, unter denen die sprachliche Praxis nur einen Sonderfall darstellt, theoretisch begründen und empirisch rekonstruieren.«[12]

Hier drängen sich Parallelen zum Projekt von Norbert Elias auf, der in seinem Werk *Die Gesellschaft der Individuen* den »Punkt« ins Auge fasst, »von dem unmittelbar ein Weg zur Niederlegung der künstlichen Grenzpfähle führt, durch die wir heute die Menschen beim Nachdenken in verschiedene Herrschaftsbereiche zerlegen, etwa in einen Bereich der Psychologen, einen Bereich der Historiker und einen Bereich der Soziologen. Die Strukturen der menschlichen Psyche, die Strukturen der menschlichen Gesellschaft und die Strukturen der menschlichen Geschichte, sie sind unablösbare Komplementärerscheinungen und nur im Zusammenhang miteinander zu erforschen. [...] Sie bilden, zusammen mit den anderen Strukturen, den Gegenstand der einen Menschenwissenschaft.«[13] Die »eine Menschenwissenschaft« – das war auch das Programm von Pierre Bourdieu.

Die sozio-ethnologische Betrachtungsweise Algeriens bestimmt die Analyse der französischen Gegenwartsgesellschaft, der sich Bourdieu seit Beginn der 60er Jahre widmet. Im Zentrum steht die Untersuchung der gesellschaftlichen Reproduktionsweisen des Bildungssystems. 1964 veröffentlicht er zusammen mit Jean-Claude Passeron eine empirische Studie über die schichtenspezifische Einstellung der Studenten zum Schulsystem und zum Kulturkonsum *(Les étudiants et leurs études)*. Im selben Jahr formulieren die beiden Autoren die Resultate dieser Untersuchung erneut für das Buch *Les héritiers. Les étudiants et la culture*, das auf sehr große Resonanz stößt. Der Titel erscheint in den Editions de Minuit, dem Verlagshaus, dem Bourdieu bis in die 90er Jahre treu bleibt. Die Editions de Minuit waren die Heimat des Nouveau Roman, aber auch militanter Schriften gegen den Algerienkrieg, ein Verlagshaus mit einem Avantgarde-Image, das politisches Engagement einschloss. In diesem Verlag begründet Bourdieu 1961 auch die Reihe »Le sens commun«, in der er die Arbeiten seiner Forschungsgruppe sowie zentrale sozialwissenschaftliche Werke in Übersetzung publiziert – auf Basis strenger Wissenschaftlichkeit, aber mit dem Ziel, ein breites Publikum zu erreichen.

Mit den bildungssoziologischen Analysen, 1971 um ein weiteres Werk ergänzt, das in Zusammenarbeit mit Jean-Claude Passeron erscheint *(La Reproduction. Eléments d'une théorie du système d'enseignement)*, zerstört Bourdieu den jakobinistischen Mythos der per se emanzipatorischen Funktion des Bildungswesens. Frankreich hatte sich mit dem anonymen Aufnahmeverfahren *(concours)* und der Einführung der allgemeinen Schulpflicht schon relativ früh für ein meritokratisches Prinzip der sozialen Reproduktion entschieden, während in anderen Ländern viel länger eine aristokratische Form der sozialen Reproduktion erhalten blieb. Das französische Bildungssystem führte aber de facto nicht zu einer größeren sozialen Gleichheit, denn das schulische Selektionssystem funktioniert entlang der bestehenden sozialen Hierarchien. Arbeiterkinder machen bloß sechs Prozent der Studenten aus.

Die Aufnahmeprüfungen stehen wohl allen offen, sind aber so aufgebaut, dass die Jugendlichen aus einem kulturell und ökonomisch begünstigten Milieu leichter reüssieren. Die Ausleseverfahren der Schulen und ihre Bildungsinhalte »tragen dazu bei, die Begünstigten zu begünstigen und die Benachteiligten zu benachteiligen. Folglich ist die das ganze Bildungssystem beherrschende formale Gleichheit in Wirklichkeit ungerecht und schützt in jeder Gesellschaft, die sich auf demokratische Ideale beruft, die Privilegien besser als jede offene und offenkundige Weitergabe von Privilegien«.[14]

In seinen Studien ermittelt Bourdieu die entscheidende Bedeutung von familiärer Sozialisation und sozialem Hintergrund. Das scheinbar gerechte Aufnahmeverfahren ignoriert die kulturellen Ungleichheiten, die Kinder unterschiedlicher Klassen voneinander trennen. Die schulische Demokratie setzt eine ökonomische und soziale Demokratie voraus, die so nicht existiert. »Das Schulsystem in seiner gegenwärtigen Form gewährt Kindern aus den privilegiertesten Milieus ein zusätzliches Privileg, weil die impliziten Werte, die es voraussetzt und vermittelt, die Traditionen, an denen es festhält, ja selbst der Inhalt und die Form der vermittelten und geforderten Bildung, mit den kulturellen Werten und Traditionen der privilegierten Klassen eng verwandt sind.«[15]

Die Analysen Bourdieus lieferten den Beweis für die Abhängigkeit des Schulerfolgs vom Bildungsniveau der Eltern. Das kulturelle Erbe wird innerhalb der gebildeten Schichten quasi osmotisch übertragen, sodass den Angehörigen dieser Schichten die Kenntnisse, Fähigkeiten und Einstellungen nicht als das Resultat von Lernprozessen erscheinen, sondern als eine Sache der »Begabung«. Bourdieu sieht in der Begabungsideologie einen zentralen Faktor, der das System, so wie es sei, zementiere. Indem diejenigen, die nicht Erfolg hätten, dies auf den Faktor einer »natürlichen« Begabung zurückführten und nicht auf im Familienmilieu erworbene Eigenschaften, würden sie, ohne es zu wollen, dazu beitragen, die Schule als gerechtes, nicht zu veränderndes System erscheinen zu lassen.

Wie wenig »neutral« die Bildungsinstitution ist, konnte Bourdieu aus den Ausleseschemata der französischen Universitäten ermitteln. Dort gehe es nicht bloß um die Beherrschung von Inhalten, sondern auch um einen Stil, der letztlich auf das Ideal des *Honnête Homme* zurückgeht, auf die Etiquette am Hof Ludwig XIV. Heute wie damals sind Umgangsformen wie Ungezwungenheit, Leichtigkeit, Eleganz gefragt, über die nur Jugendliche aus gebildeten Klassen verfügen, im

Unterschied zum angestrengten und naiven Ernst derjenigen, die aus bildungsferneren Milieus stammen. In Deutschland wurden Kapitel aus den beiden bildungssoziologischen Untersuchungen unter dem Titel *Die Illusion der Chancengleichheit* (1971) veröffentlicht, was irreführend war, weil Bourdieu nicht die Idee der Chancengleichheit per se als Illusion betrachtete. Er schloss bloß aus den empirischen Untersuchungen, dass Schule und Hochschule in ihrer bestehenden Form den selbst gesteckten Anspruch auf Chancengleichheit nicht einlösten. Der Vorwurf der Resignation und des Fatalismus, den er sich damit einhandelte, war fehl am Platze. Und das umso mehr, da Bourdieu und seine Equipe konkrete Vorschläge entwickelten, um Kindern schon in der Vorschule die kulturellen Erfahrungen zu vermitteln, die Kinder aus begünstigten Klassen von zu Hause mitbringen.[16]

Bourdieu widmet sich auch später noch bildungssoziologischen Themen, so der Struktur des französischen universitären Feldes, dessen spezifische Morphologie gerade in der Zeit der Krise von 1968 sichtbar wird. In *Homo Academicus* (1984) und in der sehr umfangreichen Untersuchung *La Noblesse d'Etat* (1989) analysiert er die Elitehochschulen *(Grandes Ecoles)*, wobei er zwischen einem intellektuellen und einem ökonomisch-technokratischen Pol unterscheidet. Am intellektuellen Pol situiert er die *Ecoles Normales Supérieures*, deren schulische Ansprüche sehr hoch sind, ohne dass sich dies in einer ökonomisch herausragend dotierten Stellung niederschlüge. Am Pol der wirtschaftlichen und politischen Macht lokalisiert er die Wirtschaftshochschulen und die berühmte *ENA*. Ingenieursschulen nehmen eine Zwischenposition ein. Während die intellektuelle Elite, die in der *Ecole Normale Supérieure* ausgebildet wurde, in einem ethischen und politischen Einvernehmen mit der III. Republik stand, kann man heute denselben Einklang feststellen zwischen dem technokratischen Staat der V. Republik und der in ihrer Mehrheit aus dem Pariser Bürgertum stammenden Elite, die die *ENA* durchlaufen habe. Trotz wiederholter Bemühungen um eine breitere Öffnung der *Grandes Ecoles* ist der Anteil von Studenten aus den unteren Schichten im Sinken begriffen, so Bourdieu. Die Führungselite, die aus diesen Schulen hervorgeht, stellt eine Art Oligarchie *à la française* dar, die Abschlussexamina eine offizielle Legitimierung des Führungsanspruchs des Pariser Großbürgertums. Pierre Bourdieu spricht in diesem Zusammenhang vom neuen »Staatsadel«. Er ist nicht überzeugt, dass die höhere Anzahl von Universitätsabsolventen zu einer wirklichen Demokratisierung der Eliten führt. Das Bildungswesen funktioniert in seinen Augen wie der Maxwellsche ›Dämon‹, der das zweite Gesetz der Thermodynamik aufhebt, indem er die schnelleren Teilchen in ein Gefäß mit steigender Temperatur und die langsameren in ein Gefäß mit sinkender Temperatur lenkt. Das Bildungssystem trennt mithilfe einer ganzen Reihe von Auslesevorgängen die Besitzer von ererbtem kulturellem Kapital von den Nichtbesitzern. Indem ein Bildungssystem, wie in Frankreich, »eine scharfe Trennung zwischen den Schülern der *Grandes Ecoles* und den Universitätsstudenten vornimmt, errichtet es *soziale Grenzen*, die sich nicht sehr unterscheiden von den Grenzen, die einst den Hochadel vom niederen Adel und diesen von den einfachen Nicht-Adligen trennten«.[17]

In *Homo Academicus* hat Bourdieu die Krise des Bildungssystems, die ihren sichtbarsten Ausdruck in der Studentenbewegung fand, ausgiebig analysiert. Er konstatiert hier vor allem die Überproduktion von Hochschulabsolventen und die gleichzeitige Entwertung der Abschlüsse, die Entwertung der Hochschulpositionen, insbesondere der subalternen, für die sich aufgrund der veralteten hierarchischen Hochschulstrukturen keine Karrieremöglichkeiten abzeichneten. Bourdieu erklärt die Entstehung neuer sozialer Bewegungen in den modernen (Post-)Industriegesellschaften Frankreichs und Deutschlands aus der Veränderung des Verhältnisses zwischen dem Feld der Bildung und dem der Ökonomie, aus der nicht mehr vorhandenen Entsprechung von Bildungstiteln und Beschäftigungsmöglichkeiten. In diesem Zusammenhang erlaubt sich der Soziologe – ausnahmsweise – eine Prognose: Der Ursprung der großen Konflikte der Zukunft sei in der immer angespannteren Relation zwischen dem hohen und dem niederen Beamtenadel zu suchen. Die Absolventen der Elitehochschulen versuchten immer mehr, sämtliche hohen Machtpositionen zu monopolisieren, was dazu führen dürfte, »dass die Besitzer von Bildungsabschlüssen zweiter Ordnung [...] mit neuen universalistischen Begründungen in die Kämpfe um die Erweiterung der an der Macht befindlichen Gruppe eintreten werden. Gerade so wie dies in Frankreich im 16. Jahrhundert und bis zur Französischen Revolution die kleinen Provinzadeligen getan haben [...]«.[18]

Bei den Untersuchungen über die Universität und die Elite-Hochschulen geht es Bourdieu auch darum, seine Analyse-Instrumente auf seine eigene soziale Welt, die für die Produktion von Wissen zuständig ist, anzuwenden. Dieser oft tabuisierten Thematik gilt noch seine letzte Vorlesung am Collège de France: *Science de la Science et réflexivité* (2001). Wenn Pierre Bourdieu in seinen bildungssoziologischen Analysen immer wieder zum Schluss kommt, die Bildungssysteme bauten die bestehenden sozialen Ungleichheit nicht ab, sondern legitimierten sie sogar unbewusst, so kann man versucht sein, seine eigene Laufbahn – die des Sohnes eines Postbeamten aus der Provinz zur angesehensten wissenschaftlichen Institution, am Collège de France – als Gegenbeispiel anzuführen. Bourdieu konnte diesem Argument entgegnen, dass seine Karriere statistisch gesehen mitnichten der Regelfall war. Zudem war der Preis, den er dafür bezahlen musste, sehr hoch.

Das forschungsstrategisch relevanteste Resultat seiner ersten Untersuchungen zum Bildungssystem ist die Kategorie des kulturellen Kapitals. Bei Marx entlehnt er die Theorie der Dynamik des Kapitals: Akkumulation, Transmission, Gewinnschöpfung lassen sich nach Bourdieu in verschiedenen Kapitalsorten nachweisen. Er unterscheidet neben dem ökonomischen Kapital (Geld, Erbe, materielle Güter, Produktionsmittel) das soziale Kapital (das mit den Netzwerk-Beziehungen identisch ist), und das kulturelle Kapital, die intellektuelle Qualifikation, die man durch die Schulbildung erworben oder im familiären Milieu »mitbekommen« hat. Dieses kulturelle Kapital kann in drei Formen existieren: als objektives Kapital (Besitz von Kulturgütern, Gemälden, Büchern, Instrumenten), als inkorporiertes Kapital, das körpergebunden und nicht übertragbar ist (etwa Gewandtheit im Ausdruck) und schließlich als institutionalisiertes Kapital, das das inkorporierte Kapital offiziell bestätigt (durch ein Schuldiplom). Das symbolische Kapital – die vierte Kapitalsorte – bezeichnet schließlich das Ansehen, das mit dem Besitz dieser oder jener Kapitalsorte einhergeht.

Bourdieu griff bei der Konstruktion des kulturellen Kapitals innerhalb des Bildungssystems auf Max Webers Unterscheidung von »Klassenlage« (der »Marktlage« entsprechenden Chancen auf dem Güter- und Arbeitsmarkt) und »Klassenstand« (der »Stellung« in der Hierarchie von Ehre und Prestige) zurück. Neben den ökonomischen Unterschieden spielen hier auch symbolische Unterscheidungen eine Rolle, bei denen es nicht mehr bloß um den Besitz von Gütern geht, sondern um die Art, sie zu verwenden und als Mittel der Distinktion einzusetzen. Die *Manier*, die Form einer Handlung oder der Umgang mit einem Gegenstand, tritt an die Stelle der Funktion: »Daher besitzen von allen Unterscheidungen diejenigen das größte Prestige, die am deutlichsten die Stellung in der Sozialstruktur symbolisieren, wie etwa Kleider, Sprache oder Akzent und vor allem die »Manieren«, Geschmack und Bildung. Denn sie geben sich den Anschein, als handelte es sich um Wesenseigenschaften einer Person, ein aus dem Haben ableitbares Sein, eine *Natur*, die paradoxerweise zu Bildung, eine Bildung, die zu Natur, zu einer Begnadung und einer Gabe geworden seien.« [19]

Die Feststellung des Primats der Form (Ungezwungenheit vs. Angestrengtheit) als entscheidendes Kriterium innerhalb des Bildungswesens führt Bourdieu zu Untersuchungen der sozialen Bedingungen des Kulturkonsums in anderen Bereichen.

Eine Art Gegen-Analyse hatte schon die frühe kollektive Arbeit über die Fotografie *(Eine illegitime Kunst)* dargestellt, die als Praxis und Betrachtung eine universelle, nicht-spezifische Tätigkeit darstellt. In ihr versucht Bourdieu, die »sozialen Gebrauchsweisen der Fotografie« – so der Untertitel der Arbeit – herauszuarbeiten. Die Fotografie der Leute unterer Schichten gehorcht einer eigenen Ästhetik, die keineswegs mit der Kantschen Ästhetik eines »interessenlosen Wohlgefallens« identisch ist. Die Angehörigen der Unterschicht erwarten vom Bild, dass es einem Interesse folgt, dass es eine Funktion erfüllt, und sei es nur die des Hinweisens auf die Normen der Moral oder des Gefälligen. Der motivationspsychologische Ansatz vermag die gängige fotografische Praxis nicht zu erklären, da ihr nach der Analyse von Bourdieu und seiner Gruppe eine eminent soziale Funktion zukommt: »Mehr als zwei Drittel der Fotoamateure sind Saisonkonformisten, die ihre Aufnahmen bei Familienfesten oder in den Sommerferien machen.«[20] Das Beispiel der Familienfotografie als »Ritus des Hauskultes« belege, dass das Bedürfnis nach Fotografien und das Bedürfnis zu fotografieren »umso lebhafter empfunden [wird], je integrierter die Gruppe und je höher die Integrationskraft des Augenblicks ist.«[21] Die Bedeutung, die die Kleinbürger mit der fotografischen Praxis verbinden, übersetzt jedoch »sowohl das Verhältnis der Mittelklassen zur ›Kultur‹, d. h. zu den höheren Klassen, denen das Privileg jener kulturellen Handlungen zusteht, die ganz und gar erhaben erscheinen, als auch zum einfachen Volk, von dem sie sich um jeden Preis abheben wollen, indem sie in den ihnen zugänglichen Praktiken ihren guten Willen zur Kultur zeigen«.[22] Eine rein ästhetische Gebrauchsweise sei bei dieser »Kunst«, die jedem zugänglich ist und die vor allem durch die Wahl des Gegenstandes bestimmt ist, schwerer zu realisieren. Die Distinktion kommt bei Angehörigen der Oberschicht im Verzicht auf fotografische Praxis zum Ausdruck, da es ihr unverkennbar an sozialem Prestige mangelt. Die gesellschaftlichen Klassen können sich auf diesem Gebiet nur voneinander unterscheiden, indem sie auf je besondere Weise von der gängigen Praxis abweichen: »Das Verhältnis der Individuen zur fotografischen Praxis ist seinem Wesen nach ein *mittelbares*; es schließt den Widerschein des Verhältnisses der Angehörigen der übrigen Klassen zur Fotografie und daher zur gesamten Struktur der Beziehungen zwischen den Klassen mit ein.«[23]

Wenn bei der »nicht-legitimen Kunst« der Fotografie sich die Oberschicht durch den Verzicht auf die Praxis heraushebt, so ist das beim Museumsbesuch, dem Bourdieu und sein Team ebenfalls eine Untersuchung widmeten *(L'Amour de l'art. Les musées d'art européen et leur public, 1966)*, gerade umgekehrt. Hier wurde ebenfalls ein sehr enger Zusammenhang zwischen dem Geschmack an der Malerei und dem Bildungsniveau festgestellt. Wenn breite Schichten der Bevölkerung von diesem Kreislauf der ästhetischen Kommunikation ausgeschlossen seien, so die Schlussfolgerung der empirischen Studie, dann liege das nicht daran, dass sie über kein »angeborenes« kulturelles Bedürfnis verfügen, sondern weil ihnen die Instrumente nicht vermittelt werden, die es erlauben, die ästhetische Botschaft zu entziffern und so das ästhetische Vergnügen zu empfinden.

Wenn Bourdieu hier auf die Terminologie der Kommunikationstheorie zurückgreift, dann ist das auch Ausdruck seines Interesses für die Linguistik, wenngleich er sich gegen die Übertragung des Modells der strukturalistischen Linguistik auf die Sozialwissenschaften verwahrte: »Da sie aus der Verselbstständigung der Sprache in Bezug auf die gesellschaftlichen Bedingungen ihrer Produktion, Reproduktion und ihres Gebrauchs hervorgegangen war, konnte die strukturale Sprachwissenschaft nicht die dominierende Methode in den Sozialwissenschaften werden, ohne sie ideologisch zu beeinflussen: Sie verlieh der Auffassung von der Naturwüchsigkeit der symbolischen Objekte, dieser Produkte der Geschichte, einen Anschein von Wissenschaftlichkeit.«[24]

In seinem Buch *Was heißt sprechen? Die Ökonomie des sprachlichen Tausches* formuliert Bourdieu seine Kritik an der reinen Sprachanalyse der strukturalen Sprachwissenschaft. »Saussures Standpunkt ist der des ›unparteiischen Betrachters‹, der das Verstehen um des Verstehens willen sucht, was schließlich dazu führt, dass er diese ›hermeneutische Intention‹ in die sozialen Akteure verlegt und zum Prinzip ihrer Praktiken erklärt. Das ist die Haltung des Grammatikers, der die Absicht hat, die Sprache zu studieren und zu kodifizieren, im Gegensatz zu der des Redners, der mithilfe der performativen Wirksamkeit des Wortes auf die Welt einwirken möchte. Wer die Sprache als Objekt der Analyse behandelt, statt sie zum Denken und Sprechen zu benutzen, lässt sich dazu verleiten, sie als *logos* im Gegensatz zur *praxis* zu konstituieren, als toter Buchstabe ohne praktischen Nutzen oder ohne anderen Zweck als den, interpretiert zu werden, wie man ein Kunstwerk interpretiert [...] Die Grammatikalität ist keine notwendige und zureichende Bedingung der Sinnproduktion, und die Sprache ist nicht für die Sprachanalyse gemacht, sondern um gesprochen und umständegerecht gesprochen zu werden.«[25] Für Bourdieu liegt schon der Unterscheidung in *langue* und *parole* – *parole* als bloße Realisierung im gesprochenen Wort – eine intellektualistische Philosophie zugrunde. Er versucht mit der Infragestellung dieser Setzung die Antinomie zwischen einer *rein* internen und einer rein ökonomischen Sprachbetrachtung zu überwinden. Beide Ansätze verkannten, »dass sprachliche Verhältnisse immer Verhältnisse der symbolischen Macht sind, durch die Machtverhältnisse zwischen den Sprechern und ihren jeweiligen Gruppen in verwandelter Gestalt aktualisiert werden. Infolgedessen ist es gar nicht möglich, einen Kommunikationsakt in den Grenzen einer rein sprachlichen Analyse zu interpretieren.«[26] Es erstaunt nicht, dass Bourdieu auch in Habermas' Konzept des kommunikativen Handelns eine scholastische Projektion sieht, die verkenne, dass die Macht der Argumente gegen die Argumente der Macht oft wenig Wirkung erzielt.

Symbolsysteme stehen für Bourdieu nicht in einem exterritorialen Raum, sondern bringen immer wieder Herrschaftsbeziehungen zum Ausdruck. Schon bei der Analyse der Fotografie stellte er fest, wie sich die kulturellen Ausdruckssysteme zu einer Hierarchie strukturieren, die von den Meinungen der Einzelnen abhängt und die kulturelle Legitimität in ihren Abstufungen definiert. Der Sphäre der Legitimität mit universalem Anspruch werden klassische Musik, Malerei, Skulptur, Literatur und Theater zugerechnet, die durch Instanzen der Legitimation (wie Universitäten oder Akademien) sanktioniert werden. Am anderen Pol situieren sich die Sphären, die dem individuellen Belieben anheim gestellt sind wie die Inneneinrichtung einer Wohnung, Kosmetik, Kleider und Küche. Hier gibt es bloß illegitime Legitimierungsinstanzen (Werbung, Haute Couture). Zwischen diesen beiden Polen situiert sich die Sphäre der konkurrierenden Legitimationsinstanzen, Praktiken, die weder strengen Regeln noch rein individuellem Geschmack gehorchen: Film, Fotografie, Tanz, Chanson.

Die zahlreichen Einzeluntersuchungen über die sozialen Gebrauchsweisen symbolischer Praktiken werden in einer sehr umfangreichen Synthese 1979 als eine Art Sozialstrukturanalyse der französischen Gegenwartsgesellschaft im Buch *La Distinction (Die Feinen Unterschiede)* gebündelt, mit dem Bourdieu endgültig den Durchbruch schafft. Hier zeigt er systematisch, wie alle Formen symbolischer Praxis, ob eine bestimmte Frisur, eine Sportart, eine Freizeitbeschäftigung, die Vorliebe für klassische Musik, Chanson, Jazz oder Volksmusik nicht Ausdruck rein individueller Handlungsoptionen sind, sondern soziale Zugehörigkeit zum Ausdruck bringen: Konsum legitimer Kulturgüter hat die Funktion sozialer Distinktion.

Bourdieu gelang es, das traditionelle Bild der sozialen Welt erheblich zu differenzieren, indem er zwischen den erwähnten vier Kapitalsorten unterschied und zudem auch noch den Zeitfaktor einbezog (etwa altreich oder neureich). Der soziale Raum weist nach dieser Analyse mindestens drei Ebenen auf: den Raum der sozialen Positionen, bestimmt durch Volumen und Struktur der verschiedenen Kapitalsorten; den Raum der Lebensstile, der sich in den spezifisch kulturellen

Praktiken äußert; und schließlich die theoretischste Ebene des Habitus, d. h. der generativen Fähigkeiten (z. B. »aristokratischer« Asketismus für die Hochschullehrerschaft). Über diese Indikatoren lassen sich bei Bourdieu die groben Klassenvorstellungen erheblich nuancieren, da in jeder Klassenfraktion ganz unterschiedliche Kapitalkombinationen möglich sind.

Wichtig ist für Bourdieu das Verhältnis zwischen der sozialen Position, den Dispositionen (oder dem Habitus) und der Position, die jemand bezieht (beim Essen oder beim Sport, bei der Musik oder in der Politik). Der Soziologe will nicht (substanziell gedachte) Unterschiede, sondern (relationell vorhandene) Unterscheidungen aufzeigen. Die soziale Welt wird als ein konstruierter Raum verstanden, innerhalb dessen Positionen durch Nähe oder Entfernung bestimmt werden können. Als Koordinaten dieses Raumes fungieren zwei Achsen: die Achse, die das (geringe oder große) Volumen des Gesamtkapitals anzeigt, und die Achse, die die Struktur des Kapitals (vorwiegend des kulturellen oder des ökonomischen) Kapitals anzeigt. In der ersten Dimension bilden die Besitzer eines umfangreichen Gesamtkapitals – etwa Unternehmer, Angehörige freier Berufe, Hochschullehrer – einen Gegensatz zu den mit geringem ökonomischem und kulturellem Kapital ausgestatteten Gruppen. Unter dem Gesichtspunkt der Struktur des Kapitals stehen aber beispielsweise Hochschullehrer (reicher an kulturellem als an ökonomischem Kapital) in Gegensatz zu den Unternehmern.

Die Intellektuellen sind nach Bourdieu die Beherrschten der herrschenden Klasse. Sie gehören zum Feld der Macht wegen ihres umfangreichen kulturellen Kapitals, aber nicht zu den Herrschenden, weil sie nicht über das entscheidende ökonomische Kapital verfügen. Das erklärt ihre ambivalente Position, die zur Identifizierung mit den Herrschenden oder den Beherrschten führen kann. Im sozialen Raum existieren heißt sich unterscheiden: »Ein Unterscheidungsmerkmal, weiße Hautfarbe oder schwarze Hautfarbe, Taille oder Bauch, Volvo oder 2CV, Rotwein oder Champagner, Pernod oder Whisky, Golf oder Fußball, Klavier oder Akkordeon, Bridge oder Skat [...], wird nur dann zum sichtbaren, wahrnehmbaren, nicht indifferenten, sozial *relevanten* Unterschied, wenn es von jemandem wahrgenommen wird, der in der Lage ist, *einen Unterschied zu machen* – weil er selber in den betreffenden Raum gehört [...].«[27] Über die genannten Unterscheidungskriterien lassen sich bestimmte Klassen konstruieren, die aber für Bourdieu theoretische Klassen bleiben, Produkte eines Klassifizierungsvorganges. Hier liegt eine Bruchstelle zur marxistischen Tradition, die die konstruierte Klasse mit der realen Klasse gleichsetzt oder die, um den Vorwurf von Marx gegenüber Hegel aufzugreifen, die Sache der Logik mit der Logik der Sache identifiziert.

Gerade in Gesellschaften, in denen sich 80 Prozent der ›Mittelklasse‹ zurechnen, wird die Abgrenzung durch unterschiedliche Lebensstile unabdingbar. Es entstehen neue theoretische Klassen, die mit dem alten substanzialistischen Klassenschema nichts zu tun haben. Auch in den sowjetischen Ländern, die dem Mythos der klassenlosen Gesellschaft huldigen, bilden sich ›feine Unterschiede‹ – durch die Partizipation am ›politischen Kapital‹, das eine private Nutzung öffentlicher Güter und privilegierten Zugang zur Bildung ermöglicht.

Anmerkungen

1 *Images d'Algérie. Une affinité élective*, S. 42 (Deutsch von J. J.).

2 *Le bal des célibataires. Crise de la société paysanne.* Paris, Seuil, 2002, S. 11.

3 *Ein soziologischer Selbstversuch*, S. 68.

4 Ebenda, S. 72.

5 »Der Kampf um die symbolische Ordnung«, S. 150.

6 *Ein soziologischer Selbstversuch,* S. 53 – 54.

7 Ebenda, S. 42

8 Ebenda, S. 43.

9 Ebenda, S. 28.

10 Ebenda, S. 77.

11 Pierre Bourdieu, Loïc Wacquant, *Reflexive Anthropologie*. Frankfurt a.M., Suhrkamp, 1996, S. 184.

12 Ebenda, S. 184.

13 Norbert Elias, *Die Gesellschaft der Individuen,* Frankfurt a. M., Suhrkamp, 1987, S. 60.

14 *Interventionen.* Band 1, S. 61.

15 Ebenda, S. 62.

16 Siehe dazu: »Einige Hinweise für eine Politik der Demokratisierung« (1968, in *Interventionen. Band 1*, S. 74 – 77).

17 *Praktische Vernunft*, S. 37.

18 Ebenda, S. 47.

19 *Zur Soziologie der symbolischen Formen.* Frankfurt a. M., Suhrkamp, 1974, S. 60.

20 Pierre Bourdieu et alii, *Eine illegitime Kunst.* Frankfurt a. M., Suhrkamp, 1983, S. 31.

21 Ebenda, S. 31.

22 Ebenda, S. 20.

23 Ebenda, S. 20 – 21.

24 *Was heißt sprechen? Die Ökonomie des sprachlichen Tausches*. Wien, Baumüller, 1999, S. 8.

25 Pierre Bourdieu/Loïc J. D. Wacquant, *Reflexive Anthropologie,* S. 175 – 176.

26 Ebenda, S. 177.

27 *Praktische Vernunft*, S. 22.

»Das, was als Krise der Politik, als Antiparlamentarismus bezeichnet wird, ist in Wirklichkeit ein Verzweifeln am Staat als Verantwortlichem für das öffentliche Interesse.«

Die konservative Schule

Die soziale Chancenungleichheit gegenüber Schule und Kultur

Wahrscheinlich ist ein kultureller Trägheitseffekt dafür verantwortlich, dass das Schulsystem, der Ideologie von der »befreienden Schule« entsprechend, nach wie vor für einen Faktor sozialer Mobilität gehalten werden kann. Deutet doch im Gegenteil alles darauf hin, dass es einer der wirksamsten Faktoren der Aufrechterhaltung der bestehenden Ordnung ist, indem es der sozialen Ungleichheit den Anschein von Legitimität verleiht und dem kulturellen Erbe, dem als natürliche Gabe behandelten gesellschaftlichen Vermögen, seine Sanktion erteilt.

Weil die Ausschlussmechanismen die ganze schulische Laufbahn über wirksam sind, ist es legitim, ihre Auswirkungen auf deren höchsten Stufen zu verfolgen. Dann zeigt sich, dass die Zugangschancen zum Hochschulstudium Resultat einer direkten oder indirekten Auslese sind, von der die Angehörigen der verschiedenen gesellschaftlichen Klassen die gesamte Schulzeit über unterschiedlich hart betroffen sind. Die Chancen, die Universität zu besuchen, sind für das Kind eines höheren Angestellten achtzigmal größer als für das Kind eines Landarbeiters, vierzigmal größer als für ein Arbeiterkind und immer noch doppelt so groß wie für das Kind eines mittleren Angestellten.[1] Bemerkenswert ist, dass die ranghöchsten Einrichtungen auch das aristokratischste Publikum haben: So liegt der Anteil der Kinder von höheren Angestellten und Freiberuflern an der *Polytechnique* bei 57%, an der (häufig wegen ihrer »demokratischen« Rekrutierung angeführten) *École Normale Supérieure* bei 54%, an der *École Centrale* bei 47% und am *Institut d'Études Politiques* bei 44%.

Die Tatsachen der Ungleichheit gegenüber der Schule bloß festzustellen, genügt indes nicht. Vielmehr müssen die objektiven Mechanismen beschrieben werden, die den fortgesetzten Ausschluss der Kinder aus den am stärksten benachteiligten Klassen bewirken. In der Tat scheint sich für den unterschiedlichen Schulerfolg, den man zumeist der unterschiedlichen Begabung zurechnet, eine vollständige soziologische Erklärung zu finden. Meistens wird der Einfluss des kulturellen Privilegs nur in seinen augenfälligsten Formen wahrgenommen: Empfehlungen oder Beziehungen, Unterstützung bei den Schularbeiten, Nachhilfeunterricht, Informiertheit über das Bildungswesen und die Berufsmöglichkeiten. In Wirklichkeit jedoch vermittelt jede Familie ihren Kindern auf eher indirekten als direkten Wegen ein bestimmtes *kulturelles Kapital* und ein bestimmtes *Ethos*, ein System impliziter und tief verinnerlichter Werte, das u. a. auch die Einstellungen zum kulturellen Kapital und zur schulischen Institution entscheidend beeinflusst. Das kulturelle Erbe, das unter beiden Aspekten nach sozialen Klassen variiert, ist für die ursprüngliche Ungleichheit der Kinder in Bezug auf die schulische Bewährungsprobe und damit die unterschiedlichen Erfolgsquoten verantwortlich.

Die Übertragung des kulturellen Kapitals

Deutlich wird der Einfluss des kulturellen Kapitals an der vielfach konstatierten Beziehung zwischen dem allgemeinen Bildungsniveau der Familie und dem Schulerfolg der Kinder. Eine Stichprobe unter Schülern der Sexta hat ergeben, dass der Anteil der »guten Schüler« bei steigendem Einkommen ihrer Familie zunimmt. Paul Clerc konnte nun zeigen, dass das Einkommen, bei gleichem Abschluss, keinen eigenständigen Einfluss auf den Schulerfolg hat und dass, im Gegenteil, der Anteil der guten Schüler ganz signifikant variiert, je nachdem ob der Vater Abitur hat oder nicht. Das legt den Schluss nahe, dass der Einfluss des familialen Milieus auf den Schulerfolg fast ausschließlich kultureller Art ist. In der engsten Beziehung zum Schulerfolg des Kindes steht – mehr noch als die vom Vater erzielten Abschlüsse und mehr als selbst die Art des von ihm absolvierten Ausbildungsgangs – das allgemeine Bildungsniveau der Eltern. Und während das Bildungsniveau des Vaters oder das der Mutter für den Schulerfolg von gleichem Gewicht zu sein scheint, lassen sich bei unterschiedlichem Bildungsniveau der Eltern signifikante Abweichungen im Schulerfolg der Kinder feststellen.[2]
Bei der Untersuchung der Fälle mit unterschiedlichen Bildungsniveaus der Eltern darf man nicht übersehen, dass sie (aufgrund der Klassenhomogamie) meistens nahe beieinander liegen, und dass sich die mit dem Bildungsniveau der Eltern zusammenhängenden Bildungsvorsprünge kumulieren. Das lässt sich schon auf der Ebene der Sexta beobachten, wo die Erfolgsquote der Kinder von Eltern mit Abitur 77% gegenüber 67% der Kinder mit nur einem Elternteil mit Abitur beträgt, und auf einer höheren Stufe der Schullaufbahn zeigt sich das noch deutlicher. Eine genaue Evaluierung der mit dem familialen Milieu zusammenhängenden Vor- und Nachteile hätte nicht nur das Bildungsniveau des Vaters und der Mutter zu berücksichtigen, sondern auch das der Verwandten beider Zweige (und darüber hinaus des weiteren Familienkreises). So nehmen die Theaterkenntnisse der Literaturstudenten (an den im Durchschnitt besuchten Aufführungen gemessen) direkt proportional zur höheren sozioprofessionellen Position des Vaters bzw.

des Großvaters oder den höheren Positionen beider zu; überdies aber tendiert, bei konstanter Größe einer jeden Variablen, die andere für sich genommen zu einer Staffelung der Ergebnisse.[3] Demnach trennen nach wie vor feine Unterschiede, die mit der in Anbetracht der Langsamkeit des Akkulturationsprozesses so belangvollen Dauer der Teilhabe an der Kultur zusammenhängen, Individuen, die im Hinblick auf den gesellschaftlichen und selbst den schulischen Erfolg anscheinend gleich sind. Auch der kulturelle Adel hat seine Ahnentafeln.

Wenn man weiß, dass der (eng mit der sozioprofessionellen Kategorie des Vaters verknüpfte) Wohnort gleichfalls mit kulturellen Vor- oder Nachteilen verbunden ist, deren Auswirkungen auf allen Gebieten zu beobachten sind, den früheren Schulergebnissen, den kulturellen Praktiken und Kenntnissen (in puncto Theater, Musik, Jazz oder Film), der sprachlichen Ungezwungenheit, dann wird deutlich, dass ein relativ begrenzter Set von Variablen, nämlich das Bildungsniveau der Eltern und Großeltern sowie der Wohnort die wichtigsten Unterschiede im Schulerfolg, selbst auf einer höheren Stufe der Schullaufbahn zu erklären vermag.

Durch die Kombination dieser Merkmale ließen sich womöglich selbst die Unterschiede erklären, die innerhalb der, ihrer sozialen Herkunft nach, homogenen Gruppen zu beobachten sind. So erzielen die Söhne höherer Angestellter regelmäßig Ergebnisse, die sich bimodal verteilen: Was ihre kulturellen Praktiken und Kenntnisse, aber auch ihr Sprachverständnis und ihre aktive Sprachbeherrschung betrifft, unterscheidet sich ein Drittel von ihnen durch deutlich bessere Leistungen vom Rest der Kategorie. Eine multivariante Analyse, die nicht nur das Bildungsniveau des Vaters und der Mutter, das der Großväter väterlicher- und mütterlicherseits und den Wohnort während des Studiums und in der Jugendzeit, sondern auch die Merkmale berücksichtigt, die die schulische Vergangenheit definieren, in Bezug auf das höhere Schulwesen, z. B. den Schulzweig (altsprachlich, neusprachlich oder anderes) und den Schultyp (Gymnasium oder Kolleg, öffentlich oder privat), vermöchte den unterschiedlichen Erfolg der verschiedenen durch diese Merkmalskombinationen definierten Untergruppen nahezu vollständig zu erklären, und zwar ohne auch nur im entferntesten auf angeborene Unterschiede rekurrieren zu müssen. Ein unter Berücksichtigung dieser verschiedenen Variablen – und auch demographischer Merkmale der Familie, wie deren Größe – konstruiertes Modell gestattete dann eine genaue Einschätzung der schulischen Erfolgsaussichten.

Ebenso wie die Kinder höherer Angestellter Unterschiede aufweisen, die mit Unterschieden in der sozialen Lage in Verbindung gebracht werden können, scheinen die Kinder aus den Volksklassen, die studieren, aus Familien zu stammen, die sich durch ihr allgemeines Bildungsniveau wie durch ihre Größe vom Durchschnitt ihrer Kategorie unterscheiden. In Anbetracht dessen, dass die objektiven Chancen, zu studieren, für das Kind eines höheren Angestellten vierzigmal so groß sind wie für ein Arbeiterkind, hätte man erwarten müssen, in der Untersuchung über eine Studentenpopulation bei den Angehörigen der weiteren Familienkreise von studierenden Arbeiterkindern und studierenden Kindern höherer Angestellter auf dasselbe zahlenmäßige Verhältnis von Studierenden oder Studienabsolventen zu treffen.

Nun beträgt aber dieses Verhältnis nach einer Erhebung unter Medizinstudenten nur vier zu eins; dieser Umstand aber, dass es im Familienkreis mindestens einen Verwandten gibt, der studiert oder studiert hat, verweist auf die besondere kulturelle Situation dieser Familien: Diese sind entweder vom sozialen Abstieg betroffen oder aber verfügen über eine Einstellung zum sozialen Aufstieg und zur Schule als Mittel zu diesem Aufstieg, die sie von der Gesamtheit ihrer sozialen Kategorie unterscheidet.

Einen indirekten Beweis dafür, dass die Chancen zum Besuch der höheren Schule oder der Universität, und das auch mit Erfolg, fundamental vom Bildungsniveau des familialen Milieus zu Beginn der Sexta abhängen, d. h. zu einem Zeitpunkt, wo der homogenisierende Einfluss der Schule und des Schulmilieus noch nicht von langer Dauer gewesen ist, liefert der Umstand, dass der unterschiedliche Erfolg von französischen Kindern und Ausländerkindern fast vollständig Unterschieden in der Sozialstruktur der beiden Familiengruppen zugeschrieben werden kann. Bei gleichem Sozialniveau sind die ausländischen Schüler in etwa genauso erfolgreich wie die französischen Schüler: In der Tat ist, wenn 45% der französischen Arbeiterkinder gegenüber 38% der Ausländerkinder die Sexta besuchen, ein Gutteil dieser (relativ geringfügigen) Differenz vermutlich darauf zurückzuführen, dass die ausländischen Arbeiter über eine niedrigere Qualifikation verfügen als die französischen Arbeiter.[4]

Aber das Schulbildungsniveau der näheren oder ferneren Familienangehörigen oder auch der Wohnort sind nur Indikatoren, mit denen das kulturelle Niveau einer jeden Familie bestimmt werden kann, ohne dass damit irgendeine Aussage weder über den Inhalt des Erbes, das die gebildetsten Familien ihren Kindern übertragen, noch über die Übertragungswege gemacht würde. Die Untersuchungen über die Studenten der philosophischen Fakultät zeigen, dass der im studentischen Leben unmittelbar rentabelste Teil des kulturellen Kapitals aus Informationen über die Welt der Universität und den Studienverlauf, aus sprachlicher Ungezwungenheit und der in außerschulischen Erfahrungen gewonnenen zweckfreien Bildung besteht. Das unterschiedliche Ausmaß an Information ist zu offenkundig und zu bekannt, um darauf näher eingehen zu müssen. Paul Clerc zufolge kennen 15% der Familien von Realschülern (die sich stärker als die Gymnasiasten aus Volksklassenangehörigen rekrutieren) den Namen des nächstgelegenen Gymnasiums nicht, und bei den Familien der Schüler aus den Hauptschulabschlussklassen sind es sogar 36%. Das Gymnasium ist kein Bestandteil der konkreten Erfahrungswelt der Volksklassenfamilien, und damit man überhaupt daran denkt, das Kind auf das Gymnasium zu schicken, bedarf es anhaltender außergewöhnlicher Erfolge und der Ratschläge des Lehrers oder eines Familienangehörigen. Im Gegensatz dazu investieren die Kinder der gebildeten Klassen in ihr Schulverhalten ein ganzes Kapital an Informationen über den schulischen Werdegang, die Tragweite der entscheidenden Wahlen in der Sexta oder den Abschlussklassen, die zukünftigen Laufbahnen und die normalerweise zu ihnen führenden Orientierungen, über die Funktionsweise des Universitätssystems, die Bedeutung der Noten, die Sanktionen und die Belohnungen.

Die aus den privilegierten Milieus stammenden Kinder verdanken ihrem Umfeld nicht nur bei den schulischen Aufgaben unmittelbar nutzbare Gewohnheiten und antrainierte Verhaltensweisen sowie den, nicht einmal wichtigsten, Vorteil der direkten Unterstützung durch die Eltern.[5] Sie erben auch Kenntnisse und ein Know-how, Neigungen und einen »guten Geschmack«, deren schulische Rentabilität umso größer ist, als diese Imponderabilien der Einstellung zumeist auf das Konto der Begabung verbucht werden. Die »zweckfreie« Bildung, implizite Erfolgsbedingung bestimmter schulischer Laufbahnen, ist unter den Studenten der verschiedenen sozialen Klassen und a fortiori den Gymnasiasten und Realschülern in sehr unterschiedlichem Maße verteilt, da die ungleiche Auswahl und der homogenisierende Einfluss der Schule die Unterschiede nur zu verringern mögen. Manifest wird das kulturelle Privileg, sobald es um die Vertrautheit mit den Werken geht, die nur aus dem regelmäßigen (und nicht bloß sporadischen oder von der Schule organisierten) Theater-, Museums- oder Konzertbesuch entsteht. Auf allen Gebieten der Kultur, dem Theater, der Musik, der Malerei, dem Jazz, dem Film, haben die Studenten umso reichere und umfassendere Kenntnisse, je höher ihre soziale Herkunft ist. Der Unterschied zwischen den aus verschiedenen sozialen Milieus stammenden Studenten ist aber umso ausgeprägter, je weniger es sich um von der Schule selbst unterrichtete und kontrollierte Gebiete handelt, beispielsweise um Avantgarde- oder Boulevardtheater im Unterschied zum klassischen Theater oder auch um Malerei, die nicht direkt zum Unterrichtsstoff zählt, oder um Jazz oder Film.

Wenn bei den Übungen zum Verständnis und zur aktiven Beherrschung der Schulsprache nicht die für gewöhnlich auf anderen Gebieten zu beobachtende unmittelbare Beziehung zwischen Schulerfolg und sozialer Herkunft zutage tritt und es anscheinend sogar zu einer Umkehrung der Beziehung kommen kann, darf das nicht zu dem Schluss verleiten, das Handikap sei hier von geringerer Bedeutung als anderswo. Man muss sich nämlich stets vor Augen halten, dass die Philologiestudenten das Ergebnis einer kontinuierlichen Auslese nach dem Kriterium der sprachlichen Befähigung sind, und dass die Überausgelesenheit der aus den benachteiligten Milieus kommenden Studenten das aus der kulturellen Atmosphäre ihres Herkunftsmilieus stammende Ausgangshandikap kompensieren kann. In der Tat ist der Erfolg beim Philologiestudium ganz eng mit der Fähigkeit zur Beherrschung der Schulsprache verknüpft, die nur für die Kinder der gebildeten Klassen Muttersprache ist. Von allen kulturellen Hindernissen sind die, die mit der im familialen Milieu gesprochenen Sprache zusammenhängen, gewiss die gravierendsten und tückischsten. Das gilt vor allem für die ersten Schuljahre, wo das Verständnis und die Beherrschung der Sprache den Hauptansatzpunkt für das Urteil der Lehrer bilden. Aber der Einfluss des sprachlichen Ursprungsmilieus lässt in seiner Wirkung niemals nach. Denn zum einen werden auf allen Stufen der schulischen Laufbahn, und, wenn auch in unterschiedlichem Ausmaß, in allen universitären Laufbahnen, selbst den wissenschaftlichsten, der Reichtum, die Differenziertheit und der Stil des Ausdrucks implizit oder explizit, bewusst oder unbewusst in Rechnung gestellt. Und zum anderen ist die Sprache kein bloßes, mehr oder weniger effektives, mehr oder weniger dem Gedanken adäquates Werkzeug: Vielmehr stellt sie – außer einem mehr oder weniger reichen Vokabular – eine Syntax, d. h. ein System mehr oder weniger komplexer Kategorien, bereit. Sodass die Fähigkeit zum Entziffern und Handhaben komplexer, logischer so gut wie ästhetischer Strukturen von der ursprünglich im familialen Milieu gesprochenen Sprache, die stets einen Teil ihrer Merkmale der in der Schule gesprochenen Sprache hinterlässt, abzuhängen scheint.[6]

Der bedeutendste und im Zusammenhang mit der Schule wirksamste Teil des kulturellen Erbes, die zweckfreie Bildung und die Sprache, wird auf osmotische Weise übertragen, ohne jedes methodische Bemühen und jede manifeste Einwirkung. Und gerade das trägt dazu bei, die Angehörigen der gebildeten Klasse in ihrer Überzeugung zu bestärken, dass sie diese Kenntnisse, diese Fähigkeiten und diese Einstellungen, die ihnen nie als das Resultat von Lernprozessen erscheinen, nur ihrer Begabung zu verdanken haben.

All dies wird man gerne, vielleicht nur allzu gerne zugeben. Es aber dabei bewenden zu lassen, das hieße sich der Frage nach der Verantwortung der Schule für das Fortbestehen der sozialen Ungleichheit zu entziehen. Diese Frage wird deshalb so selten gestellt, weil die jakobinische Ideologie, von der der Großteil der Kritik am Universitätssystem ihre Impulse empfängt, aufgrund ihres Festhaltens an einer formalen Definition schulischer Gerechtigkeit in Wirklichkeit verhindert, die Ungleichheit zur Kenntnis zu nehmen. Nimmt man aber die gesellschaftlich bedingte Ungleichheit in Bezug auf Schule und Kultur wirklich ernst, dann muss man zu dem Schluss gelangen, dass die formale Gleichheit, das Prinzip des ganzen Bildungssystems, in der Tat ungerecht ist, und dass sie in jeder auf demokratische Ideale eingeschworenen Gesellschaft die Privilegien besser schützt, als es deren offene Übertragung vermöchte.

Damit die am meisten Begünstigten begünstigt und die am meisten Benachteiligten benachteiligt werden, ist es notwendig und hinreichend, dass die Schule beim vermittelten Unterrichtsstoff, bei den Vermittlungsmethoden und -techniken und bei den Beurteilungskriterien die kulturelle Ungleichheit der Kinder der verschiedenen gesellschaftlichen Klassen ignoriert. Anders gesagt, indem das Schulsystem alle Schüler, wie ungleich sie auch in Wirklichkeit sein mögen, in ihren Rechten wie Pflichten gleich behandelt, sanktioniert es faktisch die ursprüngliche Ungleichheit gegenüber der Kultur.

Die formale Gleichheit, die die pädagogische Praxis bestimmt, dient in Wirklichkeit als Verschleierung und Rechtfertigung der Gleichgültigkeit gegenüber der wirklichen Ungleichheit in Bezug auf den Unterricht und der im Unterricht vermittelten oder, genauer gesagt, verlangten Kultur. So erscheint z.B. die im höheren Schul- und im Hochschulunterricht gängige »Pädagogik« objektiv als eine »Erweckungspädagogik«, wie Weber sagt, die die in einigen Ausnahmeindividuen schlummernden »Talente« durch Verzauberungstechniken wie das verbale Bravourstück des Meisters wecken will. Eine rationale und wirklich universale Pädagogik würde, da sie nicht für erworben hält, was einige wenige nur ererbt haben, sich von Beginn an nichts schenken und sich zu einem methodischen Vorgehen im Hinblick auf das explizite Ziel verpflichten, allen die Mittel an die Hand zu geben, all das zu erwerben, was unter dem Anschein der »natürlichen« Begabung nur den Kindern der gebildeten Klassen gegeben ist. Im Gegensatz wendet die pädagogische Tradition sich im untadeligen Gewand der Gleichheit und Universalität in der Tat nur an die Schüler oder Studenten, die in der besonderen Situation sind, ein den kulturellen Anforderungen der Schule entsprechendes kulturelles Erbe zu besitzen. Nicht nur lässt sie die Frage außer Acht, wie allen das Wissen und das Know-how am effektivsten zu vermitteln wäre, das sie von allen verlangt, und das die verschiedenen Klassen nur in sehr ungleichem Maße vermitteln. Sie neigt auch noch dazu, die auf dieses Ziel gerichteten pädagogischen Praktiken als primitiv und vulgär, ja paradoxerweise »schulmäßig« abzutun. Es ist kein Zufall, dass die Mittelschule, die, als sie zum klassischen Gymnasium in Konkurrenz trat, die Kinder aus den Volksklassen weniger ihrer Tradition entfremdete, sich die Geringschätzung der Elite eben deshalb zuzog, weil sie expliziter und methodischer »schulmäßig« verfuhr. Es sind auch zwei Auffassungen von Kultur und Techniken der Kulturvermittlung, die in Gestalt korporativer Interessen heute noch in den Konflikten zwischen den aus dem Grundschulwesen und den aus dem höheren Schulwesen hervorgegangenen traditionellen Lehrern zum Ausdruck kommen.[7] Man müsste sich auch nach den Funktionen fragen, die der heilige Schrecken vor dem Pauken, im Unterschied zur »Allgemeinbildung«, für die Gymnasiallehrer und die Angehörigen der gebildeten Klasse erfüllt. Das Pauken ist nicht das Übel schlechthin, wenn man sich bloß eingesteht, dass man die Schüler aufs Abitur vorbereitet und sie dadurch dazu bringt, sich einzugestehen, dass sie sich aufs Abitur vorbereiten. Die Abwertung der Techniken ist nur die Kehrseite der Verherrlichung der intellektuellen Virtuosität, die den Werten der kulturell privilegierten Klassen strukturell affin ist. Die statusmäßigen Besitzer der richtigen *Art und Weise* sind stets geneigt, die Qualitäten als schwerfällige und mühselig erworbene abzuwerten, die nur als angeborene zählen.

Als Produkte eines Systems, das zur Vermittlung einer ihrem Inhalt wie ihrem Geist nach aristokratischen Kultur bestimmt ist, neigen die Lehrkräfte dazu, sich dessen Werte wohl mit umso größerem Eifer zu eigen zu machen, je vollständiger sie ihm ihren universitären und gesellschaftlichen Erfolg verdanken. Wie sollten sie da, auch und vor allem ohne es zu wissen, die Werte ihres Herkunfts- oder Zugehörigkeitsmilieus nicht in ihre Art der Beurteilung und des Unterrichtens einbringen? So wird der den Volks- oder Mittelklassen entstammende Student nach den Wertmaßstäben der gebildeten Klassen beurteilt werden, die zahlreiche Lehrkräfte ihrer sozialen Herkunft verdanken und denen sie sich vielleicht dann ganz besonders verpflichtet fühlen, wenn sie erst seit ihrem Eintritt in »Amt und Würden« zur Elite gehören. Zu einer Umkehrung der Wertetafel, die durch eine Änderung des Vorzeichens Ernsthaftigkeit in Strebertum verwandelt und die im Allgemeinen positiv gewertete Anstrengung in kleinliche Plagerei, der Kompensation nicht vorhandener Begabung verdächtig, abwertet, kommt es immer dann, wenn das kleinbürgerliche *Ethos* vom Standpunkt des Ethos der Elite aus beurteilt, d. h. am Dilettantismus des Gebildeten und Hochgeborenen gemessen wird. Ganz im Gegensatz dazu entsprechen der so manches Mal in Erscheinung tretende Dilettantismus der Studenten aus den begünstigten Klassen und die Art ihrer Beziehung zu einer Kultur, die sie niemals vollständig der Schule verdanken, den oft unbewussten Erwartungen der Lehrkräfte und mehr noch den objektiv in die Institution eingeschriebenen Anforderungen. Kein Indiz der sozialen Zugehörigkeit, sei es die Haltung oder die Kleidung, die Ausdrucksweise oder der Akzent, das nicht Gegenstand der »petites perceptions« der sozialen Klasse würde und einen, zumeist unbewussten Einfluss auf das Urteil der Lehrer hätte.[8] Der Lehrer, der, unter dem Anschein, die »natürliche Begabung« zu beurteilen, die Verhaltensweisen, die von einem asketischen *Ethos* fleißig und mühsam vollbrachter Arbeit bestimmt sind, an den Kriterien des *Ethos* der kultivierten Elite misst, konfrontiert zwei Arten der Beziehung zur Kultur miteinander, zu der die Individuen aus den verschiedenen Milieus durch ihre Geburt in ungleichem Maße bestimmt sind. Die Kultur der Elite steht der Kultur der Schule so nah, dass die Kinder aus einem kleinbürgerlichen (oder, a fortiori, bäuerlichen bzw. Arbeiter-) Milieu das nur mühsam erwerben können, was den Kindern der gebildeten Klasse gegeben ist: den Stil, den Geschmack, die Gesinnung, kurzum die Einstellungen und Fähigkeiten, die den Angehörigen der kulturellen Klasse nur deshalb als natürlich und selbstverständlich einforderbar erscheinen, weil sie die Kultur (im ethnologischen Sinn) dieser Klasse ausmachen. Von ihrer Familie mit nichts versehen, was ihnen in der Schule dienlich sein könnte, außer einer Art inhaltsleerer Bildungsbeflissenheit, sind die Kinder der Mittelklasse gezwungen, alles von der Schule zu erwarten und zu erhalten, selbst auf die Gefahr hin, dass die Schule sie allzu »schulmäßiger« Verhaltensweisen zeiht.

Eine aristokratische Kultur, und vor allem ein aristokratisches Verhältnis zu dieser Kultur, ist das, was das Bildungssystem vermittelt und verlangt.[9] Besonders deutlich wird das am Verhältnis der Lehrer zur Sprache.

Zwischen einem charismatischen Gebrauch der Sprache, die den Schüler durch verbale Verzauberung in den Stand der Gnade versetzen soll, und einem traditionellen Gebrauch der Universitätssprache als geweihtem Medium einer geweihten Kultur schwankend, gehen die Lehrer von der Voraussetzung aus, dass zwischen dem Lehrenden und dem Lernenden eine Gemeinsamkeit der Sprache und der Kultur und ein vorgängiges Einverständnis in Bezug auf die Werte existiert, was aber nur dann der Fall ist, wenn das Schulsystem es mit seinen eigenen Erben zu tun hat.

Indem die Lehrkräfte so tun, als ob die Unterrichtssprache, eine Sprache der Anspielungen und des Einverständnisses, die natürliche Sprache aller »intelligenten« und »begabten« Subjekte sei, können sie sich die Mühe einer technischen Kontrolle ihres eigenen Gebrauchs und des studentischen Verständnisses dieser Sprache ersparen und auch die schulischen Beurteilungen für völlig gerecht halten, die doch in Wirklichkeit das kulturelle Privileg sanktionieren.
Einerseits ist die Sprache der effektivste Teil des kulturellen Erbes, weil sie qua Syntax ein System übertragbarer Geisteshaltungen liefert, die ihrerseits mit Werten verknüpft sind, die die ganze Erfahrung bestimmen. Andererseits ist die Universitätssprache von der Sprache, die die verschiedenen sozialen Klassen tatsächlich sprechen, unterschiedlich weit entfernt. In Anbetracht dessen kann man die Lernenden in Bezug auf die universitäre Sprache und den universitären Gebrauch der Sprache nicht als ihren Rechten wie ihren Pflichten nach gleich fingieren, ohne gezwungen zu sein, zahlreiche Ungleichheiten, die vor allem anderen soziale Ungleichheiten sind, der Begabung zuzuschreiben. Außer einem Wortschatz und einer Syntax erbt jedes Individuum von seinem Milieu eine bestimmte Einstellung zu den Wörtern und dem Wortgebrauch; und diese Einstellung bereitet es mehr oder weniger gut auf die schulischen Spiele vor, die, in der französischen Tradition des Literaturunterrichts, stets zu einem Teil Spiele mit den Wörtern sind.
Diese Beziehung zu den Wörtern, ehrfurchtsvoll oder unbefangen, unbeholfen oder ungezwungen, sparsam oder übermäßig, zeigt sich nirgends so deutlich wie in den Prüfungen. Die Professoren machen, bewusst oder unbewusst, einen Unterschied zwischen der »natürlichen« Ungezwungenheit, der Gewandtheit des Ausdrucks und eleganten Lässigkeit, und der »angestrengten« Ungezwungenheit, die bei den Studenten aus den Volks- oder Mittelklassen häufig anzutreffen ist, und die das Bemühen verrät, sich um den Preis von Missklängen und eines »falschen« Tons den Normen des universitären Diskurses anzupassen. Diese aufgesetzte Ungezwungenheit erscheint nur allzu leicht als ein Überspielen eines angstbesetzten Selbstbehauptungsstrebens, um nicht vulgärer Interessenbestimmtheit verdächtig zu sein. Kurzum, die *certitudo sui* [10] der Professoren, die nirgends so klar zum Ausdruck kommt wie in den virtuosen Darbietungen der Großen Vorlesung, lebt von einem »Klassenethnozentrismus«, der zu einem bestimmten Gebrauch der professoralen Sprache ebenso autorisiert wie zu einer bestimmten Einstellung hinsichtlich des Gebrauchs, den die Studenten von der Sprache und zumal der Sprache der Professoren machen.
Implikate dieser Beziehung zur Sprache sind einmal die entscheidende Bedeutung, die die gebildeten Klassen der Gelehrtenkultur und den mit deren Bewah-

rung und Vermittlung betrauten Institutionen beimessen. Zum anderen die latenten Funktionen, die sie der Institution Schule zuerkennen, nämlich den Kult einer Kultur zu organisieren, die nur deshalb allen angeboten werden kann, weil sie in Wirklichkeit den Angehörigen der Klassen, deren Kultur sie immer schon ist, vorbehalten bleibt. Des Weiteren die Hierarchie der geistigen Werte, die den glänzenden Manipulatoren der Wörter und Gedanken den Vorrang vor den bescheidenen Dienern der Techniken gibt, und schließlich die Logik eines Systems, dessen objektive Funktion Bewahrung der Werte ist, auf denen die soziale Ordnung basiert. Tiefer greifend, weil der traditionelle Unterricht sich *objektiv* an die wendet, die von ihrem Milieu her über das sprachliche und kulturelle Kapital verfügen, das er *objektiv* verlangt, kann er seine Anforderungen nicht explizit stellen und es sich zur Aufgabe machen, allen die Mittel zu liefern, diesen Anforderungen zu genügen. In der Art eines Gewohnheitsrechts sieht die universitäre Tradition stets nur besondere Sanktionen für besondere Verstöße vor, ohne die Prinzipien, auf denen sie basieren, jemals explizit zu machen. Deshalb kann die Wahrheit eines solchen Systems nur in seinen impliziten Anforderungen und dem impliziten Charakter seiner Anforderungen gefunden werden. Am Beispiel des Examens wird es ganz deutlich, dass die Begünstigten umso mehr begünstigt sind, je vager die Anforderungen, ob in Bezug auf die Kenntnisse oder die Form ihrer Präsentation, formuliert werden und je unbestimmter die Urteilskriterien der Professoren sind. Bei den schriftlichen Prüfungen zeigen sich zwischen den Kandidaten unterschiedlicher sozialer Herkunft desto ausgeprägtere Unterschiede, je mehr die gestellten Aufgaben sich der traditionellsten Form der rhetorischen Übung nähern, der (die literarischen *grands cours* beherrschenden und in den wissenschaftlichen *concours* immer noch eine Rolle spielenden) *dissertatio de omni re scibili* [11], die, sowohl was den Stil bzw. die Syntax der Gedankenführung als auch was das inhaltliche Wissen betrifft, der Zurschaustellung unwägbarer Qualitäten besonders günstig ist. Nach derselben Logik sind die Erben im Mündlichen mehr begünstigt als im Schriftlichen, und das ganz besonders dann, wenn das Mündliche explizit zum Text der kultivierten und distinguierten Art wird, was es implizit immer ist.[12]

Es ist klar, dass ein solches Bildungssystem nur solange perfekt funktionieren kann, wie ihm die Rekrutierung und Auslese von Schülern gelingt, die den von ihm objektiv gestellten Anforderungen zu genügen vermögen, d.h. so lange, wie es sich an Individuen wenden kann, die mit eben dem kulturellen Kapital (und der Fähigkeit, es gewinnbringend anzulegen) ausgestattet sind, das von ihm vorausgesetzt und sanktioniert wird, ohne explizit verlangt und vermittelt zu werden. In die einzige spürbare Bedrängnis geriete es, wie man sieht, nicht durch die Zahl, sondern durch die Qualität der Schüler. Der »Massenbetrieb«, von dem heute so viel die Rede ist, ist sowohl mit der einer kleinen Zahl von Erben der von der Schule verlangten Kultur wie mit dem einer kleinen Zahl beliebiger Individuen vorbehaltenen Unterricht unvereinbar. Tatsächlich kann das Bildungssystem eine immer größere Zahl von Schülern verkraften, wie es das während der ersten Hälfte des 20. Jahrhunderts auch getan hat, ohne sich tief greifend wandeln zu müssen, vorausgesetzt, auch die Neuankömmlinge verfügen über die gesellschaftlich erworbenen Fähigkeiten, die die Schule traditionell verlangt. In eine als »Niveauverlust« erlebte Krise gerät es erst, sobald es eine immer größere Zahl von Schülern aufnehmen muss, die entweder nicht mehr im gleichen Maße über das kulturelle Erbe ihrer sozialen Klassen gebieten wie ihre Vorgänger (wie es der Fall ist, wenn die Verschulungsquote der traditionell beschulten Klassen im höheren Schul- und im Hochschulbereich kontinuierlich wächst, bei gleichzeitigem Sinken des Auslesegrades) oder die, als Angehörige der kulturell benachteiligten sozialen Klassen, über kein kulturelles Kapital verfügen. Zahlreiche Veränderungen, die das heutige Bildungssystem erfährt, können wohl rein morphologischen Faktoren zugerechnet werden. Aber das Wesentliche tangieren sie nicht, und man versteht, warum in den Reformprogrammen wie in den Forderungen der lehrenden und der lernenden Klasse von dem, was die Besonderheit des traditionellen Schulsystems und seiner Funktionsweise ausmacht, kaum die Rede ist. Sicherlich wäre die Demokratisierung des Zugangs zur Sexta für das Bildungssystem eine entscheidende Belastungsprobe, die zu einer tief greifenden Veränderung seiner spezifischen Funktionsweise führen könnte. Die Segregation der Kinder nach hierarchisch geordneten Schultypen und -zweigen (von der Berufsfachschule oder der Realschule bis hin zum klassischen Zweig des Gymnasiums) bietet indes dem System einen der Logik des Systems entsprechenden Schutz. Die Kinder der Volksklassen, die weder die Bildungsbeflissenheit der Mittelklassenkinder noch das kulturelle Kapital der Kinder der höheren Klassen mitbringen, flüchten sich in eine Art ungeordneten Rückzug, die die Lehrer aus der Fassung bringt und bislang unbekannte chaotische Formen annimmt. Es versteht sich von selbst, dass es in diesem Fall genügt, dem »laisser faire« Raum zu geben, damit sich die Handikaps mit der größtmöglichen Härte auswirken und schließlich alles wieder in geordneten Bahnen verläuft. Um dieser Herausforderung wirksam zu begegnen, müsste das Schulsystem sich mit geeigneten Mitteln versehen, um eine systematische und allgemeine Akkulturation in Angriff zu nehmen, die es sich solange ersparen kann, wie es sich an die Kinder der begünstigten Klassen wendet.

Folglich wäre die Erwartung naiv, aus der Funktionsweise eines Systems, das durch implizite und deshalb wohl umso wirksamere Anforderungen seine Rekrutierung selbst bestimmt, könnten die Widersprüche entstehen, die zu einer tief greifenden Veränderung der Logik, nach der dieses System funktioniert, zu führen und die mit der Wahrung und Vermittlung der legitimen Kultur betraute Institution an der Ausübung ihrer Funktionen der Aufrechterhaltung der sozialen Ordnung zu hindern vermöchten. Indem die Schule den Individuen nur deren Position in der sozialen Hierarchie genau entsprechende Erwartungen an die Schule zugesteht und unter ihnen eine Auswahl trifft, die unter dem Anschein der formalen Gleichheit die existierenden Unterschiede sanktioniert und konsekriert, trägt sie ineins zur Perpetuierung wie zur Legitimierung der Ungleichheit bei. Indem sie gesellschaftlich bedingten, von ihr aber auf Begabungsunterschiede zurückgeführten Fähigkeiten eine sich »unparteiisch« gebende und als solche weithin anerkannte Sanktion erteilt, verwandelt sie faktische Gleichheiten in rechtmäßige Ungleichheiten, wirtschaftliche und gesellschaftliche Unterschiede in eine qualitative Differenz und legitimiert die Übertragung des kulturellen Erbes. Dadurch übt sie eine mystifizierende Funktion aus. Die Begabungsideologie, Grundvoraussetzung des Schul- und Gesellschaftssystems, bietet nicht nur der Elite die Möglichkeit, sich in ihrem Dasein gerechtfertigt zu sehen, sie trägt auch dazu bei, den Angehörigen der benachteiligten Klassen das Schicksal, das ihnen die Gesellschaft beschieden hat, als unentrinnbar erscheinen zu lassen. Denn sie bringt sie dazu, das als naturbedingte Unfähigkeit wahrzunehmen, was nur die Folge einer inferioren Lage ist, und redet ihnen ein, dass ihr soziales Los (das mit fortschreitender Rationalisierung der Gesellschaft immer enger mit ihrem schulischen Schicksal verknüpft ist) ihrer individuellen Natur, ihrem Mangel an Begabung geschuldet ist. Die seltenen Erfolge der wenigen, die dem kollektiven Schicksal entgehen, verleihen der schulischen Auslese einen Anschein von Legitimität und dem Mythos von der befreienden Schule Glaubwürdigkeit selbst bei den von ihr Ausgeschlossenen, da sie sie glauben machen, Erfolg sei nur eine Sache der Arbeit und der Begabung. Schließlich stellen diejenigen, die die Schule »befreit« hat, die Lehrer oder Professoren, ihren Glauben an die befreiende Schule in den Dienst der konservativen Schule, die dem Mythos von der befreienden Schule einen Teil ihrer Kraft zur Bewahrung verdankt. So vermag das Erziehungssystem durch die ihm eigene Logik der Perpetuierung der kulturellen Privilegien zu dienen, ohne dass die Privilegierten sich seiner bedienen müssten. Indem es den kulturellen Ungleichheiten eine formell mit den demokratischen Idealen übereinstimmende Sanktion erteilt, liefert es die beste Rechtfertigung für diese Ungleichheiten.

Anmerkungen

[1] Siehe P. Bourdieu / J.C. Passeron, *Les héritiers*. Editions de Minuit, 1964, S. 14 – 21; deutsch in: dies., *Die Illusion der Chancengleichheit*, Stuttgart, 1971, Teil 1, S. 19 ff.

[2] Clerc, P., »La famille et l'orientation scolaire au niveau de la sixième. Enquête de juin 1963 dans l'agglomération parisienne«, *Population* (4), août – sept. 1964, S. 637 – 644.

[3] Siehe P. Bourdieu et J.C. Passeron, *Les étudiants et leur études*, deuxième partie, S. 96 – 97.

[4] P. Clerc, »Nouvelles données sur l'orientation scolaire au moment de l'entrée en sixième (II). Les élèves de nationalité étrangère«. *Population*, oct. – déc., 1964, S. 871.

[5] P. Clerc stellt fest, dass die Überwachung der Schularbeiten durch die Eltern umso häufiger ist, je höher der Rang in der sozialen Hierarchie ist, ohne dass ein unmittelbarer Zusammenhang zwischen der Häufigkeit der elterlichen Intervention und dem Schulerfolg bestünde (a. a. O., Anm. 2, S. 635 – 636).

[6] Siehe P. Bourdieu, J.C. Passeron und M. de Saint-Martin, »Les étudiants et la langue d´enseignement« in: *Rapport pédagogique et communication*, Paris, La Haye, Mouton, 1965) (Cahiers du Centre de Sociologie Européenne, 2).

[7] S. V. Isambert-Jamati, »La rigidité d'une institution: structure scolaire et systèmes de valeurs«, in: *Cahiers du Centre de Sociologie Européenne*, 2 (1965), S. 306.

[8] Desgleichen berücksichtigen die Beurteilungen der Schüler durch die Lehrer, die durchdrungen sind von den Werten der Mittelklassen, denen sie angehören und denen sie immer häufiger entstammen, stets die ethische Färbung der Einstellung und des Verhaltens der Schüler ihnen und den Fächern gegenüber.

[9] Im Zentrum der allertraditionellsten Definition von Kultur steht gewiss die Unterscheidung zwischen dem Inhalt der Kultur (im Sinne von verinnerlichter objektiver Kultur) oder, wenn man so will, das *Wissen* und die charakteristische Form des Besitzes dieses Wissens, die ihm erst seine volle Bedeutung und seinen ganzen Wert verleiht. Was das Kind eines kultivierten Milieus erbt, ist nicht nur Kultur (im objektiven Sinne), sondern ein bestimmter *Stil* der Beziehung zur Kultur, der gerade aus dem *Erwerbsmodus* dieser Kultur resultiert. Die Beziehung eines Individuums zu den kulturellen Werken (und die Modalität all seiner kulturellen Erfahrungen) ist deshalb mehr oder weniger »ungezwungen«, »brillant«, »natürlich« bzw. »schwerfällig«, »angestrengt«, »angespannt«, je nachdem unter welchen Bedingungen es eine Kultur erworben hat. Das osmotische Lernen in der Familie begünstigt eine Erfahrung der »Vertrautheit« (die Quellen der charismatischen Illusion), die das schulische Lernen niemals in gleichem Maße vermitteln kann. Man sieht, dass die Schule, indem sie den Akzent auf die Beziehung zur Kultur setzt und den aristokratischen Stil dieser Beziehung (die Ungezwungenheit und die Brillanz) besonders hoch bewertet, die am meisten Begünstigten begünstigt.

[10] *certitudo sui*, lat. Selbstgewissheit, Selbstsicherheit (Anm. d. Hrsg.)

[11] *dissertatio de omni re scibili,* Abhandlung über alle erdenklichen Wissensinhalte (Anm. d. Hrsg.)

[12] Der Widerstand der Professoren gegen jeden Versuch einer rationaleren Prüfungsgestaltung und die zu diesem Zweck vorgeschlagenen Untersuchungen (man denke an den indignierten Protest, hervorgerufen von der Befragung mittels geschlossener Fragebögen) speist sich unbewusst aus demselben aristokratischen Ethos wie die Ablehnung der Pädagogik, wiewohl er in der rituellen Anprangerung einer drohenden Technokratisierung sein »demokratisches« Alibi findet.

»Ethnologische Studien eröffnen die Möglichkeit, eine Welt wiederzufinden, von der man getrennt ist.«

Die drei Formen des kulturellen Kapitals

Der Begriff des kulturellen Kapitals hat sich als theoretische Hypothese aufgedrängt, die es gestattet, die Ungleichheit der schulischen Leistungen von Kindern aus verschiedenen sozialen Klassen zu begreifen. Dabei wurde der »Schulerfolg«, d.h. der spezifische Profit, den die Kinder aus verschiedenen sozialen Klassen und Klassenfraktionen auf dem schulischen Markt erlangen können, auf die Verteilung des kulturellen Kapitals zwischen den Klassen und Klassenfraktionen bezogen. Dieser Ausgangspunkt impliziert einen Bruch mit den Prämissen, die sowohl der landläufigen Betrachtungsweise, der zufolge schulischer Erfolg oder Misserfolg auf die Wirkung natürlicher »Fähigkeiten« zurückgeführt wird, als auch den Theorien vom »Humankapital«[1] zugrunde liegen.

Den Ökonomen der *Humankapital-Schule* kommt das scheinbare Verdienst zu, explizit die Frage aufgeworfen zu haben, in welchem Verhältnis die durch Erziehungsinvestition und durch ökonomische Investition generierten Profitraten zueinander stehen und wie dieses Verhältnis sich entwickelt. Allerdings bezieht das von ihnen benutzte Maß für den Ertrag schulischer Investition nur solche Investitionen und Profite ein, die sich *in Geld* ausdrücken oder *direkt in Geld konvertieren* lassen, wie die Studienkosten oder das finanzielle Äquivalent für die zum Studium verwendete Zeit. Außerdem können sie die relative Bedeutung nicht verständlich machen, die die unterschiedlichen Akteure und Klassen der ökonomischen und der kulturellen Investition jeweils beimessen; denn sie stellen die Struktur der unterschiedlichen Profitchancen nicht systematisch in Rechnung, die die verschiedenen Märkte ihnen aufgrund der Größe und Struktur ihres jeweiligen Erbes zu bieten haben (siehe insbesondere G. S. Becker, *Human Capital*, New York, Columbia University Press, 1964). Des Weiteren stellen sie die schulischen Investitionsstrategien nicht in einen Gesamtzusammenhang mit den anderen Erziehungsstrategien und dem System der Reproduktionsstrategien. Daraus ergibt sich das unausweichliche Paradoxon, dass die Humankapital-Theoretiker sich selbst dazu verdammen, die am besten verborgene und sozial wirksamste Erziehungsinvestition unberücksichtigt zu lassen, nämlich die Transmission kulturellen Kapitals in der Familie. Ihre Fragen nach dem Zusammenhang zwischen Bildungs-»Fähigkeit« (ability) und Bildungsinvestition zeigen, dass sie die Tatsache übersehen, dass »Fähigkeit« oder »Begabung« auch das Produkt einer Investition von

Zeit und kulturellem Kapital ist (ebd., S. 63 – 66). Und da es darum geht, die Profite der schulischen Investition zu ermitteln, so versteht man, dass sie nur nach der Rentabilität der Erziehungsausgaben für die »Gesellschaft« als ganze (social rate of return, ebd., S. 121) oder dem Beitrag der Erziehung zur »nationalen Produktivität« (the social gain of education as measured by its effects on national productivity, ebd., S. 155) fragen können. Diese typisch funktionalistische Definition der Erziehungsfunktionen ignoriert den Beitrag, den das Erziehungssystem zur Reproduktion der Sozialstruktur leistet, indem es die Vererbung von kulturellem Kapital sanktioniert. Eine derartige Definition von »Humankapital« kann, trotz ihrer »humanistischen« Konnotationen, dem Ökonomismus nicht entkommen. Sie übersieht u. a., dass der schulische Ertrag schulischen Handelns vom kulturellen Kapital abhängt, das die Familie zuvor investiert hat, und dass der ökonomische und soziale Ertrag des schulischen Titels von dem ebenfalls ererbten sozialen Kapital abhängt, das zu seiner Unterstützung zum Einsatz gebracht werden kann.

Das kulturelle Kapital kann in drei Formen existieren: (1.) in verinnerlichtem, *inkorporiertem Zustand*, in Form von dauerhaften Dispositionen des Organismus, (2.) in *objektiviertem Zustand*, in Form von kulturellen Gütern, Bildern, Büchern, Lexika, Instrumenten oder Maschinen, in denen bestimmte Theorien und deren Kritiken, Problematiken usw. Spuren hinterlassen oder sich verwirklicht haben, und schließlich (3.) in *institutionalisiertem Zustand*, einer Form von Objektivation, die deswegen gesondert behandelt werden muss, weil sie – wie man beim schulischen Titel sieht – dem kulturellen Kapital, das sie ja garantieren soll, ganz einmalige Eigenschaften verleiht.

Inkorporiertes Kulturkapital

Die meisten Eigenschaften des kulturellen Kapitals lassen sich aus der Tatsache herleiten, dass es grundsätzlich *körpergebunden* ist und Verinnerlichung (incorporation) voraussetzt. Die Akkumulation von Kultur in inkorporiertem Zustand – also in der Form, die man auf französisch »culture«, auf deutsch »Bildung«, auf englisch »cultivation« nennt – setzt einen *Verinnerlichungsprozess* voraus, der in dem Maße, wie er Unterrichts- und Lernzeit erfordert, *Zeit kostet*. Die Zeit muss vom *Investor persönlich* investiert werden: Genau wie wenn man sich eine sichtbare Muskulatur oder eine gebräunte Haut zulegt, so lässt sich auch die Inkorporation von Bildungskapital nicht durch eine fremde Person vollziehen.[2] Das *Delegations-*

prinzip ist hier ausgeschlossen. Wer am Erwerb von Bildung arbeitet, arbeitet an sich selbst, er »bildet sich«. Inkorporiertes kulturelles Kapital ist ein Besitztum, das zu einem festen Bestandteil der »Person«, zum Habitus[3] geworden ist. Das setzt voraus, dass man »mit seiner Person bezahlt«, wie man im Französischen sagt. Das heißt, man investiert vor allen Dingen Zeit. Inkorporiertes und damit verinnerlichtes Kapital kann deshalb (im Unterschied zu Geld, Besitz- oder sogar Adelstiteln) nicht durch Schenkung, Vererbung, Kauf oder Tausch *kurzfristig* weitergeben werden. Es vergeht und stirbt, wie sein Träger stirbt und sein Gedächtnis, seine biologischen Fähigkeiten usw. verliert. Das heißt, das kulturelle Kapital ist auf vielfältige Weise mit der Person in ihrer biologischen Einzigartigkeit verbunden und wird auf dem Wege der sozialen Vererbung weitergegeben, was freilich immer im Verborgenen geschieht und häufig ganz unsichtbar bleibt; es bleibt stets von den Umständen seiner ersten Aneignung geprägt und kann nicht über die Aufnahmefähigkeit eines einzelnen Akteurs hinaus akkumuliert werden.

Die Tatsache, dass es auf vielfältige Weise an die Person in ihrer biologischen Einzigartigkeit gebunden ist und dass es Gegenstand eines immer hochgradig verschleierten, ja unsichtbaren Vererbungsprozesses ist, bildet eine Herausforderung für all jene, die auf das kulturelle Kapital die alte und unausrottbare Unterscheidung der griechischen Juristen anwenden wollen: die Unterscheidung zwischen den ererbten Eigenschaften *(ta patrôa)* und den erworbenen Eigenschaften *(epiktèta)* – Letztere können vom Individuum seinen ererbten Eigenschaften hinzugefügt werden, sodass es ihm gelingt, das Prestige der angeborenen Eigenschaften und das Verdienst der erworbenen zu akkumulieren.

Weil die sozialen Bedingungen der Weitergabe und des Erwerbs von kulturellem Kapital viel verborgener sind, als dies beim ökonomischen Kapital der Fall ist, wird es leicht als bloßes symbolisches Kapital aufgefasst; d.h. seine wahre Natur als Kapital wird verkannt, und es wird stattdessen als legitime Fähigkeit oder Autorität anerkannt, die auf all jenen Märkten (z.B. dem Heiratsmarkt) zum Tragen kommt, wo das ökonomische Kapital keine volle Anerkennung findet.

Die Ökonomie der großen Gemäldesammlungen oder der großen Kulturstiftungen ebenso wie die Ökonomie der Fürsorge, der Großzügigkeit und des Geschenkes beruhen auf Eigenschaften des kulturellen Kapitals, über die die Ökonomen nichts zu sagen wissen: Dem Ökonomismus entgeht per definitionem die im eigentlichen Sinne soziale Alchemie, durch die das ökonomische Kapital sich in symbolisches Kapital verwandelt, in verleugnetes oder, exakter, verkanntes Kapital; er ignoriert sogar, paradoxerweise, die im eigentlichen Sinne symbolische

Logik der Distinktion, die garantiert, dass der Besitz eines großen kulturellen Kapitals als »etwas Besonderes« aufgefasst wird und deshalb zur Basis für weitere materielle und symbolische Profite wird: Wer über eine bestimmte Kulturkompetenz verfügt, z. B. über die Fähigkeit des Lesens in einer Welt von Analphabeten, gewinnt aufgrund seiner Position in der Verteilungsstruktur des kulturellen Kapitals einen *Seltenheitswert*, aus dem sich Extraprofite ziehen lassen. Das heißt, derjenige Teil des Profits, der in unserer Gesellschaft aus dem Seltenheitswert bestimmter Formen von kulturellem Kapital erwächst, ist letzten Endes darauf zurückzuführen, dass nicht alle Individuen über die ökonomischen und kulturellen Mittel verfügen, die es ihnen ermöglichen, die Bildung ihrer Kinder über das Minimum hinaus zu verlängern, das zu einem gegebenen Zeitpunkt für die Reproduktion der Arbeitskraft mit dem geringsten Marktwert erforderlich ist.

Die stärkste Grundlage für die symbolische Wirksamkeit von kulturellem Kapital ergibt sich aber zweifellos aus der Logik seiner Übertragung. Einerseits ist der Prozess der Aneignung von objektiviertem kulturellem Kapital (also: die dafür erforderliche Zeit) bekanntlich in erster Linie von dem in der gesamten Familie verkörperten kulturellen Kapital – vermittelt u.a. über den verallgemeinerten Arrow-Effekt[4] – abhängig; andererseits ist aber auch bekannt, dass die Akkumulation kulturellen Kapitals von frühester Kindheit an – die Voraussetzung zur schnellen und mühelosen Aneignung jeglicher Art von nützlichen Fähigkeiten – ohne Verzögerung und Zeitverlust nur in Familien stattfindet, die über ein so starkes Kulturkapital verfügen, dass die gesamte Zeit der Sozialisation zugleich eine Zeit der Akkumulation ist. Daraus folgt, dass die Übertragung von Kulturkapital zweifellos die am besten verschleierte Form erblicher Übertragung von Kapital ist. Deshalb gewinnt sie in dem System der Reproduktionsstrategien von Kapital umso mehr an Gewicht, je mehr die direkten und sichtbaren Formen der Übertragung sozial missbilligt und kontrolliert werden.

Es ist unmittelbar ersichtlich, dass die zum Erwerb erforderliche *Zeit* das Bindeglied zwischen ökonomischem und kulturellem Kapital darstellt. Unterschiedliches Kulturkapital in der Familie führt zunächst zu Unterschieden beim Zeitpunkt des Beginns des Übertragungs- und Akkumulationsprozesses, sodann zu Unterschieden in der Fähigkeit, den im eigentlichen Sinne kulturellen Anforderungen eines lang andauernden Aneignungsprozesses gerecht zu werden. In engem Zusammenhang damit steht außerdem die Tatsache, dass ein Individuum die Zeit für die Akkumulation von kulturellem Kapital nur so lange ausdehnen kann, wie ihm seine Familie freie, von ökonomischen Zwängen befreite Zeit garantieren kann (Zeit, die als Verdienstausfall bewertet werden kann).

Objektiviertes Kulturkapital

Das objektivierte Kulturkapital hat eine Reihe von Eigenschaften, die sich nur durch seine Beziehung zum inkorporierten, verinnerlichten Kulturkapital bestimmen lassen. Kulturelles Kapital ist materiell übertragbar, auf dem Wege über seine materiellen Träger (z. B. Schriften, Gemälde, Denkmäler, Instrumente usw.). Eine Gemäldesammlung etwa lässt sich ebenso gut übertragen wie ökonomisches Kapital – wenn nicht sogar besser, weil sie sich leichter verbergen lässt. Übertragbar ist allerdings nur das juristische Eigentum. Dagegen ist dasjenige Merkmal, das die eigentliche Aneignung erst ermöglicht, nicht (oder nicht notwendigerweise) übertragbar: nämlich die Verfügung über kulturelle Fähigkeiten, die den Genuss eines Gemäldes oder den Gebrauch einer Maschine erst ermöglichen; diese kulturellen Fähigkeiten sind nichts anderes als inkorporiertes Kulturkapital, für das die zuvor dargestellten Übertragungsregeln gelten.

Kulturelle Güter können somit entweder zum Gegenstand materieller Aneignung werden; dies setzt ökonomisches Kapital voraus. Oder sie können symbolisch angeeignet werden, was inkorporiertes Kulturkapital voraussetzt. Daraus folgt, dass der Eigentümer von Produktionsmitteln einen Weg finden muss, entweder selbst das für deren spezifische Aneignung und Nutzung erforderliche inkorporierte Kulturkapital zu erwerben oder sich die Dienste der Inhaber dieses kulturellen Kapitals verfügbar zu machen. Mit anderen Worten, um Maschinen zu besitzen, genügt ökonomisches Kapital; das ihnen anhaftende wissenschaftlich-technische Kulturkapital bestimmt jedoch ihre spezifische Zwecksetzung; sie können deshalb nur angeeignet und angemessen genutzt werden, wenn der Produktionsmittelbesitzer entweder selbst über das erforderliche verinnerlichte Kapital verfügt oder es sich dienstbar zu machen vermag. Zweifellos ist dies die Grundlage für den ambivalenten Status der sog. Kaderkräfte: Aus der Tatsache, dass sie in streng ökonomischem Sinne nicht die Eigentümer der Produktionsmittel sind, die sie benützen, und dass sie von ihrem inkorporierten Kulturkapital nur profitieren können, indem sie es – in Gestalt von Dienstleistungen oder Produkten – an die Produktionsmitteleigentümer verkaufen, ergibt sich einerseits, dass sie der Gruppe der Beherrschten zuzurechnen sind; hebt man andererseits die Tatsache hervor, dass sie ihre Profite aus der Anwendung einer spezifischen Form von Kapital ziehen, so muss man sie zur Gruppe der Herrschenden zählen. Alles scheint somit darauf hinzudeuten, dass die *kollektive* Macht der Inhaber von Kulturkapital – und damit auch die für seine Beherrschung erforderliche Qualifikationszeit – zunimmt. Dem steht allerdings entgegen, dass die Inhaber von ökonomischem Kapital (als der dominierenden Kapitalform) die Inhaber von kulturellem Kapital in eine Konkurrenzsituation bringen können; das fällt umso leichter, als Letztere aufgrund der von ihnen erfahrenen Ausbildungs- und Auslesebedingungen (und insbesondere der Wettbewerbslogik in der Schule und bei Prüfungen) ohnehin zum Konkurrenzverhalten neigen.

Die Erscheinungsform von kulturellem Kapital in objektiviertem Zustand ist die eines autonomen und kohärenten Ganzen, das – obwohl es das Produkt historischen Handelns ist – seinen eigenen Gesetzen gehorcht, die dem individuellen Willen entzogen sind. Es lässt sich deshalb, wie etwa das Beispiel der Sprache zeigt, nicht auf das inkorporierte Kulturkapital der einzelnen Handelnden – oder auch der Gesamtheit aller Handelnden – reduzieren. Dabei darf freilich nicht vergessen werden, dass das objektivierte Kulturkapital als materiell und symbolisch aktives und handelndes Kapital nur fortbesteht, sofern es von Handelnden angeeignet und in den Auseinandersetzungen als Waffe und als Einsatz verwendet wird. Ort dieser Auseinandersetzung ist das Feld der kulturellen Produktion (Kunst, Wissenschaft usw.) und, darüber hinaus, das Feld der sozialen Klassen. Dort setzen die Handelnden ihre Kräfte ein und erhalten Profite, die dem Grad ihrer Fähigkeiten zur Beherrschung objektivierten Kulturkapitals (also: ihrem inkorporierten Kulturkapital) entsprechen.[5]

Institutionalisiertes Kulturkapital

Inkorporiertes Kulturkapital ist den gleichen biologischen Grenzen unterworfen wie seine jeweiligen Inhaber. Die Objektivierung von inkorporiertem Kulturkapital in Form von *Titeln* ist ein Verfahren, mit dem dieser Mangel ausgeglichen wird. Mit dem schulischen Titel, diesem Ausweis kultureller Kompetenz, der seinem Träger in Bezug auf die Bildung einen konventionellen, stabilen und juristisch garantierten Wert verleiht, produziert die soziale Alchemie eine Form von kulturellem Kapital, die eine relative Autonomie in Bezug auf dessen Träger und sogar in Bezug auf das kulturelle Kapital, das dieser zu einem gegebenen Zeitpunkt effektiv besitzt, hat. Sie *institutionalisiert* das kulturelle Kapital durch kollektive Magie ebenso, wie nach *Merleau-Ponty* die Lebenden ihre Toten mithilfe von Trauerriten *institutionalisieren*. Man denke nur an die Prüfungsform des *concours*, die aus einem Kontinuum von minimalen Leistungsunterschieden *dauerhafte, brutale Diskontinuitäten produziert*. Nach dem Alles-oder-nichts-Prinzip wird zwischen dem letzten erfolgreichen und dem ersten durchgefallenen Prüfling ein wesensmäßiger Unterschied institutionalisiert, der die offiziell anerkannte und garantierte *Kompetenz* vom einfachen Kulturkapital scheidet, das unter ständigem Beweiszwang steht. In diesem Fall sieht man deutlich, welche schöpferische Magie sich mit dieser *institutionalisierten Macht* verbindet, der Macht, Menschen zu veranlassen, etwas zu sehen und zu glauben, oder mit einem Wort, etwas *anzuerkennen*.

Es gibt keine andere als eine magische, d.h. durch den *kollektiven Glauben* (manchmal unter Lebensgefahr) durchgesetzte und aufrechterhaltene Grenze. »Die Wahrheit liegt diesseits der Pyrenäen, der Irrtum jenseits.« Es ist die gleiche ursprüngliche *diacrisis*, die die Gruppe als gleichzeitig beständige (d.h. die Individuen transzendierende), homogene und unterschiedene Realität mittels der willkürlichen und als solcher verkannten Institution einer juristischen Grenze instituiert, und die die letzten Werte der Gruppe instituiert, jene, die den Glauben der Gruppe in ihrem Eigenwert zur Grundlage haben und die sich im Gegensatz zu den anderen Gruppen definieren.

Durch den schulischen oder akademischen Titel wird dem von einer bestimmten Person besessenen Kulturkapital institutionelle Anerkennung verliehen. Damit wird es unter anderem möglich, die Besitzer derartiger Titel zu vergleichen und sogar auszutauschen, indem sie füreinander die *Nachfolge* antreten. Durch die Bestimmung des Geldwertes, der für den Erwerb eines bestimmten schulischen Titels erforderlich ist, lässt sich sogar ein »Wechselkurs« ermitteln, der die *Konvertibilität* zwischen kulturellem und ökonomischem Kapital garantiert.

Weil der Titel das Produkt einer Umwandlung von ökonomischem in kulturelles Kapital ist, ist die Bestimmung des kulturellen Wertes eines Titelinhabers im Vergleich zu anderen unauflöslich mit dem Geldwert verbunden, für den er auf dem Arbeitsmarkt getauscht werden kann; denn die Bildungsinvestition hat nur Sinn, wenn die Umkehrbarkeit der ursprünglichen Umwandlung von ökonomischem in kulturelles Kapital zumindest teilweise objektiv garantiert ist. Da aber die materiellen und symbolischen Profite, die der schulische Titel garantiert, auch von dessen Seltenheitswert abhängen, kann es vorkommen, dass die Investitionen an Zeit und Anstrengung sich als weniger rentabel herausstellen, als bei ihrer ursprünglichen Verausgabung erwartet werden konnte. In diesem Falle hat sich der Wechselkurs zwischen kulturellem und ökonomischem Kapital *de facto* verändert. Die Rückumwandlungsstrategien von ökonomischem in kulturelles Kapital gehören zu den veränderlichen Faktoren, die die Bildungsexplosion und die Titelinflation beeinflusst haben. Sie werden von der Struktur der Profitchancen bestimmt, die für die unterschiedlichen Kapitalformen jeweils gilt.

Anmerkungen

[1] Spricht man, wie hier, über Begriffe um ihrer selbst willen, statt sie anzuwenden, so muss man immer schematisch und formal sein, also »theoretisch« im üblichen – aber auch im üblicherweise akzeptierten – Sinne des Wortes.

[2] Daraus folgt, dass von allen Maßen für kulturelles Kapital diejenigen am wenigsten ungenau sind, die die *Dauer des Bildungserwerbs* zum Maßstab nehmen – selbstverständlich unter der Voraussetzung, dass dabei keine Reduktion auf die bloße Dauer des Schulbesuches vorgenommen wird. Auch die Primärerziehung in der Familie muss in Rechnung gestellt werden, und zwar je nach dem Abstand zu den Erfordernissen des schulischen Marktes entweder als positiver Wert, als gewonnene Zeit und Vorsprung, oder als negativer Faktor, als *doppelt* verlorene Zeit, weil zur *Korrektur* der negativen Folgen nochmals Zeit eingesetzt werden muss. (Um allen Missverständnissen vorzubeugen, soll hier festgehalten werden, dass die Aussage keinerlei Anerkennung des Wertes schulischer Leistungsbeurteilungen impliziert. Sie stellt lediglich fest, dass eine tatsächliche Beziehung zwischen einem bestimmten kulturellen Kapital und den Gesetzen des schulischen Marktes vorliegt: Verhaltensdispositionen, die auf dem schulischen Markt negativ bewertet werden, können auf anderen Märkten – in erster Linie sicherlich bei den sozialen Beziehungen innerhalb der Schulklasse – einen sehr positiven Wert haben.)

[3] Daraus folgt, dass die Nutzung oder Ausbeutung kulturellen Kapitals sich für die Eigner ökonomischen oder sozialen Kapitals als besonders problematisch erweist. Ob es sich nun um private Mäzene handelt oder, im Gegenteil, um Unternehmer, die ein »Kaderpersonal« mit spezifischen kulturellen Kompetenzen beschäftigen (von den neuen *Staatsmäzenen* ganz zu schweigen), immer stellt sich folgendes Problem: Wie lässt sich diese so eng an die Person gebundene Kapitalform kaufen, ohne die Person selbst zu kaufen – denn das würde zum Verlust des Legitimationseffekts führen, der auf der Verschleierung von Abhängigkeiten beruht? Wie ist die für bestimmte Unternehmen erforderliche Konzentration von kulturellem Kapital zu bewerkstelligen, ohne zugleich eine Konzentration der Träger dieses Kapitals herbeizuführen, was vielerlei unerwünschte Folgen haben könnte?

[4] Was ich den verallgemeinerten Arrow-Effekt nenne, d.h. das Faktum, dass die Gesamtheit der Kulturgüter, Bilder, Denkmäler, Maschinen, Kunstgegenstände, insbesondere all diejenigen, die Teil der Herkunftsumgebung sind, allein durch ihre Existenz einen Erziehungseffekt ausüben, ist wahrscheinlich einer der strukturellen Faktoren der Bildungsexplosion in dem Sinne, dass das Wachstum der Menge des in objektiviertem Zustand akkumulierten Kapitals die durch die Umgebung automatisch ausgeübte Erziehungsfunktion verstärkt. Wenn man dem hinzufügt, dass das inkorporierte kulturelle Kapital ständig zunimmt, sieht man, dass in jeder Generation das, was das Schulsystem als erworbene Kenntnisse betrachten kann, wächst. Die Tatsache, dass die gleiche Erziehungsinvestition eine wachsende Rendite abwirft, ist einer der strukturellen Faktoren der Inflation der schulischen Titel (neben den konjunkturellen Faktoren, die mit Effekten der Kapitalumwandlung zusammenhängen).

[5] Die dialektische Beziehung zwischen dem objektivierten Kulturkapital, dessen reinste Form die Schrift ist, und dem inkorporierten Kulturkapital ist allzu oft auf die exaltierte These von der »Erniedrigung des Geistes durch den Buchstaben«, des »Lebendigen« durch das »Erstarrte«, des »Schöpferischen« durch die »Routine«, der »Anmut« durch die »Schwerkraft« reduziert worden.

Es ist mithin klar, dass der Geschmack für bestimmte Speisen und Getränke gegenüber den übrigen Dimensionen des umfassenden Verhältnisses zur Welt, zu den anderen Menschen wie zum eigenen Körper, worin sich die einer jeden Klasse spezifische praktische Philosophie erfüllt, nicht gänzlich verselbstständigt werden darf. Diese Behauptung überzeugend zu belegen, setzte einen systematischen Vergleich der jeweiligen Behandlung der Nahrung bei den Unterschichten und den bürgerlichen Kreisen voraus, d.h. deren jeweils besondere Art und Weise, sie zu servieren, zu präsentieren und anzubieten, die bei weitem mehr offenbart als Art und Natur der fraglichen Produkte selbst (zumal wenn, wie bei den meisten Erhebungen zum Nahrungsmittelkonsum, die Qualitätsunterschiede ignoriert werden). Schwierig ist eine derartige Analyse freilich deshalb, weil jeder einzelne Lebensstil nur im Vergleich zum anderen als seiner objektiven wie subjektiven Negation real zu denken ist, mithin der Sinn der Verhaltensweisen sich von Grund auf umkehrt, je nachdem, von welchem Standpunkt man sie betrachtet und ob man die *Gemeinbegriffe*, auf die man zu ihrer Bezeichnung wohl oder übel zurückgreifen muss (wie »Manieren«), in ihrer eher populären oder in ihrer bourgeoisen Bedeutung liest.
Die Missverständnisse, die aus der Unkenntnis dieses Mechanismus bei Fragebogenerhebungen auftreten können, bei denen es sich ja immer um einen Austausch von *Worten* handelt, kann man sich gut vorstellen. Das gilt erst recht für solche Erhebungen, wo es um die Feststellung von Urteilen über Begriffe oder Worte geht oder darum, Reaktionen auf bestimmte Begriffe oder Worte hervorzurufen (wie beim »Ethik-Test«, wo allen Probanden die gleiche Liste mit Adjektiven zur Charakterisierung eines Freundes, eines Kleidungsstücks und einer idealen Inneneinrichtung vorgelegt wurde): Die dabei aufgezeichneten Antworten sind effektiv in Bezug auf Stimuli definiert, die jenseits ihrer *nominalen Identität* (der der vorgelegten Begriffe) in ihrer *wahrgenommenen Realität*, mithin in ihrer praktischen Wirksamkeit variieren, und zwar genau nach den Variationsprinzipien (und zuvörderst der sozialen Klasse), deren Wirkkraft doch gerade gemessen werden sollte (was zu gänzlich sinnlosen Aussagen über Gemeinsamkeiten gegensätzlicher Klassen führt). Es sind die Gemeinbegriffe, worin eine Gruppe sich jeweils als ganze, einschließlich dem, was sie von den anderen Gruppen abhebt, einbringt; in ihnen

drückt sich deren soziale Identität und Differenz gleichermaßen aus. Selbst so gewöhnliche Begriffe wie praktisch, schmucklos, nüchtern, sauber, funktional, drollig, fein, intim, distinguiert sind folglich unter dem Deckmantel ihrer Neutralität innerlich gespalten: Sei es, dass die verschiedenen Klassen ihnen einen jeweils anderen Sinn unterlegen, sei es, dass sie ihnen zwar denselben Sinn beilegen, den bezeichneten Dingen und Sachverhalten aber einen gegensätzlichen Wert beimessen – das gilt etwa für *soigné* (gepflegt, sorgfältig, ordentlich), stark von denjenigen in Anspruch genommen, die damit ihre Vorliebe für gut gemachte Arbeit, für das Ausgearbeitete bekunden, wie auch die etwas übertriebene Aufmerksamkeit, mit der sie auf ihr Äußeres achten, die wiederum den, der das verwirft, an das Kleinliche oder Eng-Rigide im kleinbürgerlichen Stil gemahnt; das gilt für *drôle* (drollig, spaßig, witzig, eigenartig, seltsam, sonderbar), dessen gesellschaftliche Konnotationen, in Verbindung mit einer eher bourgeoisen oder snobistischen Aussprache und Diktion, mit den ausgedrückten Werten in Widerspruch geraten und diejenigen gleichsam ablenken, die sich in einem mehr umgangssprachlichen Ausdruck wie »bidonnant«, »marrant« oder »rigolo« sicher wiedererkennen würden. Das gilt für *sobre* (schmucklos, nüchtern, mäßig, gemäßigt, sparsam, schlicht, unauffällig), das, auf Kleidung oder Inneneinrichtung angewendet, etwas radikal anderes bedeuten kann, je nachdem, ob es die vorsichtigen und defensiven ästhetischen Strategien eines kleinen Handwerkers, den ästhetisierenden Asketismus eines Gymnasiallehrers oder den Geschmack fürs schmucklos Luxuriöse des Großbourgeois von altem Schrot und Korn zum Ausdruck bringen soll. Erkennbar ist, dass jeder Versuch der Schaffung eines allen Klassen gemeinsamen ethischen Organons vorweg zum Scheitern verurteilt ist, es sei denn, er spielte systematisch – wie jede »universelle« Moral oder Religion – mit dem Sachverhalt, dass Sprache ein allen Klassen Gemeinsames ist und zugleich in spezifischen, virtuell sogar antagonistischen Verwendungszusammenhängen unterschiedliche Bedeutung erhalten kann.

In Analogie »zum freimütigen Reden« könnte man in Bezug auf die Unterschichten vom »freimütigen Essen« sprechen. Essen steht hier unter dem Zeichen der Fülle (was Beschränkungen und Grenzen nicht ausschließt), vornehmlich aber der Freizügigkeit: Auf den Tisch des Hauses kommen »elastische« und »reichlich vorhandene« Speisen – Suppen und Soßen, Nudeln und Kartoffeln (fast immer mit Gemüse) – die, mit Löffel oder Schöpfkelle serviert, gar nicht erst den Eindruck aufkommen lassen, man müsse streng bemessen oder abzählen, ganz im Unterschied zu allem, was wie Braten geschnitten werden muss.[1] Diesem Eindruck von Fülle und Überfluss, der bei außergewöhnlichen Anlässen die Regel ist, für die

Männer jedoch im Rahmen des Möglichen immer gilt, insofern man ihnen zweimal auftut (für den Knaben ein die Erlangung des Männerstatus markierendes Privileg), steht häufig als Kehrseite im Alltag die Selbstbeschränkung der Frauen gegenüber, die sich zu zweit ein Stück teilen oder die Reste vom Vortag essen (für die Mädchen heißt die Erlangung des Frauenstatus: fortan verzichten). Essen, gut essen (und gut trinken) gehört zum Mann: Zumal ihm gegenüber wird darauf *gedrungen*, unter Hinweis aufs Prinzip, dass »nichts übrig bleiben darf« – sich dieser Aufforderung zu widersetzen, wäre irgendwie verdächtig. Sonntags, wenn die Frauen, immer auf den Beinen, eifrig am Servieren, Tischabräumen und Geschirrspülen sind, sitzen die Männer noch am Tisch, trinken und essen weiter. Da diesen stark ausgeprägten Statusunterschieden (gebunden an Geschlecht und Alter) keine Differenzierung im Praktischen entspricht (wie bei bürgerlichen Kreisen mit der Trennung von Speisesaal und Bedientenraum, wo manchmal auch die Kinder essen), wird gemeinhin auch nicht auf strikten Ablauf der einzelnen Gänge geachtet – es wird nahezu alles auf einmal aufgetischt (was auch Gänge in die Küche erspart), was zur Folge hat, da die Frauen manchmal schon bei der Nachspeise sind (wie die Kinder, die sich samt Teller vor den Fernseher setzen), während die Männer gerade mit dem Hauptgang fertig sind oder »Junior«, zu spät gekommen, rasch noch seine Suppe löffelt. Diese Freizügigkeit mag als Unordnung oder Schlamperei erscheinen, ist aber durchaus angemessen: Zu-nächst einmal garantiert sie Arbeitsersparnis, was übrigens ausdrücklich erstrebt wird. Da die Beteiligung der Männer an den häuslichen Aufgaben ein schlichtes Ding der Unmöglichkeit ist – in erster Linie für die Frauen selbst, die sich in ihrer Ehre gekränkt fühlten, müssten sie jene in einer Rolle sehen, die per definitionem nicht die ihre ist –, sind alle Mittel zur »Kosten«-Ersparnis recht. So kann man sich im Café auch nur mit einem Kaffeelöffel begnügen und ihn nach kurzem Schütteln dem Nachbarn reichen, damit der nun seinen »Zucker« verrühren kann. Freilich billigt man sich derartige Erleichterungen nur zu, weil man sich *unter sich* fühlt, zu Hause, im Familienkreis und das auch so möchte – was eben auch ausschließt, dass man »Umstände« macht. Z. B. kann man, um Dessertteller zu sparen, den Kuchen schlicht in der Schachtel aufschneiden – scherzend und so demonstrierend, dass die Übertretung mal »erlaubt« ist – und dem zum Nachtisch eingeladenen Nachbarn ebenfalls ein Kartonstück samt Kuchen darauf überreichen als Zeugnis dafür, auf welch *vertrautem* Fuß man mit ihm steht (ihm einen Teller reichen, hieße ihn gerade ausschließen). Ebenso werden auch die Teller zwischen den einzelnen Gängen nicht ausgetauscht. Der Suppenteller, jeweils mit Brot abgewischt, bleibt bis zum Ende der Mahlzeit im Gebrauch. Zwar wird die Hausfrau mit dem Vor-

schlag kommen, doch die »Teller zu wechseln« – mit der einen Hand bereits ihren Stuhl nach hinten rückend, die andere am Teller ihres Nachbarn – doch sie erntet nur Protest (»das mischt sich im Magen«); und sollte sie dennoch insistieren, wäre leider der Eindruck nicht mehr von der Hand zu weisen, es ginge ihr lediglich darum, ihr Geschirr zur Schau zu stellen (was ihr gutes Recht ist, wenn es ihr gerade geschenkt wurde), oder sie wolle ihre Gäste wie Fremde behandeln, so wie manchmal ganz bewusst mit ungebetenen Gästen oder notorischen Schnorrern verfahren wird, die man auf Abstand halten möchte: Ungeachtet ihrer Proteste wird man ihnen einen neuen Teller geben, es sich auch versagen, auf ihre Scherze einzugehen, schließlich die Kinder anfahren, sie möchten sich gefälligst am Tisch benehmen (»Nicht doch, lassen Sie sie doch, das macht nichts…« werden dann die Eingeladenen sagen und die Eltern darauf antworten: »Es wird allmählich Zeit, dass sie lernen, wie man sich benimmt…«). Die gemeinsame Wurzel aller dieser Ungezwungenheiten und Formlosigkeiten, die man sich gestattet, gründet sicherlich im Gefühl, angesichts all der Not und all der Zwänge des tagtäglichen Daseins, denen man ohnehin auf Gedeih und Verderb ausgesetzt ist, sich nicht auch noch im häuslichen Leben, der einzigen Freiheitsinsel, selbst auferlegten Verhaltensnormen und -kontrollen zu beugen, und das gerade in Bezug auf Essen und Trinken, die doch gleichermaßen Primärbedürfnis wie Kompensation sind.
Dem »freimütigen«, ungezwungenen Essen der »einfachen Leute« setzt der Bourgeois sein Bemühen um *formvollendetes* Essen entgegen. »Formen« sind zunächst einmal geregelte Abläufe, die Warten, Zögern, Zurückhaltung beinhalten: Vermieden werden muss der Eindruck, als stürze man sich auf die Speisen; man wartet ab, bis auch der Letzte sich aufgetan hat und zu essen beginnt; man bedient sich diskret. Gegessen wird streng nach Speiseordnung, sie schreibt vor, was zusammen auf den Tisch gestellt werden darf, was auf keinen Fall: Braten und Fisch, Käse und Dessert. Keine Nachspeise, bevor nicht alles Übrige – einschließlich des Salzstreuers – vom Tisch geräumt und die Krümel weggewischt sind. Dieses Verhalten, das Reglement in all seiner normativen Strenge bis in den Alltag hinein zu verlängern (bereits morgens wird sich rasiert und ausgehmäßig angekleidet, keineswegs nur kurz vor dem faktischen Anlass), sich der Trennung von häuslicher Intimsphäre und öffentlicher Sozialsphäre, von Alltäglichem und Unalltäglichem (bei den unteren Klassen damit assoziiert, dass man sich in den Sonntagsstaat wirft) zu widersetzen, lässt sich nicht allein durch die Anwesenheit von »Fremden«, der Bediensteten und Gäste, inmitten der Familie und der familiären Welt erklären. Es ist vielmehr Ausdruck eines besonderen, nicht ablegbaren Habitus, dem Ordnungsverhalten, Haltung und Zurückhaltung konstitutiv ist, und ableg-

bar umso weniger, als das Verhältnis zu Essen und Trinken – primäres Bedürfnis und primäres Vergnügen schlechthin – nur eine Dimension des bürgerlichen Verhältnisses zur Sozialwelt generell ausmacht: Die Opposition zwischen unmittelbar und aufgeschoben, leicht und schwer, zwischen der Substanz oder Funktion und der Form, die darin in eklatantester Weise zum Ausdruck kommt, liegt einer jeden Ästhetisierung von Praxis und einer jeden Ästhetik zugrunde. Abverlangt – und eingeschärft – wird über solche, das unmittelbare Verlangen restringierenden Formen und Formalismen nicht nur eine Disposition zur Disziplinierung des eigenen Ess- und Trinkgenusses – und dies kraft einer »Formgebung«, die zugleich sanfte, indirekte, unsichtbare Zensur (krass entgegengesetzt jeglicher Form zwanghaften *Entzugs*) ist und integraler Bestandteil einer Lebensart: Den Formen gemäß, stilvoll speisen ist ein Mittel der Würdigung ebenso der Gäste wie der Dame des Hauses, ist Aufweis des Respekts ob ihrer Arbeit und Mühen durch Respektierung des ordnungsgemäßen Ablaufs des Mahls. Was in derartigen Formen und Formalismen weiterhin ungehemmt zum Tragen kommt, das ist ein umfassendes Verhältnis zur »tierischen« Natur, zum Vulgären und zu den grundlegenden Bedürfnissen: Negiert wird das Essen in seiner ursprünglichen, wesentlich *gemeinschaftlichen* Funktion und Bedeutung, um es derart zu einer *gesellschaftlichen Zeremonie* zu stilisieren, zu einer Bekräftigung ethischen Verhaltens und ästhetischen Raffinements. Auftischen und Verzehren der Speisen und Getränke, Ablauf der Speisenfolge und Anordnung der Gedecke, Blickfang und zugleich, streng unterschieden je nach Gang, die Präsentation der Platten und Gerichte, welche gleich einem Kunstwerk ebenso unter dem Gesichtspunkt ihrer formalen und farblichen Komposition begutachtet werden wie dem, was sie an konsumierbarer Substanz bieten, Haltung und Auftreten, das Servieren der anderen wie seiner selbst, die den Gebrauch des vielfältigen Geschirrs diktierende Etikette, die Sitzordnung der Gäste, die strenger, wenn auch als solcher verschleierter Rangfolge unterworfen ist, die Tabuisierung aller körperlicher Äußerungen (wie *Essgeräusche*) oder Bekundungen des Genusses und des Vergnügens am Essen (wie jede Art von Überstürzung), das Raffinement der Speisen und Getränke, wo Qualität über Quantität geht: diese gesamte stilisierende Gestaltung verschiebt ihrer Tendenz nach den Akzent von der Substanz und Funktion hin zur Form und Manier und mündet in die Verneinung, besser: Verleugnung der grob materialistischen Wirklichkeit des Ess- und Trinkvorgangs so gut wie dessen, was da gegessen und getrunken wird, oder, was auf dasselbe hinausläuft, mündet in die Verneinung der zutiefst materiellen Grobschlächtigkeit derer, die sich den unmittelbaren Befriedigungen des Essens und Trinkens anheimgeben, dieser schlechthinnigen Form der einfachen *aisthesis*.[2]

Ausgehend von der Opposition zwischen Form und Substanz, ließen sich alle übrigen Gegensätze zwischen den beiden antagonistischen Arten der Behandlung der Nahrung und des Essens aufrollen: hier das Nahrungsmittel als sättigender Stoff, der »vorhält« und Kraft spendet (was schwere, fette und kräftige Nahrung vorziehen lässt – exemplarisch dafür fettes, gepökeltes Schweinefleisch; das krasse Gegenteil von leichtem, magerem und fadem Fisch); dort lässt die der Form (z.B. des Körpers) und den »Formen« eingeräumte Vorrangigkeit das Interesse an Kraft und Substanz zweitrangig werden und wahre Freiheit in der selbstgewählten Askese finden. Davon ausgehend, ließe sich weiter in dieser Matrix das Vorhandensein zweier gegensätzlicher Weltsichten, zweier Welten und Vorstellungen von menschlicher Vollkommenheit, d.h. zweier Menschenbilder aufweisen: Die Substanz – der Stoff oder die Materie – ist das Substanzielle, das im ursprünglichen Sinne Nahrhafte, aber auch Wirkliche im Gegensatz zu allem bloß Scheinhaften und allen (schönen) Gesten, kurz zu allem, was umgangssprachlich bloß »symbolischen« Charakter hat; es ist die Realität gegenüber allem Glamour, allem Nachgemachten, aller Augenwischerei; es ist die kleine Kneipe an der Ecke, die mit ihren Marmortischen und Papiertischtüchern zwar nicht gerade besticht, wo man aber für sein Geld was Anständiges bekommt und nicht wie in den hochgestochenen Restaurants bloß mit Worten abgespeist wird; das ist Sein gegen Schein, die Natur (»er ist ein Naturell«) und das Natürliche, Einfache und Schlichte (»ohne Umstände«, »ungezwungen«) gegen das Gedruckse und Geziere, gegen das Förmliche und Manierierte, das allemal im Verdacht steht, bloßer Ersatz für Substanz zu sein, d.h. für Ernsthaftigkeit, Gefühl, für das ehrlich Empfundene und im Handeln sich Ausweisende; das ist unverblümtes Sprechen und Höflichkeit, die aus dem Herzen kommt, welche den wirklichen »duften Kerl« ausmachen; ein ganzer Mann, offen, gerade, ehrlich, aus einem Guss – gegenüber allem, was nur bloße Form ist, was nur *pro forma* gemacht wird (»teilnahmslos«) und aus förmlicher Höflichkeit (»zu höflich, um ehrlich zu sein«); das ist Ungebundenheit und die Ablehnung von Komplikationen, gegenüber dem spontan als Instrument der Distinktion und Macht wahrgenommenen Respekt der Formen. Diesen gänzlich konträren moralischen Überzeugungen und Weltsichten gegenüber gibt es keinen neutralen Standpunkt: Wo die einen Ungeniertheit und Sich-gehen-lassen sehen, sehen die anderen das Fehlen von Manieriertheit und Anmaßung; ist Familiarität, Vertrautheit für die einen höchster Ausdruck von Anerkennung, Verzicht auf Distanz, vertrauensvolle Hingabe, eine Beziehung zwischen Gleichen – so für andere, die sich vor jeglicher Vertrautheit tunlichst hüten, das Ungebührliche allzu freien Benehmens.

Der Realismus der »einfachen Leute«, der die praktischen Handlungen auf den Wahrheitsgehalt ihrer Funktion zurückführt, der einen tun lässt, was man tut, sein lässt, was man ist (»ich bin eben mal so«), »ohne daraus viel Geschichten zu machen« (»es ist wie es ist«), und der praktische Materialismus, der den Ausdruck von Gefühlen hinter grobem Auftreten versteckt, bilden die nahezu vollkommene Antithese zu jener ästhetischen Verleugnung, die durch gleichsam essenzielle *Heuchelei* (unverkennbar in der krassen Scheidung von Pornografie und Erotik) und die Privilegierung der Form das gleichwohl herrschende Interesse an der Funktion *kaschiert* und einen dazu bringt, mit seinem Handeln zugleich den Anschein von Nicht-Handeln zu erzeugen.

Anmerkungen

[1] Auf die gleiche Weise könnten *Schale* und *Tasse* entgegengesetzt werden. Wird in Erstere viel auf einmal eingeschenkt, ergreift man sie mit zwei Händen und trinkt ohne viel Aufhebens, so gießt man sich in Letztere zunächst nur wenig ein, um später noch einmal nachzuschenken – »Möchten Sie noch einen Schluck Kaffee?« –, hält sie mit zwei Fingern und trinkt mit spitzen Lippen. (Die Spiele der Distinktion und der »Rückkehren« haben die »Holzschale« zu einem Symbol der Anti-Kultur werden lassen.)

[2] Formgebung, das ist auch eine Art der Verleugnung des wahren Charakters von Gesellschaft und sozialen Beziehungen. Wie dem »Funktionalismus« der unteren Klassen in Nahrungsfragen, so sperrt man sich der realistischen Sicht der Dinge, die diese Klassen dazu bringt, gesellschaftliche Tauschvorgänge als solche zu akzeptieren (und von einem, der nett war und einen Dienst erwiesen hat, zu sagen, und ohne ihn damit vor den Kopf stoßen zu wollen oder zu frustrieren: »Der weiß schon, dass ich mich revanchiere«). Da man sich die Tatsache des berechnenden Verhaltens, das noch jede soziale Beziehung beherrscht, nicht eingestehen will, möchte man im Geschenk, dem der anderen wie dem der eigenen, nichts anderes sehen als »reine« Beweise der Liebe, der Freundschaft, des Respekts und nicht minder »reine« Demonstrationen der Generosität und des moralischen Werts.

Biografie III **Das Feld der Kunst und der Literatur** (1980 – 1992)

Als am 19. April 1980 über 50.000 Menschen den Sarg von Jean-Paul Sartre zum Friedhof Montparnasse begleiteten, begruben sie mit dem letzten »totalen Intellektuellen« auch die politischen Utopien von 1968. In einem Interview aus demselben Jahr erklärt François Mitterand Sartre zum Vertreter einer vergangenen Epoche. Der Sieg der Linken mit Mitterand im Mai 1981 lässt sich zwar als Wille der Franzosen zur Veränderung interpretieren, aber im Vorfeld der Wahlen war keine Aufbruchstimmung bei den Intellektuellen feststellbar – ganz im Gegenteil etwa zu den Volksfront-Wahlen von 1936. Im Herbst 1980 hatten einige Intellektuelle sogar dazu aufgerufen, die Kandidatur des Komikers Coluche für das Staatspräsidentenamt zu unterstützen. Die Unterzeichner sahen darin nicht bloß einen »Gag«, vielmehr glaubten sie, die große Resonanz, die Coluches Satire über die Einschränkungen der Freiheit gefunden hatte, könne die Basis der Demokratie verbreitern und ihr neue Sympathien erschließen bei Wählergruppen, die sich von den traditionellen Parteien nicht mehr angesprochen fühlten. Der Wahlaufruf wurde in *Le Monde* vom 19. November 1980 veröffentlicht und von namhaften Intellektuellen unterzeichnet – unter anderem von Gilles Deleuze, Felix Guattari, Jean-Pierre Faye, Pierre Halbwachs – und auch von Pierre Bourdieu.

Nach Mitterands Wahlsieg war die kritische Intelligenz kaum gefragt. Der Staatschef erhoffte sich von der Gesellschaft der Künstler und Schriftsteller Glanz für sein Regime, nicht aber, dass sie sich zu politischen Fragen äußerten. Schon bald sprach man vom »Schweigen der Intellektuellen«. Zu einer ernsthaften Auseinandersetzung mit der sozialistischen Regierung kommt es, als General Jaruszelski im Dezember 1981 über Polen das Kriegsrecht verhängt. Das Entsetzen ist groß, da die Gewerkschaftsbewegung *Solidarnosc* gerade in Frankreich positive Resonanz gefunden hatte. Als der sozialistische Außenminister Cheysson die Ereignisse in Polen als eine rein innenpolitische Angelegenheit einstuft, ruft das die Intellektuellen auf den Plan, die – und das war etwas Neues – die Allianz mit den Gewerkschaften suchen, namentlich mit der CFDT *(Conféderation française démocratique du travail)*. Pierre Bourdieu nimmt unmittelbar nach der empörenden Erklärung von Cheysson Kontakt mit Foucault auf, und die beiden lancieren erstmals eine gemeinsame Aktion.

Bourdieu war nach dem Mai 68 immer auf Distanz zu den gauchistischen Gruppen geblieben, so wie er auch in den 50er Jahren, im Unterschied zu anderen, nie der Kommunistischen Partei beigetreten war. Unter dem Titel »Science et actualité« verfasst Bourdieu einen Artikel, der den Ereignissen in Polen gilt und die Haltung der Soziologen durch die Äquidistanz zum Essayismus und zur prophetischen Geste bestimmt. Bourdieu postuliert, die Aktualität soweit wie möglich den Anforderungen des wissenschaftlichen Erkennens zu unterwerfen und die aktuellen Themen zu politisieren, indem man sie verwissenschaftlicht. Bourdieu und Foucault redigieren einen Text und nehmen Kontakt zur CFDT auf, mit der Intention, in Frankreich ähnliche Beziehungen zwischen der Gewerkschaft und dem kulturellen und universitären Milieu aufzubauen, wie sie in Polen existierten. Der Text nimmt auch die Sowjetunion ins Visier, die im Gefolge der Rezeption von Solschenizyns *Archipel Gulag* und nach dem Einmarsch der Sowjetarmee in Afghanistan im Jahre 1979 bei der französischen Linken kaum mehr Schonung findet. Jedoch geht es den Intellektuellen diesmal nicht um eine parteipolitische Stellungnahme; sie behaupten vielmehr ihre Unabhängigkeit gegenüber der Regierung und berufen sich auf universelle ethische Werte in Abgrenzung zur bloßen Realpolitik. Neben Bourdieu und Foucault wird die Erklärung von zahlreichen Intellektuellen unterzeichnet. Das Echo ist so groß, dass in Paris über 50.000 Menschen an einer Demonstration gegen das Militärregime in Polen teilnehmen. Die Affinität der Intellektuellen zur CFDT erklärt Bourdieu aus der Tatsache, dass bei dieser Gewerkschaft die Kritik des Apparates, des Zentralismus, der hierarchischen Beziehungen besonders ausgeprägt ist. Die neue Regierung hingegen setzt weiterhin auf den Apparat, die Programme, die Kongresse, obwohl sich in der Zivilgesellschaft in den zwanzig Jahren zuvor sehr viele politische Alternativen entwickelt hatten. Von der Solidarität zwischen Intellektuellen und Arbeiterbewegung verspricht man sich eine nicht zu ignorierende politische Präsenz: »Man muss der intellektuellen Kritik eine soziale Kraft verleihen und der sozialen Kritik eine intellektuelle Kraft«, erklärt Bourdieu im Dezember 1981. In einer posthumen Würdigung Foucaults kommt er auf das gemeinsame Engagement für Polen zurück: Er würde schlicht sagen – und sei überzeugt, dass Michel Foucault damit einverstanden wäre –, dass die völlige Autonomie gegenüber jeder politischen Macht die einzig mögliche Grundlage für eine intellektuelle und intellektuell legitime Macht darstellen könne.

Die zentrale Bedeutung der Autonomie hatte Pierre Bourdieu bei der Analyse des literarischen Feldes ermittelt. Nach seinem durchschlagenden Erfolg mit den *Feinen Unterschieden* wird er 1981 auf einen Lehrstuhl am Collège de France berufen, wo Foucault bereits seit 1970 tätig ist. Nun hat auch er den Gipfel der intellektuellen Macht erreicht, obwohl er das Collège immer wieder als Konsekration der ›Häretiker‹ bezeichnet, was zumindest auf ihn, Michel Foucault und Roland Barthes zutraf.

Am 23. April 1982 hält Pierre Bourdieu seine Antrittsvorlesung: Wie viel ihn – aufgrund seines gespaltenen Habitus – diese höchste Konsekrationsstufe ›kostet‹, gesteht er erst in seinem Lebensrückblick: »Die Vorbereitung dieses Vortrags ließ mich meine ganzen Widersprüche in höchster Verdichtung spüren: das Gefühl, gänzlich unwürdig zu sein, nichts zu sagen zu haben, das es verdiente, gesagt zu werden, vor jenem Gericht, sicher dem einzigen, dessen Urteil ich anerkannt hätte, gesteigert durch ein Gefühl der Schuld gegenüber meinem Vater, der gerade einen tragischen Tod erlitten hatte […] Und selbst wenn ich weiß, dass er damals sehr stolz und glücklich war, knüpfte ich eine fast magische Verbindung zwischen seinem Tod und der Ankündigung eines Erfolges, der sich jetzt wie eine Mischung aus Anmaßung und Verrat ausnahm […] Und dies war nicht das einzige Mal im Laufe meines Lebens, dass ich den Eindruck hatte, von einer höheren Macht zu etwas gezwungen zu werden, das mich unendlich viel kostete und dessen Notwendigkeit nur von mir empfunden wurde.«[1]

Die Antrittsvorlesung wird unter dem Titel *Leçon sur la leçon* veröffentlicht und unter demselben Titel auch in Deutschland publiziert. In diesem Text finden sich in äußerst konziser Form alle zentralen theoretischen Kategorien seines Denkens. Im Rückblick ist man erstaunt, wie früh sich die wesentlichen Elemente seines spezifischen theoretischen Profils herausgebildet haben – eigentlich schon in den sozioethnologischen Arbeiten zu Algerien. Schon dort erkennt Bourdieu, dass der Kampf um Anerkennung und Bekanntheit eine fundamentale Dimension des sozialen Lebens bildet und dass es dabei um die Akkumulation von symbolischem Kapital geht. Damit verbunden ist von Anfang an die Idee der Strategie, eines ›Ehrgespürs‹, das die spezifische Logik der Praxis bestimmt. Den Begriff des ›Habitus‹ entwickelt er später, erstmals im Nachwort zur französischen Übersetzung von Erwin Panofskys Buch *Gothic Architecture and Scholasticism*, das er 1967 in seiner Reihe ›Le sens commun‹ herausgibt.

Das Konzept des ›Feldes‹ entsteht erst in den 70er Jahren, im Rahmen der Forschungen zur Soziologie der Kunst an der *Ecole Normale Supérieure*. Abgeleitet wird dieses Konzept aus den Studien zu Max Webers Religionssoziologie in *Wirtschaft und Gesellschaft.* Im Antagonismus von ›Prophet‹ und ›Priester‹ erkennt Bourdieu ein *Strukturmerkmal*, das nicht nur auf die religiösen, sondern auf alle relativ autonomen Felder zutrifft. Der konstruktivistische Feldbegriff eröffnet die Möglichkeit, »phänomenologisch unterschiedliche Dinge als in ihrer Struktur und Funktionsweise ähnlich zu begreifen«.[2] Entscheidend ist dabei der Übergang vom interaktionistisch-realistischen zu einem konstruktivistischen Feldbegriff. Der Feldbegriff ist in der Tat ein Konstrukt, das (unsichtbare) Strukturen, ähnlich wie im Magnetfeld, erkennbar macht.[3] Beim Feld-Konzept darf der soziale Raum nicht hierarchisch gedacht werden: Es geht nicht um Über- und Unterbau; die symbolische und die materielle Dimension stehen nicht in einem gegenseitigen Beherrschungsverhältnis. Das (räumliche) Modell des Feldes dient schlicht dazu, Positionen anzuzeigen: ein Konstrukt, das Relationen sichtbar macht. Der Ansatz ist dem relationellen Denken (vs. Substanz-Denken) verpflichtet, das nach Cassirer *(Substanz und Funktion)*, auf den sich Bourdieu beruft, den Denkmodus der modernen Wissenschaft darstellt. Bourdieu spricht nicht von der »Gesellschaft«, sondern vom sozialen Raum, der sich durch verschiedene (relativ) autonome Felder konstituiert: das Feld der Politik,[4] das Feld der Wirtschaft,[5] das Feld der Kunst und so weiter. Das Feld wird bestimmt durch seine Eigengesetzlichkeit. Die Grenze, die das Feld zwischen den Kompetenzen und Charakteristika seiner Akteure und den Akteuren anderer Felder errichtet, bestimmt den Grad seiner Autonomie. Bourdieu geht von der Pluralität von Praxisfeldern aus, die real voneinander differenziert sind. Insofern ist der Feld-Begriff auch ein territoriales Konzept, das ein Kraft- und Machtfeld bezeichnet. Durch die Unterstreichung des agonistischen Charakters des Feldes weist der Begriff eine gewisse Nähe zu Foucaults Macht-Konzept oder zu Lyotards Widerstreit auf, unterscheidet sich aber klar von der Idee einer herrschaftsfreien Kommunikation à la Habermas.

Von Saussure behält Foucault das Wesentliche bei, nämlich den Primat der Relationen. In dem Bewusstsein, dass ein Werk aus sich selbst besteht, d. h. außerhalb der Interdependenzbeziehungen, die es mit anderen Werken verbindet, schlägt Foucault vor, das »geregelte System von Unterschieden und Streuungen« innerhalb dessen jedes einzelne Werk bestimmt wird, das »Feld strategischer Möglichkeiten« zu nennen. Er lehnt es aber ab, das Erklärungsprinzip für jeden in dieses Feld eingeführten Diskurs anderswo als im Feld der Diskurse selbst zu suchen. Foucault verlegt die Gegensätze und Widersprüche sozusagen in den Ideenhimmel.[6] Im Unterschied dazu geht Bourdieu von einer Korrespondenz von mentalen und sozialen Diskursstrukturen – und -positionen – aus. Er postuliert eine Homologie zwischen dem Feld der Stellungnahmen – etwa den einzelnen literarischen Werken – und den Stellungen im Feld – etwa die Zugehörigkeit zur etablierten Literatur oder zur Avantgarde. »Der Prozess, der die Werke hervorbringt, ist das Resultat des Kampfes zwischen den Akteuren, die entsprechend ihrer

Stellung im Feld, ihrem spezifischen Kapital, an der Bewahrung, d.h. an der Routine und der Routinisierung oder am Umsturz, d.h. an der Rückkehr zu den Quellen, an der häretischen Kritik, an der Reinheit usf. interessiert sind.«[7]

Da aber das menschliche Handeln oder eine philosophische oder literarische Äußerung für Bourdieu nicht bloß Epiphänomen einer Struktur ist, braucht er eine Kategorie, um das Handeln, die Stellungnahme der einzelnen Akteure zu erklären: Diese Kategorie ist der *Habitus*, ein Konzept, das auf Panofskys Werk *Gothische Architektur und Scholastik* zurückgeht. Durch die Kategorie des Habitus soll die Antinomie zwischen Bewusstem und Unbewusstem, zwischen Finalismus und Determinismus überwunden werden. Handeln wird durch einen Habitus bestimmt, der sich über die vergangenen Erfahrungen in den Körper einschreibt. Der Habitus als Instrument der praktischen Erkenntnis ermöglicht es, sich unmittelbar und gleichsam unbewusst dem im Wandel begriffenen Kontext anzupassen. Die spezifische Beziehung zwischen Habitus und Feld – Bourdieu spricht von einem »ajustement« – ist eine zentrale Konfiguration in der sozialen Welt; Handlungen werden auf diese Weise nicht monokausal auf bestimmte ›Ereignisse‹ zurückgeführt; ›Ereignisse‹ können Anstöße sein, weil ein bestimmter Habitus diesen eine Wirkkraft verleiht; Dispositionen können aber auch virtuell bleiben, wenn sie nicht mit einer bestimmten Situation konfrontiert werden. Handeln ist für Bourdieu weder die Konfrontation eines »Subjekts« mit der Welt noch die mechanische Determinierung eines Aktes durch ein »Milieu«. Handeln ist vielmehr die Begegnung von zwei Realisierungen der Geschichte: der in den Dingen objektivierten Geschichte in der Form der Strukturen oder Mechanismen eines Feldes und der im Körper inkarnierten Geschichte in Form des Habitus. Die Adaptation der Dispositionen an die Forderungen der sozialen Welt kann vollkommen gelingen (etwa, wenn der Beamte sich völlig mit seinem Amt identifiziert); die Anpassung kann aber auch misslingen: Bourdieu erwähnt die algerischen Arbeiter der 60er Jahre, die Dispositionen aus einer präkapitalistischen Welt mitbrachten, die den Institutionen der kolonialisierten Welt nicht entsprachen. In Perioden der Krise werden die Adaptationsprozesse zum Problem.

Der Habitus wird erworben im Lauf der primären Sozialisation in der Familie und dann über die spezifische Sozialisation durch das Schulsystem. Ein wichtiges Instrument der pädagogischen Arbeit ist die Anerkennung (durch den anderen), wodurch das Kind schon früh das Soziale verinnerlicht. Bourdieu sah in der Untersuchung der frühkindlichen Sozialisation auch Möglichkeiten der Kooperation zwischen Psychoanalyse und Soziologie, zumindest wie er sie verstand, denn beide Ansätze gehen von der Bedeutung des Unbewussten aus, wenn dieses auch hier mehr sozial als individual-psychologisch bestimmt ist.

Bourdieu entwickelt das Konzept des Feldes im Verlauf seiner Studien zu Literatur und Kunst. Einen sozialwissenschaftlichen Ansatz auf den Bereich der Literatur anzuwenden, bedeutet Invarianten herauszuarbeiten, die das literarische Feld mit anderen Feldern teilt – was zunächst dem Mythos der Literatur, ihrer Einzigartigkeit und Unvergleichbarkeit, zu widersprechen scheint. Ist es überhaupt möglich, mit den Konzepten Bourdieus, die für sich in Anspruch nehmen, universell anwendbar zu sein, das Spezifische der Kunst und der Literatur zu erfassen? Niklas Luhmann glaubt, dass man mithilfe der Kriterien von Bourdieus *Feinen Unterschieden* »ein Kunstwerk nicht als Kunst [beobachtet], nicht im Hinblick auf das, was den Weltzugang über Kunst in sozialer Hinsicht auszeichnet«.[8] Der Vorwurf, Bourdieus Methode vermöge das Spezifische der Kunst nicht zu erfassen, erklärt sich zum Teil daher, dass Luhmann bloß seine Studien zum Kulturkonsum in Betracht zieht. Bourdieus Erkenntnisinteresse in den *Feinen Unterschieden* galt ja nun nicht der Kunst als solcher, sondern den Lebensstilen sozialer Gruppen und der jeweiligen Instrumentalisierung von Kunst und Literatur als Mittel der gesellschaftlichen Distinktion. Das Spezifische von Kunst und Literatur untersuchte Bourdieu in seinen Analysen zum literarischen Feld, die als *Les règles d'art* 1992 publiziert wurden.[9] Gerade hier findet sich eine intensive Reflexion über das, was Kunst zu Kunst macht: die formale Gestaltung. Das literarische Schaffen ist kein einsamer rein individueller Prozess, aber auch nicht die Epiphanie einer substanzialisierten sozialen Klasse im Medium eines Textes, sondern, so Bourdieu, ein Zusammenwirken von Dispositionen, von Akteuren und strukturellen Vorgaben eines Feldes, das als literarisches Feld ein ganz spezifisches Profil aufweist. Dieses Zusammenwirken selbst jedoch ist ein eminent sozialer Prozess, von dem aus die konkreten Manifestationen der Literatur erklärt werden können.

Den verschiedenen Positionen im Feld der Produktion, die sich auch aus der Gattungswahl, aus den Publikationsorten, aber auch aus äußeren Indizien wie sozialer und geographischer Herkunft ablesen lassen, entsprechen die Positionen, die im Bereich der Ausdrucksformen, der literarischen oder künstlerischen Formen, der Themen, der subtilen formalen Indizien eingenommen werden, die die traditionelle Literaturbetrachtung seit langem erforscht. Gerade in dem ›hors d'œuvre‹ der *Regeln der Kunst*, in der Analyse von Flauberts *Erziehung des Herzens,* findet sich eine vertiefte Reflexion über den Status der formalen Gestaltung und über die kognitive Funktion des Kunstwerkes, wie man sie in früheren Untersuchungen von Bourdieu vergeblich sucht. Der Schriftsteller spricht in seinem Werk von der Welt im Modus der Freudschen Verneinung – wie wenn er nicht von ihr spräche. Die Arbeit an der Form ermöglicht eine partielle Anamnese der verdrängten Tiefenstrukturen. »Und muss man sich nicht fragen«, so Bourdieu, »ob nicht die Arbeit an der Form genau das ist, was die partielle Anamnese tief sitzender und verdrängter Strukturen ermöglicht, ob, mit anderen Worten, selbst der dem Formexperiment huldigende Schriftsteller – wie Flaubert und viele andere nach ihm – unwillkürlich als *Medium* von (sozialen oder psychologischen) *Strukturen* wirkt, die durch ihn und seine Arbeit [...] zur Objektivierung kommen?«[10] Form als deutbares Indiz von Tiefenstrukturen: Das Konzept gemahnt an die psychoanalytische Vorstellung des Verhältnisses von Manifestem und Latentem, aber auch an die generative Grammatik Noam Chomskys und deren Konzept von Oberflächen- und Tiefenstruktur. Die eigentliche Leistung der literarischen Gestaltung besteht darin, dass Wirklichkeit modelliert, dass ein Bild konstruiert wird, das bloß notwendige, aussagekräftige, nicht kontingente Elemente enthält.

Aber wenn das literarische Werk soziale Strukturen zum Sprechen bringt, worin unterscheidet es sich dann noch von einer wissenschaftlichen soziologischen Analyse, die demselben Erkenntnisinteresse gehorcht? Die Modalitäten sind nicht identisch. Das literarische Werk vermag durch seine Singularität, die über sich hinausweist, einen Tatbestand zu kondensieren, der in der wissenschaftlichen Analyse diskursiv entfaltet werden muss. Was literarisches Schreiben vom wissenschaftlichen Schreiben unterscheidet? »Das ihm ganz eigene Vermögen, die gesamte Komplexität einer Struktur und Geschichte, die die wissenschaftliche Analyse mühsam auseinanderfalten und entwickeln muss, in der konkreten Singularität einer sinnlichen wie sinnlich erfassbaren Gestalt und eines individuellen Abenteuers, die zugleich als Metapher und als Metonymie funktionieren, zu konzentrieren und zu verdichten.«[11]

In mehreren Interviews unterstreicht Bourdieu, dass Literatur dank ihrer formalen Verfahren die Komplexität menschlicher Erfahrungen besser zu übersetzen vermag als die linearen Lebensgeschichten, mit denen sich Ethnologen und Soziologen zu oft begnügen. Die scheinbar formalsten Versuche von Virginia Woolf, von Faulkner, von Joyce oder Claude Simon erschienen ihm viel »realistischer«, wenn das Wort einen Sinn habe, anthropologisch wahrer, näher an der Wahrheit der zeitlichen Erfahrung als lineare Erzählungen. Immer wieder kommt Bourdieus Bewunderung gegenüber den unmittelbaren Wirkungen der Kunst zum Ausdruck, da sie das in den Bereich der sinnlichen Wahrnehmung, der

Empfindsamkeit und des Gefühls, übersetze, was in der Form der kalten Strenge des Begriffs und der Beweisführung den Leser oder den Zuschauer nicht anspreche.[12]

»Grundlagen einer Wissenschaft von den Kulturprodukten« heißt eine Kapitelüberschrift in *Die Regeln der Kunst*. Die Reichweite dieser »Wissenschaft« wird weder räumlich noch zeitlich eingeschränkt, und so stellt sich die Frage, ob die Theorie des literarischen Feldes bloß die Funktionsweise des literarischen Systems zu erklären vermag, oder ob sie auch seiner historischen Dimension gewachsen ist. Das Feld ist ein Konstrukt, um die Macht- und Positionskämpfe von ko-präsenten Kräften sichtbar zu machen. Der Untertitel von *Die Regeln der Kunst* lautet indes: *Genese und Struktur des literarischen Feldes*. Es geht also nicht nur um die Struktur, sondern auch um ihre Entstehung. In dem Bemühen, Genese und Struktur gleichzeitig zu erfassen, äußert sich wiederum der Universalitätsanspruch, eine vereinigte Sozialwissenschaft zu begründen, wie Bourdieu dies mehrfach unterstrich, »wobei Geschichte eine Soziologie der Vergangenheit und die Soziologie eine Sozialgeschichte der Gegenwart wäre«.[13]

Geschichte ist für Bourdieu im literarischen Feld in doppeltem Sinne präsent: in den einzelnen Werken und im Feld selbst, eingebettet in einen historischen Prozess wachsender Autonomisierung. Das künstlerische Feld ist der Ort eines kumulativen Prozesses, im Laufe dessen sich immer elaboriertere, verfeinertere, subtilere Werke ausbilden, die sich von denen unterscheiden, die nicht das Ergebnis eines solchen Prozesses sind. Avantgarde-Werke sind beispielsweise erst dann zugänglich, wenn man die Geschichte der vorgängigen künstlerischen Produktion kennt, d. h. jene endlose Reihe der Steigerung und Überwindung, die zum heutigen Stand der Kunst führt. Der Sinn der ›Anti-Poésie‹ ist nur dem verständlich, der mit der Geschichte der Poesie vertraut ist.[14]

Bourdieu schwebt eine Strukturgeschichte vor, die die Struktur eines Feldes zu einem bestimmten historischen Zeitpunkt beschreibt, als Produkt vorgängiger Spannungen und ihre Dynamik als Motor für spätere Transformationen. In seinen Augen vermag der Begriff des Feldes die Antithese zwischen interner und externer Literaturbetrachtung zu überwinden, ohne dass dabei die Ergebnisse des einen oder anderen Ansatzes aufgegeben werden müssen. Die Antinomie zwischen einer Struktur, die als synchron erfasst wird, und der Geschichte wird transzendiert, wenn man den Motor der Veränderung nicht in den Werken selber sucht, sondern in der Grundopposition zwischen den dominanten Positionen, die auf Bewahrung der symbolischen Ordnung aus sind, und denjenigen, die einen häretischen Bruch mit dieser Ordnung vollziehen.

Bourdieu beschreibt die Geschichte der Literatur als Autonomisierungsprozess. In traditionellen literatursoziologischen Ansätzen – etwa bei Lucien Goldmann – interpretierte man Literatur als kohärente Übersetzung der Weltsicht einer sozialen Gruppe – etwa des jansenistischen Amtsadels für die Werke von Racine und Pascal. Mit der wachsenden Autonomisierung der Literatur funktioniert dieses Zuordnungsparadigma aber immer schlechter, bis es angesichts der Literatur des 20. Jahrhunderts gänzlich versagt.

In Deutschland herrschte die Tendenz vor, Autonomie nur inhaltlich und nicht institutionell zu bestimmen und die Schriftsteller als Sprecher einer sozialen Klasse zu betrachten. Die Verweigerung dieser Rolle wurde dann über ein implizit normatives Konzept als Ästhetizismus verrechnet. Da man Autonomie nur inhaltlich bestimmte, wurde Engagement als Rücknahme des Autonomie-Status interpretiert.

Die große Leistung von Bourdieu besteht darin, von diesem reduktionistischen Zurechnungsparadigma Abstand zu nehmen und das eigentlich Soziale der literarischen Entwicklung gerade im Prozess der wachsenden Autonomisierung zu erkennen. In seinem Buch *Meditationen. Zur Kritik der scholastischen Vernunft* zeichnet er diesen Prozess der Autonomisierung detailgetreu nach. Als Erstes bildete sich nach dieser Rekonstruktion im 5. vorchristlichen Jahrhundert in Griechenland das philosophische Feld aus, das sich gegenüber dem politischen und dem religiösen Feld verselbstständigte. Die Konfrontation in diesem Feld vollzog sich in einer »Suche nach Regeln der Logik, die von einer Suche nach den Regeln der Kommunikation und der intersubjektiven Übereinkunft nicht zu trennen ist«.[15] Im Italien der Renaissance wurde dieser Prozess der Differenzierung wieder aufgegriffen, und die wissenschaftlichen, literarischen und künstlerischen Felder emanzipierten sich vom philosophischen Feld. Ein eigenes ökonomisches Feld bildet sich nach Bourdieu erst am Ende einer langen Entwicklung, in deren Verlauf die symbolische Dimension der Produktionsbeziehungen vernachlässigt und das Feld als ein geschlossenes Universum betrachtet wird, das bloß mehr durch die Gesetze des Interessenkalküls, der Konkurrenz und der Ausbeutung bestimmt wird.[16]

Die Felder der symbolischen Produktion konnten erst entstehen, indem sie die ökonomische Dimension der symbolischen Produktion einer niedrigen Welt der reinen Ökonomie zuwiesen. So entwickelten sich zwei unterschiedliche Typen der symbolischen oder ökonomischen Produktion, die sich radikal voneinander abgrenzen: »Der Prozess der Autonomisierung und der ›Reinigung‹ der unterschiedlichen Universen ist bei weitem nicht beendet, auf Seiten der Ökonomie, die den symbolischen Fakten und Effekten noch immer einen beachtlichen Platz einräumt, ebenso wenig wie auf Seiten der symbolischen Tätigkeiten, denen noch immer eine verleugnete ökonomische Dimension anhaftet.«[17]

Bourdieu zitiert hier ein Beispiel für die Verdrängung der materiellen Bedingungen der symbolischen Praktiken zu Beginn des Autonomisierungsprozesses: »Im Verlaufe der ständigen Auseinandersetzung zwischen Künstlern und Auftraggebern behauptet die Malerei sich nach und nach als eine spezifische Tätigkeit, die nicht auf eine schlicht materielle, bloß nach Zeitaufwand oder benutzten Farben zu bewertende Produktion reduzierbar ist und infolgedessen denselben Status beansprucht, der den vornehmsten geistigen Tätigkeiten zugebilligt wird.«[18]

Anmerkungen

1 *Ein soziologischer Selbstversuch*, S. 122–124.

2 *Sozialer Raum und ›Klassen‹. Leçon sur la leçon*. Frankfurt a. M., Suhrkamp, 1985, S. 70.

3 Die Studien von Bourdieu, die Max Webers Aufsatz für die Feld-Theorie fruchtbar machten, erschienen auf deutsch in einem eigenen Band: Pierre Bourdieu, *Das religiöse Feld. Texte zur Ökonomie des Heilsgeschehens*. Herausgegeben von Stephan Egger, Andreas Pfeuffer und Franz Schultheis, Konstanz, UVK Universitätsverlag, 2000.

4 Siehe dazu Pierre Bourdieu, *Das politische Feld. Zur Kritik der politischen Vernunft.* Konstanz, UVK Universitätsverlag, 2001.

5 Siehe Pierre Bourdieu u. a., *Der Einzige und sein Eigenheim*. Hamburg, VSA Verlag, 1998.

6 Pierre Bourdieu, Die Intellektuellen und die Macht. Hg. von Irene Dölling, Hamburg, VSA Verlag, 1991, S. 106–107.

7 Ebenda, S. 113.

8 Niklas Luhmann, »Weltkunst«, in: *Unbeobachtbare Welt. Über Kunst und Architektur*. Hg. von N. Luhmann u. a., Bielefeld, 1990, S. 21.

9 *Die Regeln der Kunst. Genese und Struktur des literarischen Feldes.* Frankfurt a. M., Suhrkamp, 1999.

10 *Die Regeln der Kunst*, S. 20.

11 Ebenda, S. 53.

12 Pierre Bourdieu / Hans Haacke, *Freier Austausch. Für die Unabhängigkeit der Phantasie und des Denkens.* Frankfurt am Main, J. Fischer, 1995, S. 34.

13 Pierre Bourdieu im Gespräch mit Lutz Raphael, in: *Geschichte und Gesellschaft 2* (1996), S. 69.

14 Pierre Bourdieu / Loïc J. D. Wacquant, *Réponses. Pour une anthropologie réflexive*, Paris 1992, S. 64.

15 *Meditationen*, S. 29.

16 Siehe dazu Pierre Bourdieu, *Les structures sociales de l'économie*. Paris, Seuil, 2000.

17 *Meditationen*, S. 30.

18 Ebenda, S. 32.

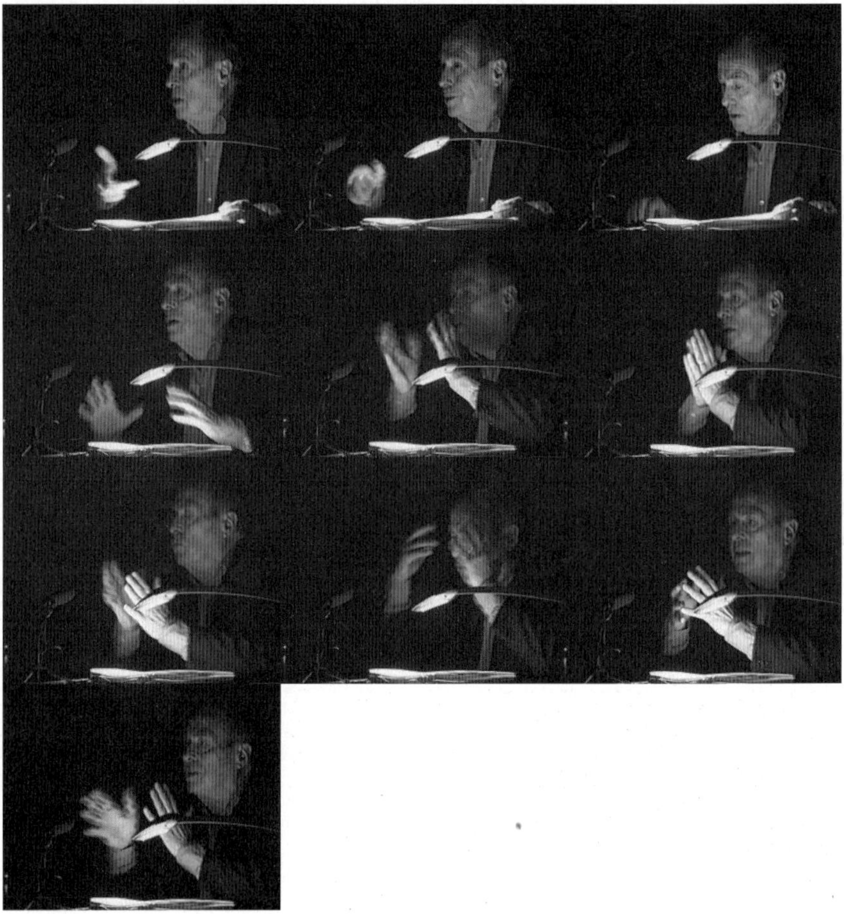

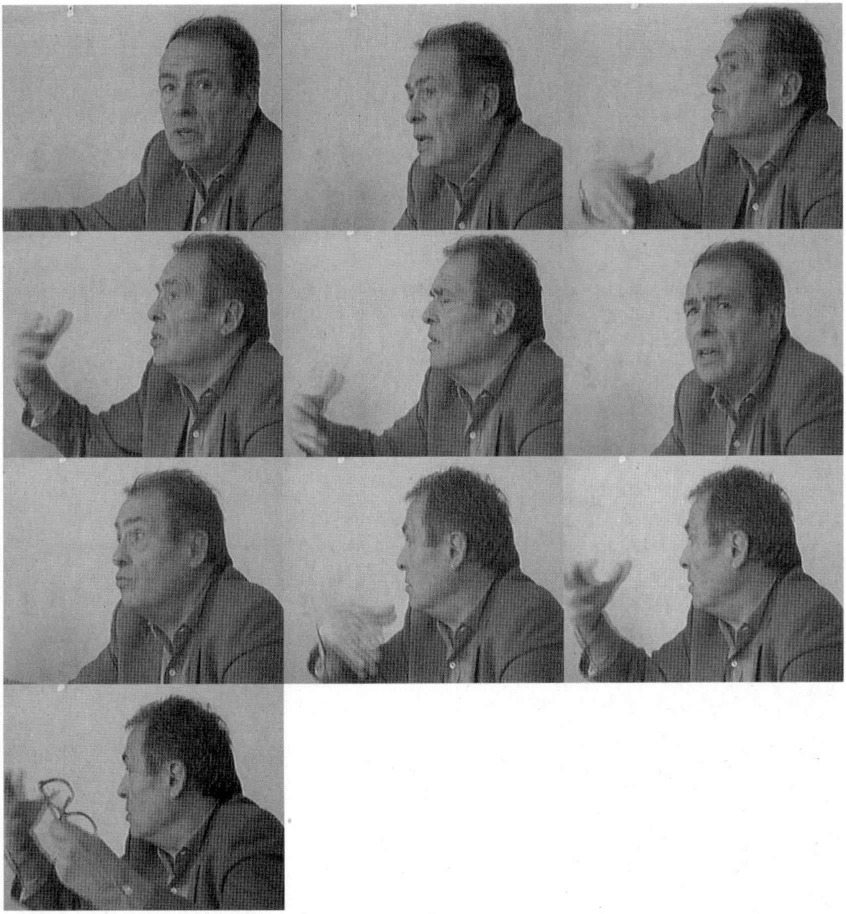

Stills aus *La sociologie est un sport de combat* (2001), einem Videofilm von Pierre Carles

Über einige Eigenschaften von Feldern[1]

Der synchronischen Wahrnehmung stellen sich Felder als Räume dar, die ihre Struktur durch Positionen (oder Stellen) bekommen, deren Eigenschaften wiederum von ihrer Position in diesen Räumen abhängen und unabhängig von den (partiell durch sie bedingten) Merkmalen ihrer Inhaber untersucht werden können. Es gibt *allgemeine Gesetze von Feldern*: So ungleiche Felder wie das Feld der Politik, das Feld der Philosophie, das Feld der Religion haben invariante Funktionsgesetze (so dass das Projekt einer allgemeinen Theorie nicht unsinnig ist, denn was man über das Funktionieren jedes einzelnen Feldes herausbekommen hat, lässt sich sogleich anwenden, um Fragen und Interpretationen für andere Felder zu formulieren und damit auch die tödliche Antinomie von idiographischer Monografie und formaler, leerer Theorie zu überwinden). Immer wenn man ein neues Feld untersucht, das Feld der Philologie im 19. Jahrhundert oder der Mode heute oder der Religion im Mittelalter, entdeckt man besondere, nur für ein bestimmtes Feld charakteristische Merkmale und erweitert doch gleichzeitig das Wissen über die universalen Mechanismen von Feldern, die zu besonderen Mechanismen erst aufgrund sekundärer Variablen werden. Zum Beispiel nehmen Grundmechanismen wie der Kampf zwischen den Herrschenden und den Anwärtern auf die Herrschaft aufgrund nationaler Variablen unterschiedliche Formen an. Dennoch weiß man, dass man in jedem Feld einen Kampf – dessen spezifische Formen jeweils zu erforschen sind – zwischen dem Neuling, der die Riegel des Zugangsrechts zu sprengen versucht, und dem Herrschenden finden wird, der das Monopol zu halten und die Konkurrenz auszuschalten bemüht ist.

Ein Feld, auch das wissenschaftliche, definiert sich unter anderem darüber, dass die spezifischen und Interessenobjekte definiert werden, die nicht auf die für andere Felder charakteristischen Interessen und Interessenobjekte reduzierbar sind (man wird einen Philosophen nicht mit Interessenobjekten für Geographen auf Trab bringen) und von jemandem, der für den Eintritt in dieses Feld nicht konstruiert ist, nicht wahrgenommen werden (jede Kategorie von Interessen impliziert die Gleichgültigkeit gegenüber anderen Interessen, anderen Interessenobjekten, die damit nur noch als absurd und unsinnig bzw. als erhaben und interessenfrei wahrgenommen werden können). Damit ein Feld funktioniert, muss es Interessenobjekte geben und Leute, die zum Mitspielen bereit sind und über den

Habitus verfügen, mit dem die Kenntnis und Anerkenntnis der immanenten Gesetze des Spiels, der auf dem Spiel stehenden Interessenobjekte usw. impliziert ist.

Ein Philologenhabitus ist zugleich ein »Beruf«, ein Kapital an Fachtechniken und -bezügen, ein Kopmlex von »Überzeugungen« wie etwa der Neigung, den Fußnoten genauso viel Bedeutung beizumessen wie dem Text, lauter Merkmale also, die mit der (nationalen wie internationalen) Geschichte der Disziplin, deren (intermediärer) Stellung innerhalb der Hierarchie der Disziplinen zusammenhängen und die Bedingung für das Funktionieren des Felds und zugleich das Produkt dieses Funktionierens sind (wenn auch nicht ganz und gar: Ein Feld kann sich damit begnügen, einen bestimmten, mehr oder weniger fertig ausgebildeten Typ von Habitus aufzunehmen und abzusegnen).

Die Struktur des Feldes gibt den *Stand* der Machtverhältnisse zwischen den am Kampf beteiligten Akteuren oder Institutionen wieder bzw., wenn man so will, den *Stand* der Verteilung des spezifischen Kapitals, das im Verlauf früherer Kämpfe akkumuliert wurde und den Verlauf späterer Kämpfe bestimmt. Diese Struktur, die der Ursprung der auf ihre Veränderung abzielenden Strategien ist, steht selber ständig auf dem Spiel: Das Objekt der Kämpfe, die im Feld stattfinden, ist das Monopol auf die für das betreffende Feld charakteristische legitime Gewalt (oder spezifische Autorität), das heißt letzten Endes der Erhalt bzw. die Umwälzung der Verteilungsstruktur des spezifischen Kapitals. (Der Ausdruck *spezifisches Kapital* besagt, dass dieses Kapital *in Verbindung mit* einem bestimmten Feld, also in den Grenzen dieses Felds, einen Wert hat und nur unter bestimmten Bedingungen in eine andere Art Kapital konvertierbar ist. Man denke nur daran, wie Cardin gescheitert ist, als er ein in der *haute couture* akkumuliertes Kapital in die *haute culture* transferieren wollte: Noch der allerletzte Kunstkritiker sah sich genötigt, seine strukturelle Überlegenheit als Angehöriger eines strukturell legitimierten Feldes unter Beweis zu stellen, indem er alles, was Cardin in der legitimen Kunst machte, für ganz abscheulich erklärte und auf diese Weise seinem Kapital den für ihn ungünstigsten Wechselkurs aufzwang.)

Diejenigen, die bei gegebenen Kräfteverhältnissen das spezifische Kapital – Grundlage der Macht oder der für ein Feld charakteristischen spezifischen Autorität – (mehr oder weniger vollständig) monopolisieren, neigen eher zu Erhaltungsstrategien – Strategien, die im Feld der Produktion kultureller Güter tendenziell die *Orthodoxie* vertreten –, die weniger Kapitalkräftigen dagegen (die oft auch die Neuen und damit meist Jüngeren sind) eher zu Umsturzstrategien – Strategien der *Häresie*. Erst die Häresie, die Heterodoxie als kritischer, oft im Zusammenhang mit der Krise auftretender Bruch mit der Doxa, bringt die Herrschenden dazu, ihr Schweigen zu brechen und jenen Diskurs zur Verteidigung der Orhodoxie, des rechten Denkens im doppelten Sinne, zu produzieren, mit dem ein neues Äquivalent zur schweigenden Zustimmung der Doxa geschaffen werden soll.

Ein weiteres, schon weniger sichtbares Merkmal von Feldern: Alle, die sich in einem Feld betätigen, haben bestimmte Grundinteressen gemeinsam, nämlich alles, was die Existenz des Feldes selbst betrifft. Von daher ihre – trotz aller Antagonismen – objektive Übereinkunft. Es wird oft vergessen, dass Kampf die Übereinkunft der Antagonisten über das voraussetzt, was – verdrängt in den Modus der Selbstverständlichkeit und im Stande der Doxa belassen – den Kampf wert ist, das heißt über alles, was das Feld selbst ausmacht, das Spiel, die auf dem Spiel stehenden Objekte, all die Voraussetzungen, die man stillschweigend und ohne es überhaupt zu merken durch die bloße Tatsache akzeptiert, dass man spielt, sich auf das Spiel einlässt. Wer sich am Kampf beteiligt, trägt zur Reproduktion des Spiels bei, indem er dazu beiträgt, den Glauben an den Wert dessen, was in diesem Feld auf dem Spiel steht, je nach Feld mehr oder weniger vollständig zu reproduzieren. Die Neulinge müssen einen Eintrittspreis zahlen, bestehend aus der Anerkennung des Wertes des Spiels (bei Selektion und Kooptation wird immer sehr viel Gewicht gelegt auf die Indizien des Einverständnisses mit dem Spiel, der Investition in das bzw. der Besetzung des Spiels) sowie aus der (praktischen) Kenntnis der Prinzipien, nach denen das Spiel funktioniert. Sie haben Umsturzstrategien auf ihre Fahnen geschrieben, doch sind diesen, bei Strafe des Ausschlusses, bestimmte Grenzen gesetzt. Und tatsächlich werden durch die ständigen *Teilrevolutionen*, die im Feld stattfinden, die Grundlagen des Spiels selbst, seine Grundaxiomatik, der Grundstock letzter Überzeugungen, auf denen das ganze Spiel beruht, nicht in Frage gestellt. Im Gegenteil, in den Feldern der Produktion der kulturellen Güter, den Feldern der Religion, Literatur, Kunst, beruft sich ja die häretische Subversion gegen die Verwässerung und den Verfall, die das Feld durchgemacht hat, gerade auf die Rückkehr zu den Quellen, zu Ursprung, Geist, Wahrheit des Spiels. (Einer dieser Faktoren, die die verschiedenen Spiele vor den totalen, nicht nur für die Herrschaft und die Herrschenden, sondern für das Spiel selbst zerstörerischen Revolutionen schützen, sind eben jene umfangreichen Investitionen an Zeit, Mühe usw., die die Voraussetzung für das Mitspielen sind und wie die Prüfungen der Übergangsriten das ihre dazu tun, die Zerstörung des Spiels praktisch schlicht *undenkbar* zu machen. Auf diese Weise werden ganze Sektoren der Kultur – vor Philologen kann ich nicht umhin, an die Philologie zu denken … – durch die

Kosten gerettet, die der Erwerb jener Kenntnisse voraussetzt, die auch dann nötig sind, wenn man sie in aller Form zerstören will.)
In jedem Spielakt ist in Gestalt der praktischen Kenntnis der Prinzipien des Spiels – die bei den Neuen stillschweigend vorausgesetzt wird – die ganze Geschichte, die ganze Vergangenheit des Spiels präsent. Nicht zufällig ist eines der sichersten Indizien für das Bestehen eines Feldes – neben den im Werk selbst vorhandenen Spuren eines objektiven (und manchmal sogar bewussten) Bezugs auf andere Werke der Vergangenheit oder Gegenwart im Werk selbst – das Auftreten einer ganzen Zunft von Konservatoren – die Philologen –, Kunst- und Literaturhistoriker, die sich daran machen, Skizzen, Entwürfe, Manuskripte zu archivieren, zu »korrigieren« (das Recht auf »Korrektur« ist die legitime Gewalt der Philologen), zu entziffern usw. – lauter Leute, die ein Interesse an der Erhaltung dessen haben, was im Feld produziert wird, die also ein Interesse daran haben, zu erhalten und sich selbst als Erhaltende zu erhalten. Ein weiteres Anzeichen dafür, dass etwas als Feld funktioniert, ist die Spur, die die Geschichte des Felds im Werk (und auch im Leben des Produzenten) hinterlässt. Man müsste einmal, als Beweis *a contrario*, die Geschichte der Beziehungen eines so genannten »naiven« (das heißt mehr aus Versehen und ohne Entrichtung des Eintrittspreises, des Zolls, in das Feld geratenen) Malers wie des Zöllners Rousseau zu zeitgenössischen Künstlern wie Jarry, Apollinaire oder Picasso untersuchen, deren Spielball (im wahrsten Sinne des Wortes, indem sie ihn mehr oder weniger an der Nase herumführen) derjenige ist, der das Spiel nicht zu spielen versteht und davon träumt, im Zeitalter des Futurismus und Kubismus wie Bouguereau oder Bonnat zu malen, und das Spiel durchbricht, aber unabsichtlich und auf jeden Fall unwissentlich, unbedacht, völlig unbewusst, im Gegensatz zu Leuten wie Duchamp oder selbst Satie, die die Logik des Feldes gut genug kennen, um sich konträr zu ihr verhalten und sie gleichzeitig ausbeuten zu können. Man müsste auch die Geschichte der späteren Interpretationen des Werks untersuchen, die es mittels Überinterpretation wieder ins Glied, das heißt in die Geschichte, zurückverweisen und sich bemühen, aus diesem Sonntagsmaler (die ästhetischen Prinzipien seiner Malerei, etwa das brutal Frontale der Porträts, sind dieselben, wie sie von Angehörigen der unteren Klassen bei ihren Fotografien angewendet werden) einen bewussten, genialen Revolutionär zu machen.
Ein Feldeffekt ist es auch, wenn man ein Werk (und den Wert, das heißt den Glauben, den man ihm beimisst) nicht mehr verstehen kann, ohne die Geschichte des Produktionsfelds dieses Werks zu kennen – was dann die Existenz von Exegeten, Kommentatoren, Interpreten, Historikern, Semiologen und sonstigen Philo-

logen insofern rechtfertigt, als sie als Einzige imstande sind, das Werk und den Wert, der ihm zugeschrieben wird, zu erklären. Die Kunst- oder Literatursoziologie, die die Werke *direkt* auf die Position der Produzenten oder ihrer Kunden im sozialen Raum (der sozialen Klasse) bezieht, ohne ihre Position im Produktionsfeld zu berücksichtigen (eine »Reduktion«, die allenfalls bei den »Naiven« gerechtfertigt ist), klammert damit alles aus, was das Werk dem Feld und seiner Geschichte verdankt, das heißt genau das, wodurch es überhaupt erst ein künstlerisches, wissenschaftliches oder philosophisches Werk wird. Ein legitimes philosophisches (oder wissenschaftliches usw.) Problem ist ein Problem, das die Philosophen (oder die Wissenschaftler usw.) als solches erkennen und anerkennen (weil es sich im Rahmen der Logik der Geschichte des Felds und ihrer historisch durch und für die Zugehörigkeit zum Feld zustande gekommenen Dispositionen bewegt) und das aufgrund der spezifischen Autorität, die ihnen zuerkannt wird, alle Chancen hat, als legitim im weitesten Sinne anerkannt zu werden. Auch hier ist das Beispiel der »Naiven« sehr aufschlussreich. Das sind Leute, die im Namen einer Problematik, von der sie keine Ahnung hatten, in den Status eines (obendrein noch revolutionären) Malers oder Schriftstellers hineinkatapultiert wurden: Jean-Pierre Brissets Wortassoziationen, seine langen Reihen von Wortgleichungen, seine Alliterationen und Wortketten, die er aufgrund einer Unkenntnis des Felds, die für seine Unschuld spricht, für wissenschaftliche Gesellschaften und Vorlesungen bestimmt hatte, wären die Wahngebilde eines Irren geblieben, als die sie zunächst auch angesehen wurden, hätten nicht Jarry mit seiner »Pataphysik«, Apollinaire oder auch Duchamp mit ihren Wortspielen, die Surrealisten mit ihrer *écriture automatique* jene Problematik bereits geschaffen, aufgrund derer sie einen Sinn bekommen konnten. An diesen Dichtern oder Malern, die als Dichter oder Maler Objekte sind, an diesen objektiven Revolutionären lässt sich die Anverwandlungskraft des Felds im Reinzustand beobachten. Nicht weniger stark, wenn auch weniger auffällig und mit größerer Berechtigung, wirkt diese Kraft auch auf die Werke der Profis, die, da sie das Spiel kennen, das heißt die Geschichte des Spiels und die Problematik, wissen, was sie tun (was nicht etwa heißen soll, dass sie Zyniker wären), sodass die *Notwendigkeit*, die eine heilig-raunende Lektüre in ihnen zu entdecken meint, auch nicht so offensichtlich als das Produkt eines objektiven Zufalls erscheint (was sie doch auch und in gleichem Maße ist, sofern sie nämlich eine wundersame Harmonie zwischen einer philosophischen Disposition und dem Stand der mit dem Feld gegebenen Erwartungen voraussetzt). Heidegger etwa ist an mehr als einer Stelle ein Spengler- oder Jünger-Destillat aus der Retorte des philosophischen Felds. Was er zu sagen hat, ist ganz einfach: Die

Technik ist der Untergang des Abendlandes; seit Descartes geht es nur noch bergab usw. Das Feld oder, genauer gesagt, der von vornherein auf die Anforderungen des Felds (zum Beispiel die gerade gültige Definition der legitimen Problematik) abgestimmte Habitus des Profis funktioniert dann als Instrument der Übersetzung: In der Philosophie ist man ein »konservativer Revolutionär«, wenn man das Bild der Kantischen Philosophie revolutioniert, indem man nachweist, dass am Ursprung dieser Philosophie, die sich als Kritik der Metaphysik darstellt, die Metaphysik steht. Diese systematische Umwandlung von Problemen und Themen ist nicht das Ergebnis eines bewussten (berechnenden, zynischen) Strebens, sondern ein automatischer Effekt der Zugehörigkeit zum Feld und der damit implizierten Beherrschung der spezifischen Geschichte dieses Felds. Philosoph sein heißt beherrschen, was man von der Geschichte der Philosophie beherrschen muss, um sich in einem philosophischen Feld als Philosoph gerieren zu können.

Ich muss noch einmal betonen, dass das Prinzip der philosophischen (oder literarischen usw.) Strategien nicht etwa die zynische Berechnung, das bewusste Streben nach Maximierung des spezifischen Profits ist, sondern ein unbewusstes Verhältnis zwischen einem Habitus und einem Feld. Die Strategien, die ich meine, sind Handlungen, die sich objektiv auf Ziele richten, die nicht unbedingt auch die subjektiv angestrebten Ziele sein müssen. Und der Sinn der Habitus-Theorie ist, die Grundlage seiner Wissenschaft von den Praktiken zu schaffen, die in der Alternative von Finalismus und Mechanismus nicht aufgeht. (Auch das Wort Interesse, das ich mehrfach benutzt habe, ist sehr gefährlich, weil in ihm unter Umständen ein Utilitarismus anklingt, der der Nullpunkt der Soziologie ist. Dennoch kann natürlich die Soziologie auf das Axiom des Interesses, verstanden als jene *spezifische Investition* in die Interessenobjekte, die zugleich Bedingung und Produkt der Feldzugehörigkeit ist, nicht verzichten.) Der Habitus als ein System von – implizit oder explizit durch Lernen erworbenen – Dispositionen, funktionierend als ein System von Generierungsschemata, generiert Strategien, die den objektiven Interessen ihrer Urheber entsprechen können, ohne ausdrücklich auf diesen Zweck ausgerichtet zu sein. Man muss sich regelrecht zum Umdenken erziehen, um herauszukommen, aus der Alternative von naivem Finalismus (aufgrund dessen man zum Beispiel schreiben würde, dass der Anstoß zu der »Revolution«, die Apollinaire zu so gewagten Gebilden wie dem *Lundi rue Christine* und anderen poetischen *ready made* führte, der Wunsch war, sich an die Spitze der von Cendrars, den Futuristen oder Delaunay angestoßenen Bewegung zu setzen) und eher mechanistischen Erklärungsansätzen (die einen diese Verwandlung als eine einfache, direkte Auswirkung sozialer Bedingungen ansehen ließe). Wo Menschen nur ihren Habitus agieren lassen müssen, um der immanenten Notwendigkeit des Feldes nachzukommen und den mit dem Feld gegebenen Anforderungen zu genügen (was in jedem Feld die Definition der herausragenden Leistung ausmacht), ist ihnen überhaupt nicht bewusst, dass sie nur ihre Schuldigkeit tun, und schon gar nicht, dass sie nach Maximierung eines (spezifischen) Profits streben. Und also haben sie den Zusatzprofit, vor sich und vor den anderen als vollkommen interessenfrei, uneigennützig dazustehen.

Anmerkung

1 Vortrag an der Ecole normale supérieur für eine Gruppe von Philologen und Literaturhistorikern, November 1976.

»Daher besitzen von allen Unterscheidungen diejenigen das größte Prestige, die am deutlichsten die Stellung in der Sozialstruktur symbolisieren, wie etwa Kleider, Sprache oder Akzent und vor allem die ›Manieren‹, Geschmack und Bildung. Denn sie geben sich den Anschein, als handelte es sich um Wesenseigenschaften einer Person, ein aus dem Haben ableitbares Sein, eine Natur, die paradoxerweise zu Bildung, eine Bildung, die zu Natur, zu einer Begnadung und einer Gabe geworden seien.«

Einführung in eine Soziologie des Kunstwerks

In den vergangenen Vorträgen habe ich – am Beispiel Flauberts – konkret aufzuzeigen versucht, welchen Beitrag die von mir vorgeschlagene Analyse-Methode mit dem Feldbegriff zu leisten vermag. Bevor ich fortfahre, die Prinzipien dieser Methode zu erläutern, möchte ich den Versuch unternehmen, sie in den Raum der Methoden zur Analyse des Literarischen einzuordnen. Was ich über Flaubert gesagt habe, gilt für jeden Produzenten oder Schöpfer kultureller Werke, also auch für den Soziologen selbst, der, indem er auf seinen eigenen Fall die Methoden anwendet, die er auf seinen Gegenstand anwendet, ein besseres Verständnis für das, was er tut – dies ist die Definition der epistemologischen Klarheit – zu gewinnen und vor den Wirkungen der Mechanismen, die er untersucht, sich zu schützen vermag.

Es ist eine der wichtigsten Eigenschaften der kulturellen Produktionsfelder, dass sie denen, die sich in ihnen bewegen, einen *Raum der Möglichkeiten*, oder, wenn man das vorzieht, eine Problematik vorgeben, die dazu tendiert, das Streben der Akteure, auch ohne ihr Wissen, zu leiten, indem sie das Universum möglicher Fragen festlegt. Dieser Raum der Möglichkeiten, der das Produkt der eigenen Geschichte des Feldes ist, stellt das Universum der Probleme, der Bezugnahmen, der intellektuellen Orientierungspunkte (die oft die Namen herausragender Persönlichkeiten sind), der »Ismen« dar, die man im Kopf – was nicht heißen will, im Bewusstsein – haben muss, um im Spiel, um mit von der Partie zu sein. Das macht z. B. den Unterschied zwischen den Professionellen und den Amateuren aus, oder, um in der Sprache der Malerei zu reden, den »Naiven« (der Zöllner Rousseau ist ein »naiver« Maler, d. h. ein »gegenständlicher Maler«, der durch das Feld zum Maler gemacht wird). Dieser Raum der Möglichkeiten bewirkt, dass die Produzenten einer Epoche dem Ort und der Zeit nach bestimmt (die Problematik ist das geschichtliche Endergebnis einer Geschichte) und ineins relativ autonom sind in Bezug auf die unmittelbaren Determinierungen durch das ökonomische und soziale Umfeld: So kann man sich z. B., um die Wahl der zeitgenössischen Regisseure, was den Einsatz der Beleuchtung, den Bezug zum Text usf. betrifft, zu verstehen, nicht damit begnügen, sie auf die den Theatern auferlegten wirtschaftlichen Bedingungen, Subventionen oder Einnahmen, oder gar auf die Erwartungen des Publikums zu beziehen; man muss sich auf die gesamte Geschichte der Regie seit den 1880er Jahren beziehen, in deren Verlauf sich das Universum der zur *Diskussion stehenden Punkte*, der konstitutiven Elemente des Schauspiels herausgebildet hat, zu denen jeder Regisseur, der diese Bezeichnung verdient, Stellung nehmen muss.

Dieser Raum der Möglichkeiten, der den einzelnen Akteuren transzendent ist, funktioniert wie eine Art gemeinsames Bezugssystem, welches bewirkt, dass, selbst wenn sie sich nicht bewusst zueinander in Beziehung setzen, die zeitgenössischen Schöpfer in dem Maße aufeinander bezogen sind, wie sie allesamt zu demselben System intellektueller Koordination, intellektueller Orientierungspunkte in Beziehung gesetzt sind.

Die Analytiker der Literatur entgehen dieser Logik gleichfalls nicht, und ich möchte versuchen, das zu entwickeln, was mir der Raum der möglichen Analyseformen der kulturellen Werke zu sein scheint, wobei ich jedes Mal deren theoretische Voraussetzungen zu erläutern versuchen werde. Um diese Methode restlos auszuschöpfen, die das Bestehen einer intelligiblen Beziehung zwischen den Stellungnahmen (den Entscheidungen zwischen den Möglichkeiten) und den Stellungen im sozialen Raum begründet, müsste ich in jedem Fall die notwendigen soziologischen Elemente einführen, damit verständlich wird, wie sich die verschiedenen Spezialisten auf diese verschiedenen Zugangsweisen verteilen, warum sie von den verschiedenen möglichen Methoden bestimmte sich eher zu eigen machen, als andere. Doch werde ich das nicht tun, obschon es nicht das Schwierigste wäre (ich habe z. B. ein solches In-Beziehung-Setzen in der Analyse der Barthes-Picard-Debatte skizziert, die ich im »Homo Academicus« vorgenommen habe).

Eine erste, wohlbekannte Unterteilung ist diejenige, die die internen Lesarten (Saussure sprach von interner Linguistik) oder die tautegorischen (im Gegensatz zu den allegorischen), um mit Schelling und Cassirer zu sprechen, oder die formalen, wie einige sagen würden, den externen entgegensetzt. Die erste Tradition ist in ihrer gebräuchlichsten Form die Berufsideologie der professionellen Hermeneuten, ich will sagen, der Literaturprofessoren aller Länder. In dem Maße, wie sie von der ganzen Logik der universitären Institution getragen wird – in der Philosophie ist die Situation noch klarer –, hat sie es nicht nötig, sich als Lehrgebäude zu konstituieren und kann im Zustand der Doxa verbleiben. Das hauptsächliche historische Verdienst des New Criticism ist es, ihr einen expliziten Ausdruck geliefert zu haben. Tatsächlich hat dieser ja nichts anderes getan, als die stillschweigenden Voraussetzungen seitens der ästhetischen Disposition, die von den reinen Werken gefordert wird (und die, das darf man nicht vergessen, eine historische Erfindung ist, die nämlich, die ich in den vorangegangenen Vorträgen,

Flaubert betreffend, dargestellt habe), zur expliziten Theorie zu konstituieren. Übrigens finden die historisch konstituierten Grundannahmen, die der »reinen« Produktion – namentlich im Fall der Poesie – innewohnen, auch im literarischen Feld selber einen Ausdruck, in England mit dem T. S. Eliot des »The Sacred Wood« und in Frankreich mit der N.R.F. (*Nouvelle Révue Française*) und ganz besonders mit Valéry. Aus dieser Sicht sind die Kunstwerke zeitlose Sinngebilde und reine Formen, und die rein interne Lektüre schließt jede reduktionistische Bezugnahme auf historische Bestimmungen oder Funktionen aus.

Wenn man diese Tradition, die als solche keiner Begründungen bedarf, da sie in der institutionellen Doxa verwurzelt ist, um jeden Preis gleichwohl theoretisch begründen will, kann man sich, so scheint mir, in zwei Richtungen wenden: einerseits die neokantianische Tradition der symbolischen Formen (und genereller, alle Traditionen, die darauf abzielen, universelle anthropologische Strukturen aufzudecken, wie die vergleichende Mythologie à la Mircea Eliade oder die Jungsche, bzw. die Bachelard'sche Psychoanalyse, die die akademische Hermeneutik unbekümmert aufgreift und kombiniert) und andererseits die strukturalistische Tradition. Im ersten Fall beabsichtigt man, durch eine rein tautegorische Lektüre, die die Werke nur auf sich selbst bezieht – d.h. die in den Werken selbst und nicht außerhalb, in irgendetwas anderem, etwa der Ökonomie, der Geschichte usf. (allegorisch) die Grundlage für das Werkverständnis sucht –, universelle Formen der poetischen oder literarischen Vernunft, ahistorische strukturierende Strukturen zu erfassen, die einer poetischen Konstruktion der Welt zugrunde liegen. Diese Position drückt sich, vielleicht gerade weil sie unhaltbar ist, kaum als solche aus, obgleich sie, meines Erachtens, in allem Suchen nach einer »Essenz« des Poetischen, des Symbols, der Metapher herumgeistert.

Die strukturalistische Lösung ist bei weitem wirkungsvoller, intellektuell wie sozial gesehen. Sozial betrachtet, ist sie an die Stelle der internalistischen Doxa getreten und hat, als formelle Demontage zeitloser Texte, der internen Lektüre eine Aura von Wissenschaftlichkeit verliehen. Mit dem neokantianischen Universalismus brechend, behandelt die strukturalistische Hermeneutik die kulturellen Werke (Sprache, Mythen und, im weiteren Sinne, Kunstwerke) als strukturierte Strukturen ohne strukturierendes Subjekt, die, wie die Saussuresche Sprache, besondere historische Realisationen sind und deshalb als solche auch dechiffriert werden müssen; dies indes ohne jeden Rekurs auf eine externe Hermeneutik, d.h. auf die ökonomischen oder sozialen Bedingungen der Produktion des Werkes oder des Produzenten des Werkes. Unter Ablehnung aller Formen des formalistischen Universalismus sucht der Strukturalismus (Lévy-Strauss sagt das klar gegen

Eliade und die vergleichende Mythologie), die jedem Mythos, d.h. einer historischen Tradition oder, im Falle der Literatur, einem einzelnen, als kleine Privatmythologie behandelten Werk eigene Chiffre freizulegen. Folgerichtig müsste man die Frage nach der Abgrenzung des Corpus – eines Sonetts von Baudelaire, des Werks von Baudelaire, der Gesamtheit der Werke der Zeitgenossen von Baudelaire usf. – stellen.

Tatsächlich ist der Strukturalismus in der akademischen Welt nur deshalb so gut »angekommen« – ungeachtet einiger Querelen zwischen den Alten und den Modernen, etwa in der Barthes-Picard-Debatte, hinter denen sich ein tiefes Einverständnis über das Wesentliche verbirgt –, weil er der alten, dem *Lector academicus* so teuren, internen Lektüre die Gelegenheit zu einem *Aggiornamento* bot. Gleichwohl konnte man der strukturalistischen Tradition unter der Bedingung mehr und Besseres entnehmen, dass man das eben erwähnte Problem des Corpus stellte. Und es ist das Verdienst Michel Foucaults, die, wie mir scheint, einzige strenge Formulierung des Strukturalismus (neben der der russischen Formalisten) gegeben zu haben, was die Analyse der kulturellen Werke betrifft. Der symbolische Strukturalismus von Michel Foucault behält das von Saussure bei, was ohne Zweifel das Wesentliche ist, d.h. den Primat der Relationen (»die Sprache«, sagt Saussure, in einem Sprachgebrauch, der dem Cassirers von *Substanzbegriff* und *Funktionsbegriff* sehr nahe kommt, »ist Form und nicht Substanz«). In dem Bewusstsein, dass kein Werk aus sich selbst heraus besteht, d.h. außerhalb der Interdependenzbeziehungen, die es mit anderen Werken verbindet, schlägt Foucault vor, das »geregelte System von Unterschieden und Streuungen«, innerhalb dessen jedes einzelne Werk bestimmt wird, das »Feld strategischer Möglichkeiten« zu nennen. (Ich beziehe mich hier auf einen Text, in dem die theoretischen Grundannahmen von Foucaults Werk ihren ohne Zweifel klarsten Ausdruck finden: »Réponse au cercle d'épistémologie«, *Cahiers pour l'analyse*, 9, 1968, S. 9 – 40 – besonders S. 40.) Aber den Semiologen und dem Gebrauch nahe, den sie etwa mit Trier von einem Begriff wie dem des »semantischen Feldes« machen, lehnt er es ab, anderswo als im Feld des Diskurses das Erklärungsprinzip für einen jeden in dieses Feld eingeführten Diskurs zu suchen: »Wenn die Analyse der Physiokraten zu denselben Diskursen gehört wie die der Utilitaristen, so keineswegs deshalb, weil sie sich innerhalb derselben Gesellschaft gegenüberstanden, so auch keineswegs deshalb, weil ihre Interessen in dieselbe Ökonomie verflochten waren, sondern weil ihre beiden Optionen auf ein und derselben Verteilung der Entscheidungspunkte beruhten, d.h. von ein und demselben strategischen Feld abhingen.« (S. 29). Was also die Kulturproduzenten gemeinsam haben, ist ein gemeinsames

Bezugssystem, ein System gemeinsamer Orientierungspunkte, kurz etwas wie das, was ich gerade unter dem Namen »Raum der Möglichkeiten« dargelegt habe. Aber Foucault, darin der Saussureschen Tradition treu, und dem vollkommenen Bruch, den sie zwischen interner und externer Linguistik vollzieht, bekräftigt die absolute Autonomie dieses Feldes der strategischen »Möglichkeiten«, dieser *épistème*, und er weist ganz logischerweise als »doxologische Illusion« (um nicht zu sagen soziologische) den Anspruch zurück, in dem, was er das »Feld der Polemik« nennt, und in, ich zitiere, »den Divergenzen von Interessen und Denkgewohnheiten der Individuen« (ich kann nicht umhin, mich angesprochen zu fühlen) das erklärende Prinzip für das zu finden, was sich im »Feld der strategischen Möglichkeiten« abspielt. Anders gesagt (und hier verläuft die Grenze zwischen dem orthodoxen Strukturalismus und dem von mir vorgeschlagenen genetischen Strukturalismus), Michel Foucault verlegt die Gegensätze und die Widersprüche, die in den Beziehungen zwischen den Produzenten und den Konsumenten der betreffenden Werke verankert sind, wenn ich so sagen darf, in den Ideenhimmel. Selbstverständlich geht es nicht darum, die spezifische Determinierung zu leugnen, die der Raum der Möglichkeiten ausübt, dieweil ihr Rechnung zu tragen gerade eine der Funktionen des Begriffs des relativ autonomen Feldes ist, das über eine eigene Geschichte verfügt; gleichwohl ist es nicht möglich, den kulturellen Bereich, die épistème, als ein autonomes und transzendentes System zu behandeln: Und wäre es nur, weil man sich dann verbietet, die Veränderungen zu berücksichtigen, die sich in diesem gesonderten Universum vollziehen, es sei denn, man würde ihm einen immanenten Hang zugestehen, sich, wie bei Hegel, durch eine mysteriöse Art von *Selbstbewegung* zu verändern.

Dieselbe Kritik gilt für die russischen Formalisten: Wie Foucault, der aus derselben Quelle geschöpft hat, betrachten sie nur das System der Werke, das Netz von Beziehungen zwischen den Texten, die *Intertextualität.* Desgleichen sind sie, wie Foucault, gezwungen, im System der Texte selbst das Prinzip ihrer Dynamik zu finden. Tynjanow etwa behauptet ausdrücklich, dass alles Literarische nur durch die vorausgegangenen Beziehungen des literarischen Systems bestimmt sein kann. Sie machen aus dem Prozess von Automatisierung und Desautomatisierung eine Art Naturgesetz des poetischen Wandels, analog einem mechanischen Verschleißeffekt.

Ich werde auf diesen Punkt noch zurückkommen. Jetzt wende ich mich der externen Analyse zu, die, indem sie die Beziehung zwischen der sozialen Welt und den kulturellen Werken in der Logik der *Widerspiegelung* denkt, die Werke unmittelbar mit den sozialen Merkmalen der Akteure (ihrer sozialen Herkunft) oder den der Gruppen verbindet, die ihre wirklichen oder angenommenen Adressaten waren, und deren Erwartungen, wie man meinte, sie zu erfüllen hatten. Man hat im, wie mir scheint, gelungensten Fall der Analyse, der, die Sartre Flaubert gewidmet hat, die Grenzen der biografischen Methode gesehen. Die statistische Analyse ist nicht viel mehr wert: In der Tat wendet man sie zumeist auf *präkonstruierte* Populationen und ihrerseits *präkonstruierte* Klassifikationsprinzipen an. Ich führe das nur kurz aus, auf die Gefahr hin, in der Diskussion auf diesen Punkt zurückzukommen. Einerseits müsste man, wie Francis Haskell es für die Malerei getan hat, die Geschichte des *Prozesses* der Aufstellung von Autorenlisten studieren, mit denen der Statistiker arbeitet, d.h. des Prozesses von Kanonisierung und Hierarchisierung, der dazu führt, das zu umgrenzen, was zu einem gegebenen Zeitpunkt die Population der kanonisierten Schriftsteller bildet. Andererseits müsste die Genese der Klassifizierungssysteme, Namen von Epochen, Schulen, Genres usf. untersucht werden, die in der Realität selbst Kampfinstrumente und -einsätze sind. Nimmt man eine solche kritische Genealogie nicht vor, riskiert man, in der Forschung das abzuschneiden, was in der Realität zur Debatte steht, z.B. die Grenzen der Popularität der Schriftsteller, d.h. derjenigen, die das Recht haben, sich Schriftsteller zu nennen, die von den anerkanntesten Schriftstellern anerkannt werden, sich mit Recht Schriftsteller nennen dürfen (dasselbe gilt für Historiker oder Soziologen). Darüber hinaus läuft man, weil man keine Analyse der wirklichen Teilungen des Feldes vornimmt, Gefahr, durch den von der Logik der statistischen Analyse aufgezwungenen Umgruppierungseffekt die wirklichen Zusammenhänge zu zerreißen und damit die wahren statistischen Beziehungen, die eine mit der Kenntnis der spezifischen Strukturen gewappnete statistische Analyse zu erfassen vermöchte.

Aber die typischsten Untersuchungen im Modus externer Analyse sind die marxistisch inspirierten Untersuchungen, die mit so verschiedenen Autoren wie Lukàcs oder Goldmann, Borkenau (über die Entstehung mechanistischen Denkens), Antal (über die florentinische Malerei), Adorno (in Bezug auf Heidegger) versuchen, die Werke auf die Weltsicht oder die gesellschaftlichen Interessen einer sozialen Klasse zu beziehen. Man nimmt in diesem Fall an, dass ein Werk zu verstehen heißt, die Weltsicht einer sozialen Gruppe zu verstehen, die vermittels des als eine Art Medium fungierenden Künstlers ihren Ausdruck gefunden habe. Zu prüfen wären die allesamt äußerst naiven Voraussetzungen, die bei diesen Zurechnungen über geistige Urheberschaft gemacht werden, die sämtlich auf die Annahme hinauslaufen, dass eine Gruppe *unmittelbar* als Wirkursache oder als Zweckursache (Funktion) auf die Produktion des Werkes einzuwirken vermag (ist z.B. der erklärte Auftraggeber, so es ihn gibt, der wahre Adressat des Werkes?). Doch grundsätzlicher noch: Gesetzt, es gelänge, die sozialen Funktionen des Werkes zu bestimmen, die sozialen Gruppen und die »Interessen«, denen es dient, was, und wäre es noch so wenig, wäre zusätzlich für ein tiefer gehendes Verständnis der *Struktur* des Werkes gewonnen? Die Aussage, dass die Religion das »Opium des Volkes« ist, verrät nicht viel über die Struktur der religiösen Botschaft: Und, wenn ich es, die Logik meiner Darstellung vorwegnehmend, sogleich sagen darf: Die Struktur ist die Bedingung für die Erfüllung der Funktion.

Gegen diese Form von Reduktion, die ich den *Kurzschluss-Effekt* nenne, habe ich die Theorie des Feldes entwickelt. Die ausschließliche Aufmerksamkeit für die Funktionen (die von der internalistischen, zumal der strukturalistischen Tradition zunehmend vernachlässigt werden) führt in der Tat dazu, die Frage der internen Logik der kulturellen Gegenstände, ihre Struktur als *Sprachen* zu ignorieren; sie führt aber auch, was entscheidender ist, dazu, die Gruppen außer Acht zu lassen, die diese Gegenstände produzieren (Priester, Juristen, Intellektuelle usf.) und für die sie doch auch Funktionen erfüllen. Hier ist Weber mit seiner Theorie der religiösen Akteure von großer Hilfe. Tatsächlich bleibt aber auch Weber in der marxistischen Logik der Funktionen befangen; und wenn es sein Verdienst ist, die Spezialisten und ihre eigenen Interessen, d. h. die Funktionen, wieder einzuführen, die ihre Produkte, religiöse Doktrinen, juristische Corpus usf. für sie selbst erfüllen, so bemerkt er doch nicht, dass die Klerikeruniversen *Mikrokosmen* sind, die ihre eigenen Gesetze haben. Diese Mikrokosmen nenne ich Felder, und ihre allgemeinen Funktionsgesetze habe ich zu beschreiben versucht.

Tatsächlich muss man, um aus der Wiedereinführung der Spezialisten vollen Nutzen zu ziehen, die relationale oder, wenn man so will, strukturalistische Denkweise auf den sozialen Raum der Produzenten anwenden: Der soziale Mikrokosmos, den ich literarisches Feld nenne, ist ein Raum objektiver Relationen zwischen Positionen – der des geweihten Künstlers und des abgelehnten Künstlers z. B.; und man kann nur verstehen, was dort vor sich geht, wenn man jeden Akteur oder jede Institution zu allen anderen in Beziehung setzt. Dieses besondere Universum, diese *République des lettres*, mit ihren Kräfteverhältnissen und ihren Kämpfen zu deren Veränderung bildet die Grundlage der Strategien der Produzenten, der Kunstform, die sie verteidigen, der Verbindungen, die sie knüpfen, der Schulen, die sie gründen, kurz ihrer spezifischen Interessen. Und die äußeren Determinanten – z. B. die Auswirkung der ökonomischen Krisen, der technischen Veränderungen oder der politischen Revolutionen –, auf die die Marxisten sich berufen, können nur mittelbar über die Strukturveränderungen des Feldes wirken, die aus ihnen hervorgehen. Das Feld übt einen *Brechungseffekt* aus und einzig unter der Bedingung, dass man seine spezifischen Funktionsgesetze kennt, kann man verstehen, was beim Übergang von einer konservativen Monarchie zu einer fortschrittlichen Republik in den Auseinandersetzungen unter den Dichtern, zwischen den Verfechtern der sozialen Kunst und den Verteidigern des l'art pour l'art, oder weitergefasst, in den Beziehungen zwischen den Genres – zwischen dem Roman und dem Theater etwa – vor sich geht.

Was geschieht bei alledem mit den Werken; und ist nicht unterwegs das verloren gegangen, was die feinsinnigsten Vertreter der internen Lektüre als Beitrag erbracht hatten? Die Logik, nach der die Felder funktionieren, tendiert dazu, die verschiedenen Möglichkeiten, die für den Raum der Möglichkeiten zu einem gegebenen Zeitpunkt konstitutiv sind, als innerlich, wesensmäßig, logisch inkompatibel erscheinen zu lassen. Sie sind denn auch inkompatibel, aber soziologisch. Die Logik des Kampfes und der Aufteilung in antagonistische Lager, die sich hinsichtlich der objektiv dargebotenen Möglichkeiten voneinander absetzen – bis zu dem Punkt, dass ein jeder nur einen kleinen Ausschnitt des Raumes sieht oder sehen will –, lässt Optionen optisch als unversöhnlich erscheinen, die logisch nichts voneinander trennt. Da jedes Lager sich selbst nur setzt, indem es sich entgegensetzt, wird es der Grenzen nicht gewahr, die es im Konstitutionsakt sich selber setzt. Das ist im Falle Foucaults ja gut zu sehen, der, um das zu errichten, was ich den »Raum der Möglichkeiten« nenne, sich genötigt glaubt, den sozialen Raum auszuschließen, dessen Ausdruck jener Raum doch ist. Wie hier bilden die gesellschaftlichen Antagonismen, die den theoretischen Gegensätzen zugrunde liegen, und die an diesen Antagonismen haftenden Interessen sehr oft das einzige Hindernis für die Aufhebung und die Synthese.

Indem man die Errungenschaft des Intertextualitätsgedankens bewahrt, den Sachverhalt nämlich, dass der Raum der Werke sich zu jeder Zeit als ein Feld von Stellungnahmen präsentiert, die nur relational, in der Art eines Phonemsystems, d. h. eines Systems differenzieller Abstände verstanden werden können, kann man die Hypothese – durch die Analyse bestätigtes heuristisches Instrument – über eine Homologie zwischen dem Raum der Werke – dem Feld der Stellungnahmen – und dem Raum der Stellungen im Produktionsfeld aufstellen. Damit sind mehrere grundlegende Probleme zugleich gelöst, an erster Stelle das Problem der Veränderung. Zum Beispiel ist die Triebkraft des Banalisierungs- und Entbanalisierungsprozesses, den die Formalisten beschreiben, nicht den Werken selbst inhärent, sondern dem Gegensatz, der für alle kulturellen Produktionsfelder konstitutiv ist und der im religiösen Feld seine paradigmatische Form als der zwischen

Orthodoxie und Häresie annimmt: Es ist bezeichnend, dass auch Weber, wenn er von der Religion spricht, in Bezug auf die entsprechenden Funktionen des Priestertums und der Propheten, von Banalisierung oder Routinisierung und von Entbanalisierung und Entroutinisierung spricht. Der Prozess, der die Werke hervorbringt, ist das Resultat des Kampfes zwischen den Akteuren, die entsprechend ihrer Stellung im Feld, ihrem spezifischen Kapital, an der Bewahrung, d.h. an der Routine und der Routinisierung, oder am Umsturz, d.h. an der Rückkehr zu den Quellen, an der häretischen Kritik, an der Reinheit usf. interessiert sind. Gewiss hängt die Richtung der Veränderung vom Zustand des Systems der stilistischen Möglichkeiten ab, die die Geschichte offeriert, und die darüber entscheiden, was zu einem gegebenen Zeitpunkt in einem bestimmten Feld zu tun möglich und was unmöglich ist; sie hängt aber ebenso sicher von den (oft gänzlich uneigennützigen) Interessen ab, die die Akteure – entsprechend ihrer Stellung am dominierenden oder dominierten Pol des Feldes – zu den offensten und neuerungsträchtigsten oder zu den sichersten, den etabliertesten Möglichkeiten hinlenken.

Die Wissenschaft von den kulturellen Werken hat die Übereinstimmung zwischen zwei homologen Strukturen, nämlich der Struktur der Werke und der Struktur des literarischen Feldes, eines Kräftefeldes, das unablösbar ein Kampffeld ist, zum Gegenstand. Die Triebkraft zur Veränderung der kulturellen Werke, Sprache, Kunst, Literatur, Wissenschaft usf., sind die Kämpfe, die in den entsprechenden Produktionsfeldern stattfinden: Diese Kämpfe, die darauf abzielen, das im Produktionsfeld bestehende Kräfteverhältnis zu erhalten oder zu verändern, haben zur Folge, dass die Struktur des Feldes der Werke, die in diesen Kämpfen Instrumente und Einsätze sind, erhalten oder verändert wird. Ich füge noch einen Satz von Proust an, den ich meiner ersten Arbeit über das künstlerische Feld vorangestellt habe: »Die Theorien und Schulen verschlingen einander wie Mikroben und Einzeller und erhalten durch ihren Kampf die Kontinuität des Lebens.« Das besagt, dass die Strategien der in die literarischen Kämpfe verwickelten Akteure und Institutionen von der Position, die sie in den Strukturen des Feldes einnehmen, d.h. in der Verteilung des spezifischen Kapitals, institutionalisiert oder nicht, ihrer »Berühmtheit«, der Anerkennung, die ihnen gezollt wird, abhängen und vom Interesse, das sie an der Bewahrung oder der Veränderung dieser Verteilungsstruktur haben und folglich daran, die Spielregeln, die in Kraft sind, aufrechtzuerhalten oder abzuändern. Umgekehrt hängen indes die Einsätze des Kampfes zwischen den Herrschenden und den Prätendenten, die Fragen, in Bezug auf die sie Front gegeneinander machen, die Thesen und Antithesen, die sie sich entgegenhalten, vom Stand der legitimen Problematik ab, d.h. vom Raum der – aus früheren Kämpfen – ererbten Möglichkeiten, der dazu tendiert, den Raum der möglichen Stellungnahmen zu bestimmen und damit der Suche nach den Lösungen und folglich der Entwicklung der Produktion die Richtung zu weisen.

Deshalb ist es – wenn man mir eine Paranthese, eine Rückbesinnung auf das, was ich gerade tue, gestattet – so wichtig, dass man, um sich ein wenig Freiheit gegenüber den Zwängen des Feldes zu verschaffen, versucht, diesen Raum der Möglichkeiten deutlich zu umreißen, die Grenzen des theoretischen Gehäuses, in das man eingeschlossen ist, zu erforschen. Hier liegt in meinen Augen die wichtigste Funktion einer theoretischen Kultur: die Mittel dazu zu liefern, dass man weiß, was man tut, und dass man sich von den Naivitäten freimacht, die mit dem fehlenden Bewusstsein von den Grenzen verbunden sind. Heute vom Literarischen zu sprechen heißt, ob man es weiß oder nicht, ob man es will oder nicht, zu einem Raum von Möglichkeiten in Beziehung gesetzt zu sein oder sich selbst zu setzen, der das Produkt einer langen, zum Teil sich wiederholenden Geschichte ist, oder, genauer, eines lang anhaltenden Kampfes zwischen Theorien und Theoretikern, Schriften und Schriftstellern, Lektüren und Lesern; und den von mir bereits erwähnten Namen müsste man die lange Liste all derer hinzufügen, die ihren Beitrag dazu geleistet haben, sowohl unsere Fragestellungen wie auch die Denkkategorien zu ersinnen, mit denen wir an unsere Arbeit herangehen, um sie einer Lösung zuzuführen – wie Panofsky und Susanne Langer, wie Lanson und Brunetière, wie Wölfflin und Riegl, wie Schklowsky und Tynjanow, wie Jakobson und Mukarowski usf., usf.

Um auf das literarische Feld zurückzukommen: Man muss sich außerdem vor Augen halten, dass, wie groß seine Autonomie auch sein mag, die Kräfteverhältnisse zwischen den »Bewahrern« und den »Erneuerern«, den Orthodoxen und den Häretikern, den Alten und den Neuen sehr stark vom Stand der externen Kämpfe und der Verstärkung abhängen, die die einen oder die anderen draußen zu finden vermögen – die Häretiker z. B. in neuen Klientelen, deren Auftreten oft mit den Veränderungen im Schulsystem zusammenhängt.

Ich habe an dieser Stelle meines Exposés nicht mehr die Zeit, wie ich es vorgehabt hatte, eine Beschreibung des literarischen Feldes in Frankreich während der 1880er Jahre, d. h. zu einem Zeitpunkt zu geben, zu dem sich die Struktur des literarischen Feldes, wie wir sie heute kennen, wenn ich so sagen darf, definitiv herausgebildet hat. Auf die Gefahr hin, vereinfachend oder dogmatisch zu erscheinen, möchte ich das lediglich in einigen großen Zügen tun. Der Gegensatz von Kunst und Geld oder Geschäft reproduziert sich innerhalb des literarischen Feldes als der zwischen der »reinen« Kunst, symbolisch herrschend, aber ökonomisch beherrscht – die Poesie, die exemplarische Inkarnation der »reinen« Kunst, verkauft sich nicht –, und der kommerziellen Kunst in ihren beiden Formen, dem Boulevardtheater zum einen, das gute Einnahmen und die bürgerliche Weihe (die Akademie) verschafft, und der industriellen Kunst, dem Vaudeville, dem Volks- oder Bauernroman (Feuilleton), dem Journalismus und dem Kabarett. Damit hat man eine chiastische Struktur, homolog zur Struktur des Feldes der Macht, die, wie man weiß, die Intellektuellen, reich an kulturellem Kapital und (relativ) arm an ökonomischem Kapital, und die Industriellen sowie die Handelsunternehmer, reich an ökonomischem und (relativ) arm an kulturellem Kapital, einander entgegensetzt. Einerseits ein Maximum an Unabhängigkeit hinsichtlich der Nachfrage des Marktes und die Exaltation der Werte von Uneigennützigkeit und Interesselosigkeit; andererseits die mit dem unmittelbaren Erfolg belohnte Abhängigkeit von der Nachfrage, der bürgerlichen im Falle des Theaters, der kleinbürgerlichen und der der Volksklassenangehörigen im Falle des Vaudeville oder des Feuilletonromans. Man hat demnach all die wohl bekannten Merkmale des Gegensatzes zwischen zwei praktisch abgeschlossenen Unterfeldern, dem Unterfeld der restringierten Produktion, das sich sein eigener Markt ist, und dem Unterfeld der Großproduktion.

- ÖK	+ ÖK
+ kK	- kK

Diesem grundlegenden Gegensatz wird, gemäß der sozialen Eigenschaft der Werke und der sozialen Beschaffenheit des entsprechenden Publikums, ein zweiter universeller, in einem rechten Winkel zu ihm stehend, gegenübergestellt. Am autonomsten Pol besteht dieser Gegensatz als der zwischen der geweihten Avantgarde (in den 80er Jahren z. B. den Parnassern und, in geringerem Grad, den Symbolisten) und der entstehenden bzw. der gescheiterten (d. h. alternden, aber nicht geweihten) Avantgarde; am heteronomsten Pol ist der Gegensatz weniger ausgeprägt, und er richtet sich vor allem nach der sozialen Beschaffenheit des jeweiligen Publikums – hier stehen das Boulevardtheater und das Vaudeville bzw. alle Formen von industrieller Kunst einander gegenüber.

Wie man sieht, überlagert bis etwa 1880 der grundlegende Gegensatz teilweise den Gegensatz zwischen den Genres, d.h. zwischen der Poesie und dem Theater, wobei der weit verbreitete Roman eine Zwischenstellung einnimmt. Das Theater, das im Großen und Ganzen im Unterfeld der Großproduktion angesiedelt war (man erinnert sich an die Misserfolge aller Verfechter des l'art pour l'art am Theater), unterteilt sich mit dem Auftreten der Figur des Regisseurs, namentlich in der Person Antoines und Lugné-Poes. Sie lassen durch ihren bloßen Gegensatz zueinander den ganzen Raum der Möglichkeiten zum Vorschein kommen, mit dem die spätere Geschichte des Unterfeldes Theater nur spielen wird.

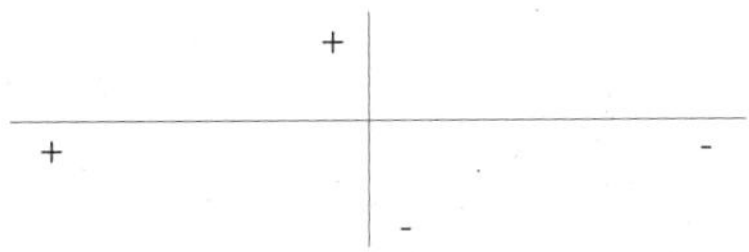

Man hat so einen Raum mit zwei Dimensionen und zwei Formen von Kampf und Geschichte: einerseits (in der horizontalen Dimension des »Kreuzes«) die zwischen den jeweils in den beiden Unterfeldern, dem reinen und dem kommerziellen, engagierten Künstlern um die Definition des Schriftstellers und um den Status der Kunst wie des Künstlers geführten Auseinandersetzungen, mittels derer sich der Kampf um die Durchsetzung des herrschenden Herrschaftsprinzips vollzieht, der die Intellektuellen des restringierten Unterfeldes und die »Bürger« einander entgegensetzt, wobei diese durch Vermittlung der bürgerlichen Intellektuellen handeln. Andererseits (in der vertikalen Dimension des »Kreuzes«), am autonomsten Pol, d.h. im Inneren des restringierten Feldes die Auseinandersetzungen zwischen der geweihten und der neuen Avantgarde.
Tatsächlich kennt und anerkennt die Kunstgeschichte nur das restringierte Unterfeld, womit die ganze Darstellung des Feldes und seiner Geschichte verfälscht wird. Die Veränderungen, die innerhalb des Produktionsfeldes für Produzenten kontinuierlich sich vollziehen, sind aus der Struktur des Feldes hervorgegangen, d.h. aus den synchronen Gegensätzen zwischen antagonistischen Positionen, denen das Maß an Konsekration (lat.: Weihe) zugrunde liegt, oder wenn man das vorzieht, die Stellung in der Verteilungsstruktur des spezifischen Kapitals an Anerkennung. Da diese Stellung stark mit dem Alter korreliert, tendiert der Gegensatz zwischen (symbolisch) herrschend und beherrscht, zwischen orthodox

und häretisch dazu, die Form einer permanenten Revolution der Jungen gegen die Alten, des Neuen gegen das Alte anzunehmen.
Aus der Struktur des Feldes selbst hervorgegangen, sind die Veränderungen im restringierten Feld von *chronologisch* zeitgleichen externen Veränderungen, die sie determinieren zu können scheinen, weitgehend unabhängig; und das selbst dann, wenn ihre spätere Konsekration diesem Zusammentreffen unabhängiger Kausalreihen etwas schulden mag. Der Kampf zwischen den Titelhaltern und den Anwärtern erzeugt die Geschichte des Feldes: Das Veralten der Autoren, der Schulen und der Werke ist das Resultat des Kampfes zwischen denen, die *Epoche gemacht* haben (indem sie das Entstehen einer neuen Position im Feld bewirkt haben) und die ums Überdauern (ums Klassischwerden) kämpfen, und denen, die ihrerseits Epoche nicht machen können, ohne diejenigen in die Vergangenheit zu entlassen, deren Interesse auf Verewigung des bestehenden Zustandes, auf das Stillstellen der Geschichte gerichtet ist. In den Kämpfen, die sie, im Inneren jedes Genres, der geweihten Avantgarde entgegensetzen, ist die neue Avantgarde gehalten, durch die Rückkehr zu den Quellen, zur Reinheit der Ursprünge, die Grundlagen des Genres selbst in Frage zu stellen. Infolgedessen tendiert die Geschichte der Poesie, des Romans und des Theaters dazu, sich als einen Reinigungsprozess zu präsentieren, durch den ein jedes dieser Genres am Ende einer langen kritischen Rückkehr zu sich selbst, zu seinen Grundlagen, seinen Grundvoraussetzungen sich auf seine gänzlich gereinigte Quintessenz reduziert. So tendiert die Reihe der poetischen Revolutionen gegen die etablierte Poesie dazu, alles aus der Poesie auszuschließen, was das »Poetische« ausmacht: die markantesten Formen, den Alexandriner, das Sonett, das Poem selbst, kurz, die poetische »Melodie«, die rhetorischen Figuren, den Vergleich, die Metapher, die gängigen Gefühle, das Lyrische, den Gefühlsausdruck, die Psychologie. Desgleichen tendiert die Geschichte des Romans dazu, das »Romanhafte« auszuschließen: Flaubert mit dem Traum eines »Buches über nichts« und die Goncourts mit der Ambition eines »Romans ohne Peripetien, ohne Handlung und ohne seichtes Amüsement« haben viel zu dem von den Goncourts verkündeten Programm, dem »Romanhaften den Garaus zu machen«, beigetragen, ein Programm, das von Joyce bis Claude Simon über Faulkner mit der Erfindung eines »reinen« Romans fortgesetzt wurde, aus dem jegliches lineare Erzählen verschwunden ist, jeglicher Anspruch auf einen Realitätscharakter, und der sich selbst als Fiktion denunziert. Desgleichen tendiert übrigens die Geschichte der Inszenierung dazu, das »Theatralische« immer weiter auszuschalten und endet in einer gewollt illusionistischen, also illusorischen Darstellung der komischen Illusion.

Paradoxerweise werden die Avantgarde-Produzenten in diesen Feldern, die der Ort einer *permanententen* Revolution sind, von der Vergangenheit gerade in den Erneuerungen geprägt, die zu deren Überwindung bestimmt sind, und die, wie in eine ursprüngliche Matrix, in den Raum der Möglichkeiten eingeschrieben sind, der dem Feld selbst immanent ist. Was in diesem Feld produziert wird, wird immer abhängiger von der spezifischen Geschichte des Feldes und immer unabhängiger von der externen Geschichte und ist darum immer weniger aus der Kenntnis des Zustandes der sozialen Welt (der ökonomischen, politischen usf. Situation) zum betreffenden Zeitpunkt abzuleiten oder vorherzusehen.
Als weitere Konsequenz realisiert sich die relative Autonomie des Feldes immer mehr in Werken, die ihre formalen Eigenschaften und ihren Wert nur der Struktur, also der Geschichte des Feldes verdanken; was immer mehr den »Kurzschluss« verbietet, d.h. die Möglichkeit, unmittelbar überzugehen von dem, was in der Welt geschieht, zu dem, was im Feld vor sich geht. So wie es in der Produktion für die Naiven keinen Platz mehr gibt, es sei denn als Objekt-Künstler (man müsste hier den Zöllner Rousseau und Duchamp einander gegenüberstellen), so gibt es auch keinen Platz mehr für eine naive Wahrnehmung, eine ersten Grades: die Wahrnehmung, die das gemäß der Logik eines hoch autonomen Feldes produzierte Werk verlangt, ist eine *differenzielle*, distinktive, auf die *Abweichungen* von den anderen – den zeitgenössischen oder aus der Vergangenheit stammenden – Werken achtende Wahrnehmung. Daraus folgt paradoxerweise, dass der adäquate Gebrauch dieser Kunst, die das Produkt eines permanenten Bruches mit der Geschichte, mit der Tradition ist, dahin tendiert, durch und durch historisch zu werden: Aller Genuss hat das Bewusstsein und die Kenntnis vom Raum der Möglichkeiten zur Bedingung, dessen Produkt das Werk ist, vom »Beitrag«, den es, wie man sagt, darstellt, und der nur durch historischen Vergleich erfasst werden kann.
So ist das epistomologische Problem gelöst, das die Existenz »reiner« Kunst (und »formalistischer« Theorien, die deren Prinzipien erklären) der Wissenschaft stellt: In der Geschichte liegt der Grund der Freiheit gegenüber der Geschichte, und die Sozialgeschichte des Autonomisierungsprozesses (den ich gerade skizziert habe) vermag Rechenschaft zu geben von der Freiheit gegenüber dem »sozialen Kontext«, die das unmittelbare Beziehen auf die gegenwärtigen sozialen Bedingungen in eben der Bewegung aufhebt, die ihrer Erklärung dienen soll. Die Bedenken, die die formalistischen Ästhetiker, die in der Produktion wie in der Rezeption nur die Form kennen wollen, der Soziologie gegenüber anmelden, sind ausgeräumt: Die Ablehnung, die das formalistische Bestreben jeder Art Historisie-

rung entgegenbringt, beruht auf der Unkenntnis seiner eigenen sozialen Möglichkeitsbedingungen, oder genauer gesagt, auf dem Vergessen des historischen Prozesses, in dessen Verlauf sich die sozialen Bedingungen der Freiheit gegenüber den äußeren Bestimmungen herausgebildet haben, d.h. das relativ autonome Produktionsfeld und die reine Ästhetik, die durch es möglich wird. Die Basis der Unabhängigkeit gegenüber den historischen Bedingungen, die in Werken offenbar wird, die aus dem reinen Bemühen um die Form hervorgegangen sind, besteht in dem historischen Prozess, der zum Entstehen eines autonomen Universums geführt hat.

Nach dieser kurzen Darstellung der Struktur des Feldes, der Logik seines Funktionierens und seiner Veränderung (zu sprechen gewesen wäre auch von der Beziehung zum Publikum) muss noch die Beziehung zwischen den einzelnen Akteuren, ihrem Habitus also, und den Kräften des Feldes beschrieben werden, die in einem Lebenslauf und in einem Werk objektiviert ist. Im Unterschied zu den üblichen Biografien beschreibt der Lebenslauf die Reihe der von demselben Schriftsteller in den aufeinanderfolgenden Entwicklungsstadien des Feldes sukzessiv eingenommenen Positionen; wobei der Sinn dieser aufeinander folgenden Positionen, der Leitung von Zeitschriften, der Veröffentlichungen bei diesem oder jenem Verleger, der Zugehörigkeit zu dieser oder jener Gruppe, sich selbstredend allein in der Struktur eines Feldes bestimmt. Innerhalb eines jeden Entwicklungsstadiums des Feldes, das wiederum durch einen bestimmten Entwicklungsstand des Raumes der Möglichkeiten bestimmt ist, orientieren, entsprechend der eingenommenen Position und des mehr oder minder eingestandenen Gefühls von Erfolg oder Misserfolg, das damit einhergeht, die mit einer bestimmten sozialen Herkunft verknüpften Dispositionen die Praktiken auf diese oder jene der offerierten Möglichkeiten, und das zumeist ganz und gar unbewusst (der Habitus, als Sinn für das Spiel, schließt das Kalkül aus und macht es auch überflüssig): Da ich nicht ins Detail der Dialektik der Positionen gehen kann, weise ich bloß darauf hin, dass sich eine außerordentliche Übereinstimmung feststellen lässt zwischen der Hierarchie der Positionen (der der Genres und innerhalb derselben der der Stile) und der Hierarchie der sozialen Abstammungen, folglich der mit diesen zusammenhängenden Dispositionen. Ein einziges Beispiel: Innerhalb des Volksromans, der häufiger als irgendeine andere Romankategorie Schriftstellern überlassen bleibt, die den beherrschten Klassen entstammen und weiblichen Geschlechts sind, findet man noch eine weitere Hierarchie: Die distanziertesten, halbparodistischen Formen der Behandlung in diesem Genre – dessen Beispiel par excellence der von Apollinaire gerühmte Fantomas ist – sind die Angelegenheit der Schriftsteller, die in der Publikumsgunst relativ am höchsten stehen. Die Lebensläufe sind allem Anschein nach in der Wirklichkeit genauso brutal determiniert wie in den »Lehrjahren des Gefühls«.

Doch möchte ich nicht schließen, ohne ausdrücklich eine Frage gestellt zu haben, die ich mir im Stillen die ganze Zeit hindurch gestellt hatte: Was bringt diese besondere Art des Werkverständnisses? Ist es um des Wissens willen, was es damit auf sich hat, der Mühe wert, zu reduzieren und zu demontieren, kurz den Charme zu brechen? Die entschieden historische Sicht, die zu einer strengen Erkenntnis der historischen Entstehungsbedingungen transhistorischer Logiken, wie jener der Kunst und der Wissenschaft, führt, hat zunächst zur Folge, dass der kritische Diskurs vor der platonischen Versuchung der Erzeugung von Essenzen – des Literarischen, des Poetischen – gefeit bleibt. Die Wesensanalysen (so viele »Theoretiker« haben sich ihrer schuldig gemacht, in Bezug auf die »Literariät« insbesondere die russischen Formalisten und der mit der Phänomenologie und der eidetischen Analyse vertraute Jakobson, oder seit Brémond und Artaud so viele andere in Bezug auf die reine Poesie und die »Theatralität«) tun, ohne es zu wissen, nichts andres als das historische Produkt der langwierigen Arbeit einer *Reinigung* wieder aufzunehmen, die ich gerade dargelegt habe, und die in jedem Genre, Poesie, Roman, Theater, die Autonomisierung des Produktionsfeldes begleitet hat. Von Reinigung zu Reinigung haben die Kämpfe, die im Produktionsfeld stattfinden, dazu geführt, nach und nach das spezifische Prinzip des poetischen, theatralischen, romanesken Effektes zu isolieren; indem sie dabei nur eine Art hochkonzentrierten Extrakts von Eigenschaften (wie z. B. bei Ponge, was die Poesie anbelangt) haben bestehen lassen, die am besten geeignet sind, den Effekt des betreffenden Genres zu erzielen – im Fall der Poesie den Entbanalisierungseffekt, die *Ostranenje* der Formalisten. Und das, ohne auf gesellschaftlich als poetisch qualifizierte Techniken zurückzugreifen. Das restringierte Produktionsfeld, oder vielmehr der historische Prozess, der sich in ihm abspielt, ist der wahre Abstrahent der Quintessenz.

Was aber, außer dem ein wenig perversen Vergnügen der Entzauberung, hat man mit dieser historischen Reduktion dessen gewonnen, was sich als unbedingte Erfahrung erleben will, die den Kontingenzen einer historischen Genese fremd gegenübersteht? »Der Einfluss der Werke auf die Werke«, von dem Brunetière sprach, macht sich stets nur durch die Vermittlung der Autoren geltend; und deren Strategien schulden ihre Form und ihren Inhalt den Interessen, die mit der Position zusammenhängen, die sie in der *Struktur* eines Feldes einnehmen. Die Geschichte kann die transhistorische Universalität nur erzeugen, indem sie soziale Universen errichtet, die infolge des Effekts der sozialen Alchemie ihrer spezifischen Funktionsgesetze die Tendenz aufweisen, aus dem oft unerbittlichen Zusammenprall der partikularen Interessen die sublimierte Essenz des Universellen zu extrahieren. Diese realistische Sicht der Dinge, die aus der Erzeugung des Universellen ein kollektives Unternehmen macht, das bestimmten Regeln unterworfen ist, scheint mir nach allem beruhigender als der Glaube an die charismatischen Tugenden des reinen Interesses an der reinen Form.

Anmerkung

1 Vortrag gehalten am 25. Oktober 1989 im Französischen Kulturzentrum in Berlin-Ost. Er ist Teil einer Reihe von Vorträgen, die Pierre Bourdieu 1989 in Japan gehalten hat. Pierre Bourdieu bezieht sich in diesem Text mitunter auf diese Vorträge.

Flaubert – Einführung in die Sozioanalyse[1]

Teil I

Für diese Einführung in die Sozioanalyse lässt sich kein besserer Auftakt denken als die Lektüre von Flauberts *Erziehung des Herzens*. Dieses paradoxe Werk, eine Art absolutes Meisterwerk, liefert in der immanenten Beschreibung der sozialen Welt, in der der Autor seinen Ort hatte, zugleich die Mittel zu seiner Analyse. Die Lektüre macht dabei lediglich eine Struktur sichtbar, die, kaum aufgedeckt, als vollkommen evident erscheint, im Text selber jedoch nur in verschleierter Form zum Ausdruck kommt. Und zwar so perfekt, dass sie selbst und zugleich das, was in meinen Augen die zentrale Triebfeder des Werkes ausmacht, bislang allen Interpreten entgangen ist.

Die implizite Struktur explizit zu machen, das Erzeugungsmodell herauszustellen, das dem Aufbau des gesamten Romans zugrunde liegt, eine Geschichte, eine Erzählung, ein Abenteuer in das Protokoll einer Art Experimentalmontage zu verwandeln, bedeutet, eine Wahrheit des Werks preiszugeben, von der man sagen könnte, dass es *die* Wahrheit des Werkes sei, wäre das Werk nicht gerade dadurch gekennzeichnet, dass es diese Wahrheit nicht preisgibt. Es ist möglicherweise dieser die Form der *Objektivierung* betreffende Abstand, der den zugleich großen wie kleinen Unterschied zwischen literarischem und wissenschaftlichem Diskurs ausmacht, zwischen dem, was Flaubert über die soziale Welt, an der er teilhat, aussagt, und dem, was der Analysierende ihn sagen lässt – nichts anderes sagen lässt als was er sagt, allerdings auf andere Weise und in anderer Form.

Macht und Ohnmacht

Damit befinden wir uns nun am wirklichen Ort der so häufig hinterfragten Identität von Flaubert und Frédéric. »Natürlich schuldet Frédéric Moreau vieles der Autobiografie«: ein Biografenausspruch, der geradezu ins *Wörterbuch der Gemeinplätze* gehört. In der Tat spricht alles dafür, dass Flaubert die Geschichte von Frédéric schreiben musste, um jenen anderen, möglichen Flaubert zu beschwören, jenen Flaubert, den er durch das Schreiben überwinden oder sublimieren musste, und den er hier frontal angeht, mittels einer *Objektivierung*, einer Selbst- und Sozioanalyse, die das genaue Gegenteil der gefälligen Projektion des biografi-

schen Genres darstellt.[2] Es ist sicher kein Zufall, dass er, nach dem Erfolg von *Madame Bovary*, zunächst wieder vollkommen sicher sein musste über den nicht-negativen Charakter seiner »Berufung« als Schriftsteller, bevor er *Die Erziehung des Herzens* zu Ende schreiben konnte, diesen mehrfach aufgegebenen Roman über die *gesellschaftliche Endlichkeit*, worin der Schriftsteller die Unzurückführbarkeit des Schriftstellers auf die gesellschaftlichen Determinierungen im und durch sein Vermögen geltend macht, eine Geschichte des missglückten Versuchs, sich dieser Determinierungen zu entziehen, zu schreiben. Flaubert trennt sich von Frédéric, einer in ihm angelegten Möglichkeit, er bricht mit der Unbestimmtheit, der Unentschlossenheit und Ohnmacht, die Frédéric definiert, im Akt des Schreibens der Geschichte von Frédéric, dessen Ohnmacht sich unter anderem darin äußert, dass er unfähig ist, zu schreiben, Schriftsteller zu werden.
Aber das ist nicht alles: Vermittels Frédérics und der Gleichstellung von reiner Liebe und l'art-pour-l'art objektiviert er die Grundlage dieser einzigartigen Macht des Schriftstellers und des Schreibens: Diese Macht der retrospektiven Aneignung, kraft der gleichsam magischen Beschwörung der Vergangenheit, deren vollendete Form literarisches Schreiben darstellt, wurzelt in der Unfähigkeit oder der Weigerung, sich die Gegenwart, die gegenwärtigen Dinge: Frauen, Geld, Macht anzueignen.
Durch die Kraft der Objektivierung nimmt Flaubert vorweg und überschreitet das psychologische Porträt, das Jean-Pierre Richard von ihm anfertigt, und das vollkommen auf Frédéric passt: Flaubert, dieser »falsche Riese ... im Innern völlig verdorben von Schwäche«, sei fortwährend bedroht vom Gefühl der Ununterscheidbarkeit, des Absturzes ins Indifferente; unfähig zu heroischer Identifikation, fühle er sich davongetragen vom Gewicht des Scheiterns, das jede Anstrengung jeden Schwung nach unten zieht.[3] Zurückversetzt in das System der möglichen Beziehungen von Liebe und Geld, erscheint die Beziehung zwischen Frédéric und Madame Arnoux – dieses Gefühl, das sich alle anderen weltlichen Ziele unterordnet, angefangen beim Streben nach Macht und Geld und das in gewisser Weise die gemeinen Formen seiner Realisierung ausschließt – wie das passive Äquivalent der aktiven Beziehung der auf Wahl beruhenden Weigerung (auch sie zurückzuversetzen ins System der möglichen Beziehungen zwischen Kunst und Geld), welche der Schriftsteller Flaubert zufolge mit seiner Kunst unterhält, dieser exklusiven und absoluten Passion, die den Verzicht auf alle weltlichen Ziele voraussetzt, und nicht zuletzt auf alle Formen bürgerlicher Liebe.[4] Frédéric gerät die Ablehnung jeder sozialen Bindung niemals zu einem positiven, als ausdrückliches Prinzip der Alltags- oder künstlerischen Praktiken postulierten Projekt; sie macht sich

vielmehr nur in der Abfolge passiv aufgenommener Determinierungen geltend, die ihn am Ende einer langen Serie von Niederlagen zu einem Versager stempeln, lediglich negativ definiert durch Mangel, durch das Fehlen des Komplexes positiver Bestimmungen, die als objektive Potenzialitäten seinem Sein als einem Jugendlichen aus bürgerlichem Hause objektiv mitgegeben waren, oder, wenn man so will, definiert durch all die Gelegenheiten, die er nicht »zu ergreifen wusste«, die er verpasste oder verschmähte.

Frédéric liebt in Madame Arnoux jene, »die den Frauen aus den romantischen Büchern«[5] gleicht (19); im wirklichen Glück findet er nie das einst Erträumte wieder (283); beim Anblick der abgebildeten königlichen Mätressen überkommt ihn »eine unsagbare Begierde nach der Vergangenheit« (435); gleichsam um die erträumten Befriedigungen, die die Unbefriedigung verschafft, zu bewahren, verschwört er sich kraft seiner Ungeschicktheiten, seiner Unentschlossenheit wie Empfindlichkeit mit den objektiven Zufällen, die die Befriedigung eines Verlangens oder eines Ehrgeizes hinauszögern, wenn nicht verhindern.[6] Denken wir auch an jenen Satz ganz am Ende des Romans, der die nostalgische Erinnerung Frédérics und Deslauriers an den verpatzten Besuch bei der Türkin beschließt: »Das war doch das Beste, was wir gehabt haben.« Zwar mag die – an sich wohl höchst befriedigende – Erfahrung des virtuellen Besitzes einer Vielzahl von Möglichkeiten, zwischen denen man nicht wählen kann und nicht wählen will, Grund sein für die unmittelbare Ohnmacht, doch enthüllt sie sich nachträglich als höchster Ausdruck des Glücks. Es ließen sich genug Sätze aus Flauberts Briefen zitieren, in denen nichts anderes gesagt wird: »Lesen bewegt mich mehr als ein wirkliches Unglück«[7]; »Viele Dinge, die mich kalt lassen, wenn ich sie sehe, oder wenn andere mir von ihnen erzählen, begeistern, irritieren, verletzen mich, wenn ich selbst davon spreche, und insbesondere, wenn ich darüber schreibe.«[8] »Du kannst den Wein, die Liebe, die Frauen, den Ruhm unter der Bedingung schildern, dass du weder Trunkenbold noch Liebhaber, Ehemann oder Infanterist bist. Wenn man sich in das Leben mischt, sieht man es schlecht; man leidet daran oder genießt es zu sehr. Der Künstler ist nach meiner Auffassung eine Ungeheuerlichkeit, etwas Widernatürliches.«[9]

In einer bestimmten Weise hat Flaubert die »inaktive Leidenschaft«[10] Frédérics, der weniger ein anderes Selbst darstellt als eine andere, zugleich bewahrte und überwundene Möglichkeit seiner Selbst, in eine ausdrückliche und systematische Absicht verwandelt. Flaubert konnte nicht sagen: »Frédéric, das bin ich«. Oder allenfalls in dem Sinne, dass er, wie im Paradox vom Lügner, den Inhalt seiner Aussage verneint, wenn er sie macht.

Wie Frédéric hat Flaubert sein ganzes Leben über versucht, sich in jener unbestimmten sozialen Position zu halten, jenem *neutralen Ort*, von dem aus sich die Gruppen und ihre Konflikte überfliegen lassen, die Auseinandersetzungen zwischen den verschiedenen Arten von Intellektuellen und Künstlern untereinander wie deren gemeinsamer Kampf gegen die verschiedenen Spielarten von »Eigentümern«. Aus der Ablehnung sozialer Determinierungen, seien es solche in Verbindungen mit der Klassenzugehörigkeit, sei es der ganze bürgerliche Unsegen, seien es die genuin intellektuellen Markierungen, hat er ein »System«, eine »Konzeption« gemacht. »Ich will ebenso wenig Mitglied einer Zeitschrift, einer Gesellschaft, eines Zirkels oder einer Akademie sein wie Stadtrat oder Offizier der Nationalgarde.«[11] »Nein, heiliges Donnerwetter. Nein! Ich werde nicht versuchen, in irgendeiner Zeitschrift zu veröffentlichen. Mir scheint, in diesen Zeitläufen irgendeiner Sache anzugehören, in irgendeine Körperschaft einzutreten, in irgendeine Bruderschaft oder irgendeinen Laden, ja selbst irgendeinen Titel zu nehmen, heißt sich zu entehren, zu entwürdigen, so seicht ist alles.«[12] *Die Erziehung des Herzens* markiert einen ausgezeichneten Moment in dieser Konversionsarbeit, insofern die ästhetische Intention und die darin enthaltene Neutralisierung sich gerade auf die Möglichkeit richtet, die jene – bewahrend – negieren musste, um sich zu konstituieren, nämlich die passive Unbestimmtheit Frédérics das spontane und darin sogar misslungene Äquivalent des künstlerischen Stils. Die Kompossibilität aller – selbst widersprüchlichen Möglichkeiten –, die das Imaginäre in seiner Besonderheit auszeichnet, hat sein Gegenstück innerhalb der sozialen Ordnung in der unmittelbaren Unvereinbarkeit aller sozialen Positionen, die im Alltagsleben nicht gleichzeitig, nicht einmal nacheinander eingenommen werden können, zwischen denen wohl oder übel gewählt werden muss, durch die man, ob man will oder nicht, gewählt wird.

»Deshalb liebe ich die Kunst. Dort wenigstens, in dieser Welt der Fiktionen, ist Freiheit. Dort stillt man jeden Hunger, dort macht man alles, man ist sein König und sein Volk zugleich, ist aktiv und passiv, Opfer und Priester. Es gibt keine Begrenzungen; die Menschheit ist dort ein Hampelmann mit Schellen, die man am Ende seines Satzes erklingen lässt wie ein Gaukler an seiner Fußspitze.«[13] Oder denken wir an die imaginäre Biografie, die sich der Heilige Antonius im nachhinein ausmalt: »Ich hätte bei den Mönchen von Nitrium bleiben sollen (…). Aber meinen Brüdern hätte ich besser gedient, wenn ich einfach Priester geworden wäre (…). Ich hätte auch… beispielsweise… Philologe oder Philosoph werden können (…). Lieber Soldat (…). Und ebenso hätte ich mit meinem Geld einen Zöllnerposten an irgendeiner Brücke kaufen können«.[14] Unter den vielfältigen Variationen zum Thema kompossibler Existenzen sei nur die eine Passage aus einem Brief an George Sand zitiert: »Ich empfinde nicht dieses Gefühl eines beginnenden Lebens, diese Verblüffung über das frisch erblühende Dasein, wie Sie es empfinden. Es kommt mir im Gegenteil so vor, als ob ich von jeher existiert hätte! Und ich besitze Erinnerungen, die bis zu den Pharaonen zurückreichen. Ich sehe mich sehr deutlich in verschiedenen Zeitaltern mit unterschiedlichen Berufen und unter den verschiedenartigsten Lebensumständen. Mein derzeitiges Individuum ist das Ergebnis meiner verschwundenen Individualitäten. Ich war Bootsmann auf dem Nil, *leno* in Rom zur Zeit der Punischen Kriege, dann griechischer Rhetor in Suburra, wo ich von den Wanzen aufgefressen wurde. Ich bin während der Kreuzzüge gestorben, weil ich am Strand von Syrien zuviel Weintrauben gegessen habe. Ich war Pirat und Mönch, Gaukler und Kutscher. Vielleicht auch Kaiser im Orient.«[15]

Schreiben setzt alle Determinierungen alle grundlegenden Zwänge und Beschränkungen des gesellschaftlichen Daseins außer Kraft. Gesellschaftliche Existenz, d.h. gesellschaftlich nach Ort und Zeit festgelegt zu sein, heißt einen sozialen Platz innerhalb der sozialen Struktur innezuhaben und dessen Stempel zu tragen – nicht zuletzt in Form verbaler Automatismen oder mentaler Mechanismen;[16] heißt auch, von Gruppen abzuhängen, von ihnen gehalten zu werden und sich an sie zu halten, kurz: ihnen *zuzugehören*, in Netzwerke sozialer Beziehungen mit der Objektivität, Undurchdringlichkeit, Unbeständigkeit eines Dings eingebunden zu sein, die sich in Gestalt von Verbindlichkeiten, Schulden, Pflichten, also Determinierungen und Zwängen in Erinnerung bringen. Der auf die soziale Welt bezogene Idealismus setzt, wie der Idealismus Berkeleys, den Blick aus der Vogelperspektive voraus, die absolute Perspektive des souveränen Zuschauers, der frei ist von Abhängigkeit und Arbeit, worin sich noch immer der Widerstand der physischen und der sozialen Welt geltend macht. Ewigkeit und Allgegenwart; beide göttlichen Attribute billigt sich auch der reine Beobachter zu: »Ich sah andere Leben, jedoch auf eine andere Art, als die meine es war: Die einen glaubten, andere leugneten, noch andere zweifelten, und wieder andere kümmerten sich überhaupt um das alles nicht, sondern gingen ihren Geschäften nach, d.h. sie feilschten in ihren Läden, schrieben Bücher oder eiferten auf der Kanzel.«[17]

Hier wird einmal mehr die grundlegende Beziehung Flauberts zu Frédéric sichtbar: als *überwundene und bewahrte Möglichkeit* von Gustave. Anhand der Figur von Frédéric, die er hätte sein können und die er auch noch ist, wenn auch auf andere Weise, objektiviert Flaubert den auf die soziale Welt bezogenen Idealismus, der sich in Frédérics Verhältnis zur Gesamtheit der seinen Aspirationen angebotenen

Möglichkeiten bekundet, im Dilletantismus des zeitweise von Zwängen des Sozialen befreiten bürgerlichen Jugendlichen, den nichts zwingt, »auf jemanden Rücksicht zu nehmen«, der »ohne Feuer und ohne Ort, ohne Glaube und ohne Gesetz ist«, wie Sartre es in *La Mort dans l'âme* formulieren wird. Die *Gabe sozialer Allgegenwart*, die Frédéric anstrebt, wird fortan in die gesellschaftliche Bestimmung des Handwerks des Intellektuellen eingehen, in das Bild des Künstlers als eines bindungs- und wurzellosen, ungeschaffenen »Schöpfers«, das nicht nur die intellektuelle Produktion leitet, sondern die gesamte Erfahrung der Lage der Intellektuellen.

Freilich kann die Sozioanalyse an diesem Punkt nicht Halt machen. Zunächst einmal, weil nicht davon abgesehen werden kann, dass die Freiheit, in Gedanken die soziale Welt und die sie heimsuchenden Konflikte wie die innerhalb des intellektuellen Feldes sich darin Engagierenden zu überfliegen, eine durch die Arbeit des Schreibens errungene ist, die auf die Erfahrung des Schreibens begrenzt bleibt (was der gescheiterte Versuch Frédérics bezeugt, den sozialen Neutralismus ins Leben zu übertragen). Dann auch, weil die Frage nach den sozialen Determinanten des Ehrgeizes, sich aller Determinierungen zu entziehen, schwer zu umgehen ist. Tatsächlich lässt sich ohne Gefahr der Überinterpretation die Beobachtung wagen, dass vermittels Frédéric Flaubert daran erinnert, dass die ästhetische Interesselosigkeit im Mangel an praktischen Interessen wurzeln und die intellektuelle Ambition auch nur die imaginäre Umkehrung des Zusammenbruchs der weltlichen Ambitionen sein kann. Ist es nicht signifikant, dass Frédéric, der, auf dem Höhepunkt seiner Karriere angelangt, seine Verachtung für die Freunde – Revolutionäre, die versagten, oder revolutionäre Versager? – nicht verhehlt, sich niemals intellektueller fühlt als dann, wenn die Geschäfte schlecht gehen? Durch Monsieur Dambreuses Vorwurf wegen seiner Aktien wie durch Madame Dambreuses Anspielungen auf seinen Wagen und auf Rosanette aus der Fassung gebracht, verteidigt er im Kreise der Bankiers die Positionen der Intellektuellen bis hin zum abschließenden »Was gehen mich die Geschäfte an?« (325).

Wie sollte sich der Schriftsteller nicht fragen, ob die Verachtung des Schriftstellers für den Bürger und den weltlichen Besitz, worin dieser gefangen ist, seinen Gütern, Titeln, Auszeichnungen, nicht doch etwas zu tun hat mit dem Ressentiment des gescheiterten Bürgers, das ihn dazu verleitet, sein Scheitern in den Aristokratismus des freigewählten Verzichts zu verwandeln? »Künstler: ihre Interesselosigkeit rühmen«, heißt es im *Dictionnaire des idées reçues*. Der Kult der Interesselosigkeit bildet die Basis einer wundersamen Umkehrung, die aus Armut verworfenen Reichtum, mithin geistigen Reichtum macht. Das armseligste intellektuelle Projekt ist ein Vermögen wert: das, was man ihm opfert. Mehr noch: Kein weltliches Vermögen kann mit ihm konkurrieren, da es allemal vorgezogen würde… Dieser Parallogismus, der um den Preis des imaginären Verzichts auf imaginären Reichtum die Misere zur Fortune erhebt, ist der Antrieb aller symbolischen Waffen in jenem Kampf, der sich innerhalb des Machtfeldes abspielt. Was die Autonomie anbelangt, die jenen Verzicht rechtfertigen soll, könnte es nicht bedingte, auf seine ihm vom Bürger zugewiesene, abgetrennte Welt beschränkte Freiheit sein? Bleibt die Revolte gegen den »Bourgeois« nicht solange von dem beherrscht, was sie anfechtet, solange sie nicht das eigentlich reaktionelle Prinzip ihrer Existenz durchschaut? Wie könnte man sicher sein, dass es nicht immer doch der »Bürger« ist, der, indem er den Schriftsteller auf Distanz hält, diesem erlaubt, ihm gegenüber auf Distanz zu gehen? Wie musste sich doch Frédéric beim Anblick des erfolgreichen Martinon sagen: »Es gibt nichts Erniedrigenderes, als erleben zu müssen, wie Dummköpfe bei Unternehmungen Erfolg haben, bei denen man selbst gescheitert ist.«(89) Die ganze Ambivalenz des subjektiven Intellektuellen zu den herrschenden Fraktionen und deren falsch erworbener Macht rührt aus der Unlogik dieses Ausspruchs her. Die zur Schau getragene Verachtung des Erfolgs könnte auch nichts anderes sein als eine bestimmte Art, aus der Not eine Tugend zu machen, während der Traum einer Vogelperspektive nichts anderes sein könnte als eine illusorische Art und Weise, den Determinierungen zu entgehen, illusorisch, weil noch Teil der der Stellung des Intellektuellen immanenten Determinierungen. So liefert oder verrät Flaubert durch Evokation der Person Frédérics gleichermaßen die seiner eigenen Romanschöpfung unterliegende Erzeugungsformel und den Ansatz einer Analyse der Beziehungen zwischen dieser Formel – samt dem physikalistischen Ästhetizismus, den sie begründet – und Frédérics sowie, vermittels dieser, Flauberts Stellung im sozialen Raum.

»Frédéric war in mächtige Massen eingezwängt und rührte sich nicht. Er war hingerissen und auf's Äußerste erregt. Die Verwundeten, die fielen, und die Toten, die hingestreckt lagen, sahen gar nicht wie wirkliche Verwundete und wirkliche Tote aus, es mutet ihm an, als ob alles nur ein Schauspiel wäre.« (388) Der gleiche ästhetische Neutralismus ist auch in Flauberts Korrespondenz allgegenwärtig. Zwei Beispiele unter vielen: »Ich bin vom Los der gegenwärtigen Arbeiterklasse nicht mehr gerührt als von den antiken Sklaven, die den Mühlstein drehten; nicht mehr bzw. ganz genauso. Ich bin der Moderne nicht mehr zugekehrt als der Antike, bin nicht mehr Franzose als Chinese.«[18] An George Sand, die seine nihilistische Begeisterung provoziert, schreibt er (6. September 1871): »Ah! Wie sie mich anöden, der schmutzige Arbeiter, der dumme Bürger, der einfältige Bauer und der widerwärtige Geistliche! Deshalb verliere ich mich so oft ich kann in der Antike.«

Die Formel, das ist die Beziehung der doppelten Ablehnung der entgegengesetzten Positionen in den einzelnen sozialen Räumen und der entsprechenden Stellungnahmen, die das Fundament darstellen für eine Beziehung der objektivierenden Distanz zur sozialen Welt. Sie macht sich vielfach geltend: in der Vielzahl der Personenpaare, die wie kreative Schemata funktionieren (Henri und Jules in der ersten Fassung der *Erziehung des Herzens*; Frédéric und Deslauriers, Pellerin und Delmar in der zweiten Fassung usw.); im Geschmack für Antithesen und Symmetrien (ganz besonders anschaulich in den von Demorest veröffentlichten Plänen von *Bouvard und Pécuchet*), antithetischen Parallelen, Antithesen zwischen parallelen Dingen, Parallelen zwischen antithetischen Dingen, und nicht zuletzt kreuzweise geknickte Lebensläufe, die so viele Figuren Flauberts von einem extremen Punkt des Machtfeldes zum anderen führen, mitsamt aller damit einhergehenden Zurücknahmen der Gefühle und politischen Schwenks, die nichts anderes sind als zeitliche Entwicklungen in Gestalt biografischer Prozesse derselben chiasmatischen Struktur. In der *Erziehung des Herzens*: Hussonnet, einstiger Revolutionär, der zum konservativen Ideologen wird; Sénécal einstiger Republikaner, der Polizeispitzel im Dienste des Staatsstreichs wird und auf den Barrikaden seinen früheren Freund Dussardier niederstreckt. Am klarsten jedoch offenbart sich dieses dem Schaffen Flauberts zugrunde liegende Erzeugungsschema in den Notizbüchern, in denen Flaubert die Pläne für seine Romane festhielt; in ihnen werden die Strukturen, die der formgebende Schreibakt später verwischen und verschleiern wird, vollkommen sichtbar.

Dreimal zwei Paare aus antithetischen Figuren, deren Lebensbahnen sich kreuzen, müssen alle scheinbar völlig unüberwindbaren Gegensätze in actu überwinden, müssen kehrtmachen und widerrufen, ihre Meinung ändern, und zwar vor allem, zum Entzücken des frustrierten Bürgers, von links nach rechts.

Das nachstehende Projekt, *der Eid der Freunde*, ist vollständig zu zitieren; in ihm zeigt Flaubert, angesiedelt in einem dem der *Erziehung des Herzens* sehr ähnlichen sozialen Raum, zwei Prozesse der Kehrtwendung, die er so sehr mag.

Der Eid der Freunde

Ein undurchsichtiger (Industrieller) »Händler« kommt zu einem großen Vermögen

Paar
ein Literat, zunächst Dichter …
dann, abfallend, Journalist wird berühmt,
ein wahrer Dichter – immer verfeinerter und obskur-konkreter Arzt
Jurist, Mann des Rechts, Notar

Paar
Advokat – Republikaner. Wird Staatsanwalt.
Arbeit der Familie um ihn zu demoralisieren
(ern. Chavalier)
Ein wahrer Republikaner, nacheinander alle Utopien

(Emm. Vasse)
endet auf der Guillotine
angestellt in einem Büro

Die Erniedrigung des Mannes durch die Frau. –
Der demokratische *Held*, »gebildet«, freier Denker, »& arm«, verliebt in eine angesehene katholische Dame. Philosophie und moderne Religion in Opposition, – und sich wechselseitig infiltrierend.
Er ist zunächst tugendhaft um sie zu verdienen. – »sie ist für ihn das Ideal« – dann, als er sieht, dass das zu nichts nütze ist, wird er Schuft. Und erhebt sich am Ende wieder durch einen Akt der Aufopferung. – Rettet sie in der Commune der er angehört, kehrt sich gegen die Commune und lässt sich durch die Versailler töten.

Er ist zunächst Lyriker »ungedruckt« – dann dramatischer Autor »nicht gespielt« – dann Romancier »nicht beachtet« – dann Journalist. [Dann] »und wird« Beamter, als das Reich zusammenbricht. – Sich zur Macht orientierend während der Zeit von Minister Olivier.
Da [wird] »will« sie ihm sein Kind geben

Ein Liberaler (ein wenig skeptisch »immer stärker werdend«, die Katholikin besticht ihn auf zarte Weise
– sie verliert den Glauben
– er richtet sich zugrunde

Die doppelte Absage an die polaren Positionen, Gegenstände derselben Ambivalenz, diese Art Zaudern zwischen Identifizierung und Feindschaft, zwischen Billigung und Häme, wie es so eindrucksvoll im Flaubertschen Zitat und im freien indirekten Stil sichtbar wird, machte Flaubert wie geschaffen für die Hervorbringung einer Sicht des Macht-Feldes, wie er sie dann in der *Erziehung des Herzens* ausbreitet. Eine Sicht, die man soziologisch nennen könnte, machte sie sich nicht einiger Verzerrungen und Auslassungen schuldig, und wäre da nicht vor allem die Form, in der sie sich zugleich offenbart und kaschiert. Die Arbeit des Schreibens richtet sich hier auf eine Form, die Struktur des Macht-Feldes (erfasst anhand der unmöglichen Stellung Frédérics und des reinen Schriftstellers in dieser Struktur), die sich in anderer Form reproduziert, d.h. verwandelt entsprechend den im literarischen Feld herrschenden Konventionen. Flaubert kann sich daher die Wahrheit seiner Stellung in der sozialen Welt nur wieder aneignen in einer Form, worin diese Wahrheit sich verbirgt – in seinen eigenen Augen wie in denen des Lesers. Der Charme des literarischen Werkes liegt sicher zu einem Großteil darin begründet, dass es die Wahrheit sagen kann, ohne sie wirklich zu sagen, ohne zu verlangen, dass es – im Unterschied zur Wissenschaft laut Searle – *vollkommen ernst genommen wird*. Die Sicht des Romans simuliert das Reale und verschleiert es; nimmt es in der Bewegung des Darbietens auch schon wieder zurück. Weil sie die Dinge auf eine Weise sagt, dass sie sie nicht sagt, *verleugnet* (im Sinne Freuds), kann sie unendlich viel mehr dann sagen, wenn, wie in diesem Fall, die um des Wissens wegen zu behebenden Schwierigkeiten weniger intellektueller Art sind als willentliche Widerstände.

Die soziologische Lektüre bricht den Charme durch die brutale Entschleierung der Struktur, die der literarische Text nur aufdeckte, indem er sie verbarg. So ist es ganz natürlich, wenn sie häufig feindliche Reaktionen hervorruft. Statt sich darüber zu entrüsten und darin lediglich eine Form des Widerstands gegen die Analyse zu sehen (was sie auch sind), hat der Soziologe deren Grundlage zu verstehen: Es ist die der genuin literarischen Ausdrucksweise inhärente, weil dem Faktum der Formung und der Formulierung zugrunde liegende Verleugnung, die die Äußerung einer Wahrheit erlaubt, die anders gesagt untragbar wäre.

Die literarische Verleugnung ermöglicht nicht – wie die Kritik es will – die narzistische Projektion jenes imaginären Doubles von Gustave, das Frédéric sein soll, sondern eine euphemisierte Objektivierung der objektiven Beziehungen, die Frédérics und Gustaves Stellung innerhalb der Struktur des Macht-Feldes determinieren und dem Roman eingeschrieben sind in Form des eigentlichen literarischen Raumes der »sentimentalen« Beziehungen Frédérics zu den anderen

Personen. Diese Reduktion auf den Status eines Objekts hat nichts Spaßiges an sich, zumindest nicht für diejenigen, die wie die Intellektuellen und Künstler, also auch Flaubert selber, mehr oder weniger an der objektivierten Wirklichkeit teilhaben: Bringt sie doch an den Tag, was durch die Anforderungen des Lebens und Überlebens verdrängt werden muss. Doch die analytische Gewalt findet ihre Grenze darin, dass der Schriftsteller in gewisser Weise noch die Kontrolle wahrt über die Rückkehr des Verdrängten. Die von ihm vorgenommene Formgebung ist gleichsam ein generalisierter Euphemismus, der für ihn selbst, folglich für seinesgleichen, das Unsagbare erträglich macht. Die literarisch entrealisierte Realität, die er vorstellt, erlaubt (ihm), mit dem Feuer der Realität, der Wahrheit zu spielen, einen Willen zum Wissen zu stillen, der entschlossen ist, sich mit jener *neutralisierten* Realität zu begnügen, die ihm die literarische Fiktion und deren Realitätseffekte darbieten.

Anmerkungen

1 Eine frühere Fassung des Textes erschien unter dem Titel »L'invention de la vie d'artiste« in: *Actes de la recherche en sciences sociales*, 2, März 1977, S. 67–93.

2 Wie zu ersehen, reduziert sich die Institutionalisierungsarbeit, aus der der moderne Intellektuelle und Künstler hervorgeht, nicht wie gemeinhin angenommen auf die Konstitution einer Gruppe, die sich dann, etwa anlässlich der Dreyfus-Affäre, gegen die herrschenden Mächte zu behaupten vermag.

3 J. P. Richard, »La création de la forme chez Flaubert«, in: *Litérature et sensation*, Seuil, Paris 1954.

4 Aus dieser Perspektive wird auch der häufig zitierte Brief Flauberts verständlicher, worin er, nach einem überschwänglichen Bekenntnis zum Ästhetizismus (»Für mich gibt es nichts anderes auf der Welt als schöne Verse«), schreibt: »Was das anbelangt, was die Menschen gewöhnlich am nächsten berührt und was für mich zweitrangig ist, was die physische Liebe betrifft, so habe ich sie stets von dem anderen getrennt. Ich sah dich neulich darüber spotten, J. J. betreffend. Das war meine Geschichte. Du bist tatsächlich die einzige Frau. die ich geliebt und die ich besessen habe. Bisher habe ich die durch andere geschenkten Begierden über andere gestillt.« (An Louise Colet, 6.–7. August 1846, in: G. Flaubert, *Correspondance, op. cit.*, t. I, S. 278 f.).

5 G. Flaubert, *Die Erziehung des Herzens*, Diogenesverlag 1979, S. 19. Im Folgenden wird nach dieser Ausgabe zitiert (Seitenzahl in Klammern)..

6 Zum Beispiel Frédéric verfluchte sich wegen seiner Torheit (230): »Und Frédéric liebte sie so sehr, dass er ging. Bald aber ergriff ihn Zorn gegen sich selber, er nannte sich einen Dummkopf« (336); und vor allem S. 567 ff. – das allerletzte Treffen mit Madame Arnoux. Allgemeiner: Jede Tat ist »umso unausführbarer, je stärker der Wunsch nach ihr ist« (232) (der sich im Übrigen in der Phantasie zwangsläufig aufs höchste steigert).

7 An Louise Colet, 6. – 7. August 1846, in: G. Flaubert, Correspondance, op. cit., S. 274.

[8] G. Flaubert, *Briefe*, Stuttgart 1964, S. 84.

[9] G. Flaubert, a.a.O., S. 163.

[10] »Ich will die moralische Geschichte der Männer meiner Generation schreiben; »sentimental« stimmte noch mehr. Es ist ein Buch der Liebe, der Leidenschaft, aber einer Leidenschaft, wie sie heute bestehen kann, d.h. als »inaktive«. (An Mademoiselle Leroyer de Chantepie, 6. Oktober 1864, in: G. Flaubert, *Correspondance, op.cit.*, t. V. S. 158.)

[11] An Louise Colet, 31. März 1853, op. cit., t. II, S. 292.

[12] An Louise Colet, 3. Mai 1853, op. cit., t. II. S. 323.

[13] G. Flaubert, *Briefe*, op.cit. S. 204f.

[14] G. Flaubert, *Die Versuchung des Heiligen Antonius*, Frankf. a. M. 1966, S. 10 f.

[15] G. Flaubert, *Briefe*, loc.cit., S. 496 f.

[16] Selbstverständlich sind es die »Gemeinplätze«, die Flaubert ingrimmig und ausdauernd verfolgt, bei sich und bei den anderen: wie auch die einen Menschen charakterisierenden Sprachgewohnheiten, etwa das, was Frédéric Rosanettes »Redensarten« nennt (»Ja. Kuchen!«, »Hol's der Teufel!«, »Man kann nie wissen«), oder Madame Dambreuses »gewöhnliche Ausrufe«. »Ein ganz unbewusster Egoismus äußerte sich in ihren gewöhnlichen Ausrufen wie ‚Was macht mir das aus? Da wär' ich schön dumm! Hab' ich das nötig?'« (S. 487 und 525).

[17] G. Flaubert. November. *Erinnerungen eines Toren*. Zürich 1969, S. 56.

[18] An Louise Colet, 26. August 1846, *Correspondance op.cit.t.I.*, S. 314.

»Ich habe nie aufgehört, die willkürlichen Grenzziehungen zwischen Soziologie und Ethnologie, Soziologie und Geschichte, Soziologie und Sprachwissenschaft, Kunstsoziologie und Bildungssoziologie, Sportsoziologie und politischer Soziologie usw. zu bekämpfen, die ein bloßes Produkt der akademischen Reproduktion sind und keinerlei wissenschaftstheoretische Grundlage haben.«

Biografie IV **Wissenschaft und Engagement**
(1992 – 2002)

Bei seinen Untersuchungen zu Kunst und Literatur hatte Bourdieu in den Prinzipien von Autonomie und Heteronomie das eigentliche Entwicklungsgesetz entdeckt: »Das literarische und künstlerische Feld ist in jedem Augenblick der Schauplatz einer Auseinandersetzung zwischen den beiden Hierarchisierungsprinzipien, dem heteronomen Prinzip, das denen dient, die das Feld ökonomisch und politisch beherrschen, und dem Prinzip der Autonomie [...]. Der Grad der Autonomie variiert je nach der Epoche und nach der nationalen Tradition, die die gesamte Struktur des Feldes bestimmen.«[1]

In nuancierter Form beschreibt Bourdieu in den 1997 erschienenen *Meditationen* den Mechanismus dieses ›Spiels‹ zwischen dem autonomen und dem heteronomen Prinzip, diesmal aus der Außenperspektive. Die politische Macht, so führte er aus, muss sich legitimieren, um ihre Macht ausüben zu können; sie kann sich aber nicht selbst legitimieren, sonst wäre sie Partei und Richterin zugleich. Sie muss darum auf andere Instanzen rekurrieren, auf Schriftsteller, Künstler, politische Denker, Juristen. Ihr Urteil hat aber kein Gewicht, wenn es ein Produkt des Zwanges ist. Die politische Macht ist darum gezwungen, den Instanzen, die die Aufgabe haben, die Macht zu legitimieren, eine gewisse Autonomie zu gewähren – ein Vorgang, der zumindest potenziell den Prozess einer zunehmenden Autonomisierung enthält. »Der Fürst kann von seinen Dichtern, Malern oder Juristen einen wirklich effizienten symbolischen Dienst nur dann erlangen, wenn er ihnen die (relative) Autonomie einräumt, die die Bedingung eines unabhängigen Urteils darstellt, aber auch die Möglichkeit kritischer Infragestellung zulässt [...]. Die symbolische Wirksamkeit, die eine gewisse Unabhängigkeit der legitimierenden Instanz gegenüber der legitimierten Instanz voraussetzt, bringt fast zwangsläufig ein entsprechendes Risiko mit sich: das Risiko, dass jene Instanz die ihr verliehene Legitimationsmacht für eigene Zwecke verwendet.«[2]

Es ist also nicht ausschließlich die totale Autonomie, die ein Feld konstituiert. Man kann von einem Feldeffekt sprechen, sobald sich der Autonomisierungsprozess in Gang setzt. Man kann sich das Feld denken, bemerkt Bourdieu in seinem Band *Reflexive Anthropologie*, als »Raum, in dem ein Feldeffekt wirksam ist, sodass das, was einem Objekt widerfährt, das durch diesen Raum hindurchgeht, nicht vollständig aus den ihm innewohnenden Eigenschaften erklärt werden kann«.[3]

Bei seiner Rekonstruierung des Autonomisierungsprozesses des literarischen Feldes in Frankreich kam Bourdieu nicht umhin, die Position Flauberts zu bestimmen.

Während Sartre Flaubert vorwarf, sich in die Einsamkeit zurückzuziehen und sich mit einer bloß psychologischen Kritik der Bourgeoisie zu begnügen, ohne zu versuchen, sich die Interessen einer anderen Klasse zu eigen zu machen,[4] findet sich bei Bourdieu keine politische Bewertung Flauberts. Flaubert und Baudelaire werden wegen ihres Kampfes für die Autonomie der Literatur gewürdigt. Bourdieu enthielt sich jeder ethischen Empathie mit der sog. »sozialen Kunst« , deren Forderungen ihm vielleicht sympathisch erschienen sein mögen, die aber trotzdem Ausdruck eines heteronomen (weil politischen) Prinzips waren. Politisches Engagement rechtfertigt sich nicht einfach als solches; es ist nur legitim, wenn es auf der Basis der Autonomie des eigenen Feldes und im Namen feldinterner Normen artikuliert wird.

Bourdieu zufolge hatte das literarische Feld in Frankreich in den 80er Jahren des 19. Jahrhunderts einen sehr großen Grad an Autonomie erreicht, und auf der Basis dieser Autonomie war die Intervention von Zola für Dreyfus möglich. Sie bedeutete keine Rücknahme des Autonomiestatus der Literatur. Im Gegenteil: Zola gelang es, in das politische Feld ein Problem hineinzutragen, das nach den für das intellektuelle Feld charakteristischen Unterscheidungsprinzipien konstruiert war, und so dem sozialen Universum die Gesetze des intellektuellen Feldes aufzuzwingen, die sich immer auf das Universelle beziehen. »Das ›J'accuse‹, ›Ich klage an‹, ist Abschluss und Vollendung des kollektiven Emanzipationsprozesses, der sich nach und nach im Feld der Kulturproduktion vollzog: Als prophetischer Bruch mit der etablierten Ordnung bekräftigt er erneut, wider alle Staatsräson, den irreduziblen Charakter der Werte Wahrheit und Gerechtigkeit und im gleichen Zug die Unabhängigkeit der Hüter dieser Werte gegenüber den Normen der Politik (der des Patriotismus zum Beispiel) und den Zwängen des Wirtschaftslebens.«[5]

Das Engagement von Zola setzte also nicht nur die Autonomisierung des intellektuellen Feldes voraus, es war auch die Vollendung eines parallelen Prozesses der Feindseligkeit der Schriftsteller gegenüber der Politik, namentlich nach der Revolution von 1848, und gegenüber denjenigen, die politische Argumentationen in das literarische Feld einführen wollten, so etwa die Verfechter einer »sozialen Kunst«. Indem er sich auf die Autorität stützte, die die »reinen« Schriftsteller und Künstler gegen die Politik erobert hatten, war es Zola zusammen mit den Wissenschaftlern möglich, mit der politischen Indifferenz seiner Vorgänger zu brechen und anlässlich der Dreyfus-Affäre in das politische Feld selbst einzugreifen, mit Waffen freilich, die keine politischen waren. Bourdieu wies der Intervention von Zola eine archetypische Funktion zu. Er unterstrich, dass Zola aufgrund der spezifischen Kompetenz, die er im literarischen Feld erworben hatte, über eine Autorität verfügte, die über sein eigenes Feld hinaus wirksam war. »Auf Grundlage eben dieser eroberten Autonomie kann nun der Gelehrte oder Schriftsteller aufstehen und sich ins politische Feld begeben, um mit der ganzen Autorität seines spezifischen Kapitals zu sagen, dass eine solche Entscheidung nicht annehmbar ist, dass sie den Werten seines Feldes entgegenläuft, im Falle des Schriftstellers den Werten der Wahrheit. Je autonomer man ist, je mehr man über spezifische Autorität verfügen kann, wissenschaftliche oder literarische, gewinnt man auch außerhalb des eigenen Feldes die Autorität, mit einer gewissen symbolischen Wirksamkeit zu sprechen. Das Prinzip aller *Realpolitik* der Vernunft, wie ich sie predige, besteht also darin, möglichst viel spezifische Autorität anzuhäufen, um daraus gegebenenfalls eine politische Kraft zu machen, wohlgemerkt ohne dabei zum Politiker zu werden.«[6]

Bourdieu bezog sich in seinen Ausführungen über die Interventionen der Intellektuellen immer wieder auf das Modell von Zola, nannte aber meist in einem Zug die Intervention Sartres zur Zeit des Algerienkrieges, die auf derselben Grundlage beruhte (spezifische Autorität und Universalität des Anliegens).[7] Gegen Sartres Konzept des »universellen Intellektuellen«, der als Repräsentant einer universellen Wahrheit glaubt, kraft seines Status zu allen politischen Fragen Stellung zu beziehen, hatte Foucault sein Konzept des »spezifischen Intellektuellen« entwickelt, das nicht mehr mit einer universalistischen Zielrichtung verbunden war. Politische Intervention begrenzte er auf Problemfelder, in denen er eine spezifische Kompetenz einbringen konnte. So intervenierte Foucault beispielsweise in den Bereichen, über die er selbst geforscht hatte (Strafvollzug, Justiz- und Polizeiapparat, Psychatrie).

Pierre Bourdieu versucht die Universalität ethisch-politischer Ansprüche mit spezifischer Kompetenz zu vereinigen und betont die kollektive und internationale Dimension des Engagements. Bourdieu wirft den Intellektuellen der alten Schulen wie Sartre vor, in Bezug auf die beiden zentralen Aspekte des Engagements, Autonomie und Kompetenz einerseits, Wirksamkeit andererseits, nicht anspruchsvoll genug gewesen zu sein. Er ist überzeugt, dass man in einer immer komplexer werdenden Welt mit der bescheidenen Ausrüstung eines Philosophielehrers nicht glaubwürdig Stellung beziehen kann. Gleichzeitig bezieht sich Bourdieu auch auf universelle Werte, so etwa in seinen bewusst normativen

Ausführungen am Ende seines Buches *Die Regeln der Kunst*. Hier bringt er das »Manifest der 121«, den Protest der Intellektuellen gegen den Algerienkrieg, zur Sprache, in dem man die heiligsten patriotischen Werte in Frage gestellt habe im Namen eines spezifischen »ethischen und wissenschaftlichen Universalimus«.[8] Für Bourdieu sind die universellen Werte Zolas Werte des intellektuellen Feldes; das Prinzip der Wahrheit ist die ethische Grundlage des Wissenschaftlers. Der Bezug auf Universalität *und* der Bezug auf wissenschaftliche Kompetenz schließen sich nicht aus: »Obschon ich die Ablehnung des Prophetentums des Intellektuellen alter Art völlig teile, denke ich, dass man nicht die Wahl hat zwischen dem totalen Intellektuellen, wie Sartre ihn geprägt und verkörpert hat, der sich berechtigt und verpflichtet fühlte, einzig mit der Kraft seines Verstandes zu allen Problemen seiner Zeit Stellung zu beziehen, und dem spezialisierten Intellektuellen, wie Foucault ihn verstand, der seine Intervention auf ein besonderes Gebiet des Wissens und der Erfahrung beschränkt. Heute müssen Organisationsformen entwickelt werden, die es gestatten, das Wort eines *großen kollektiven Intellektuellen* vernehmbar zu machen, der die Kompetenzen und die Talente der Gesamtheit der spezialisierten Intellektuellen vereint. Dafür gibt es große Vorbilder in der Vergangenheit (ich denke etwa an die »Philosophen« der Enzyklopädie).«[9]

Autonomie ist für Bourdieu nicht nur ein heuristisches Konzept, sondern ein normativer Wert. In seiner Schrift *Über das Fernsehen* (1998) stellte er fest, dass die wissenschaftlichen, politischen und literarischen Felder bedroht sind durch die Übermacht der Medien, die durch heterogene Kräfte bestimmt werden, die in die symbolischen Felder die Gesetze des Kommerzes und der Wirtschaft hineintragen: »Ein sehr autonomes Feld, das der Mathematik zum Beispiel, ist ein Feld, in dem die Produzenten nur ihre Konkurrenten zu Kunden haben, Leute, die an ihrer Stelle die Entdeckung hätten machen können [...] Um Autonomie zu erlangen, muss man jene Art Elfenbeinturm errichten, innerhalb dessen man einander beurteilt, kritisiert, auch bekämpft, aber in Kenntnis der Sache; man rivalisiert, aber mit wissenschaftlichen Waffen, mit Instrumenten, Techniken, Methoden.«[10]

In den *Meditationen* stellt Bourdieu noch einmal das wissenschaftliche Feld als ein Modell der Autonomie vor: »einen geregelten Wettbewerb, der sich selbst kontrolliert [...] einzig durch die ihm immanente, die Akteure durch soziale Mechanismen zu ›vernünftigem‹ Verhalten und zur Sublimierung ihrer Triebe zwingende Logik«.[11] Eine solche Realpolitik der Vernunft könnte auch ein Vorbild für das politische Feld sein und dort Mechanismen einführen, die per se demokratisch wären. Bourdieu berief sich auf Pascal (»Tyrannei ist, etwas auf einem Wege haben zu wollen, was man nur auf einem anderen haben kann«) und bezeichnete alle Eingriffe in andere Felder als ein Nicht-Respektieren der internen Hierarchisierung, und damit als Tyrannei: »Tyrannei herrscht beispielsweise, wenn die politische Macht oder die wirtschaftliche Macht in das Feld der Wissenschaft oder das der Literatur eingreift, sei es unmittelbar, sei es vermittels einer spezifischen Macht [...], um dort ihre eigenen Hierarchien zu errichten und die Selbstbehauptung spezifischer Hierarchisierungsprinzipien zu unterdrücken.«[12]

Wissenschaftlicher Universalismus war für Bourdieu immer Grundlage seines Engagements. Anlässlich einer Debatte in London im März 2001, zusammen mit seinem Freund Eric Hobsbawm, bringt er die Kontinuität seiner Haltung auf die Formel: »Keine Wissenschaft ohne Engagement. Kein Engagement ohne Wissenschaft.« Schon seine ersten Werke über den Zwiespalt der algerischen Arbeiter zwischen feudalistischer Herkunft und den Anforderungen eines kapitalistischen Arbeitsmarktes waren engagierte Arbeiten. Diese Kontinuität belegt eindrucksvoll der posthum veröffentlichte Band *Interventions* (2002), den wir Franck Poupeau verdanken und der Bourdieus Stellungnahmen seit den 60ern dokumentiert.[13]

Eine große Wirkung entfaltete das von ihm herausgegebene Buch *La misère du monde / Das Elend der Welt* (1993), von dem über 120.000 Exemplare verkauft wurden. *La misère du monde* ist ein Buch, das zum größten Teil aus Interviews besteht, Interviews, die Bourdieu und seine Mitarbeiter mit Ausgestoßenen der modernen französischen Gesellschaft führten. In diesem Buch ging es darum zu verstehen, »was sich an Orten ereignet, die, wie ›Städte‹ oder ›Großräume‹ und zahlreiche schulische Einrichtungen, Menschen, die alles trennt, zusammenbringen, die sie zwingen, miteinander zu leben, sei es in gegenseitiger Unkenntnis oder wechselseitigem Unverständnis, sei es in latentem oder offen erklärtem Konflikt, samt aller daraus resultierender Leiden«.[14] Gerade indem hier Einzelne zu Wort kommen, ausgegrenzt durch den Arbeitsmarkt oder die schulische Selektion, wird das positionsbedingte Elend sichtbar, wie es die Menschen selbst wahrnehmen und erleiden. Wenn die soziale Ordnung die große Not zurückgedrängt hat (allerdings weniger als zuweilen behauptet wird), schafft sie im Zuge ihrer Ausdifferenzierung vermehrt soziale Räume und damit auch Bedingungen, »die eine beispiellose Entwicklung aller Formen kleiner Nöte begünstigt haben«.[15] Die Wortlosen zu Wort kommen zu lassen, war für Bourdieu gleichzeitig eine ästhetische wie eine ethische Herausforderung. In einem Gespräch betonte er, dass die Literatur etwa bei Flaubert in der subtilen Beziehung des Erzählers zu seinem Erzählgegenstand in vollendeter Form Probleme der Schreibweise gelöst habe, die sich ihm als Sozialwissenschaftler bei der Wiedergabe von Aussagen von sozial Ausgegrenzten stellten. So ging es in seinem Buch *Das Elend der Welt* darum, dem Wortlaut der Aussagen treu zu bleiben, ohne die Personen bloßzustellen; es ging um »die Übernahme eines Standpunkts, der dem der befragten Person so nahe wie möglich ist, ohne sich dabei ungerechterweise in jenes Alter Ego, das stets noch, ob man es will oder nicht, ein Objekt bleibt, hineinzuprojizieren, um sich fälschlich zum Subjekt seiner Weltsicht zu machen«.[16] Bourdieu war sich bewusst, dass die Mechanismen, die das Leben leidvoll und oft unerträglich machen, zu Bewusstsein zu bringen, noch nicht heißt, sie auszuschalten; immerhin eröffne die Analyse »jenen, die leiden, einen Weg, ihr Leiden auf gesellschaftliche Ursachen zurückzuführen und sich solcherart vom Gefühl eigenen Verschuldens zu befreien«.[17]

Das fast tausend Seiten umfassende Buch stößt in Frankreich auf eine ungeheure Resonanz. Weit über ein Fachpublikum hinaus erreicht es Menschen, die sich in den Aussagen der anonymen Gesprächspartner wiedererkennen. Passagen des Buches werden auf mehreren Bühnen szenisch dargestellt, das Buch, das die soziale Not als Folge der neo-liberalen Politik sichtbar macht, wird zum politischen Akt.

Seit der Mitte der 80er Jahre betrachtet es Bourdieu als Pflicht, sein symbolisches Kapital, über das er als Professor an der wissenschaftlich renommiertesten Institution verfügt, einzusetzen, um das »Maul aufzureißen«, wie er im Gespräch mit Günter Grass betont, um die symbolische Macht in Frage zu stellen. Die internationale Dimension des intellektuellen Austausches wird immer bedeutsamer, und er belässt es nicht bei einem emotionalen Aufruf zur Zusammenarbeit. Anlässlich seiner Rede zur Eröffnung des Freiburger Frankreich-Zentrums schlägt er ein wissenschaftliches Programm vor, das all das inventarisieren soll, was einem fruchtbaren internationalen Kulturaustausch im Weg steht. Vordringliche Aufgabe sei die historische Anamnese, die Bewusstmachung dieser Faktoren in der Geschichte des Bildungswesens und der wissenschaftlichen Disziplin etwa in Deutschland und Frankreich. Eine solche Arbeit der Aufklärung könnte einen (noch) real existierenden intellektuellen Nationalismus überwinden und zu einem Dialog führen, der nicht mehr vorrangig durch die Interessen des eigenen Feldes bestimmt ist. Die Ent-Nationalisierung der Denk-Kategorien ist, so Bourdieu, die erste Bedingung eines wirklichen intellektuellen Universalismus.[18]

Bourdieu hilft aktiv mit, Plattformen eines solchen Austausches zu schaffen, so durch die Gründung des internationalen Büchermagazins *Liber*, das als Beilage von *Le Monde, El País, F.A.Z., The Times Literary Supplement* und *L'Indice* etwa zwei Millionen Leser erreicht. Weitere Ausgaben in anderen europäischen Ländern von Norwegen bis zur Türkei folgten. 1992 lanciert Bourdieu eine Arbeitsgruppe zu den Problemen der Universität und der Forschung ARESER. 1993 übernimmt er den Vorsitz des ›Comité International de Soutien aux Intellectuels Algériens‹ (CISIA); im Herbst desselben Jahres initiiert er anlässlich des 5. Carrefour des Littératures in Straßburg das Internationale Schriftstellerparlament, in dessen Folge sich zahlreiche europäische Städte als Zufluchtsorte für politisch Verfolgte erklärten.

Auf sehr große Resonanz stößt Bourdieus Intervention zugunsten der streikenden Bahnarbeiter im Dezember 1995. Während der Streikbewegung von 1995 hatte sich in Frankreich erstmals ein neuer Typus des Intellektuellen artikuliert: der Experte. Eine ganze Reihe von Intellektuellen, darunter auch viele ehemalige Berater der früheren Links-Regierungen, erklärten in einer Aufsehen erregenden Petition in der Zeitschrift *Esprit* (24. November 1995), sie wollten ihre Verantwortung wahrnehmen und die Regierung, namentlich den Plan von Juppé zur Gesundheitsreform, unterstützen. Diese Form einer Petition war für Frankreich neu. Intellektuelle definieren sich hier nicht mehr durch ihre kritische Funktion, sondern als Experten. Die Experten verstanden sich als Verkörperung des eigentlichen Fortschritts und warfen den Gewerkschaften vor, sich an archaische Modelle zu klammern. Darauf folgte eine entschiedene Reaktion anderer Intellektueller zur Unterstützung der Streikenden. Bourdieu solidarisiert sich auf einer Betriebsversammlung im Gare de Lyon mit ihnen – eine Reaktion, die am nächsten Tag auf der Titelseite von *Le Monde* (14. Dezember 1995) vermerkt wurde.[19] Er sei gekommen, um all jenen die Unterstützung zuzusichern, die seit drei Wochen gegen die Zerschlagung einer Zivilisation kämpften: »Es geht um eine Zivilisation, in welcher der öffentliche Dienst den Zugang aller zu den gleichen republikanischen Rechten garantiert: dem Recht auf Ausbildung, auf Gesundheitsversorgung, auf Kultur, Forschung, Kunst und, vor allem, dem Recht auf Arbeit.« Gleichzeitig verwahrt er sich gegen eine Staatsaristokratie, die das sichere Gefühl ihrer Legitimität aus Diplomen und der Autorität der Wissenschaft bezieht. Für diese neuen »Regenten von Gottes Gnaden« seien Vernunft und Modernität allein auf Seiten der Minister und der Experten, während das Volk, die Gewerkschafter und die kritischen Intellektuellen archaischen, unflexiblen Modellen nachhängen. Bourdieu interveniert hier im Sinne von Foucaults ›spezifischem Intellektuellen‹, der sich auf seine professionelle Kompetenz stützt. »Ich denke, dass man die nationale und internationale Technokratie nur effizient bekämpfen kann, wenn man sie auf ihrem eigenen Terrain angreift, der *Wissen-*

schaft, vor allem der Wirtschaftswissenschaft und ihrem abstrakten und verstümmelten Wissen Erkenntnisse entgegenhält, welche Menschen und Realitäten, mit denen sie konfrontiert sind, besser respektieren.«[20] Wenn Bourdieu eine technokratische Elite, die den Kontakt mit dem Volk verloren hat, für die Krise in Frankreich verantwortlich macht, dann war das keineswegs aus dem hohlen Bauch gesprochen, sondern fußte auf langwierigen wissenschaftlichen Untersuchungen, etwa seiner Analyse des französischen »Staatsadels« in *La Noblesse d'Etat*.

Mit einer ähnlichen Begründung unterstützt Bourdieu im Jahre 1998 die Arbeitslosenbewegung in Frankreich: »Sämtliche wissenschaftliche Arbeiten haben [...] gezeigt, dass Arbeitslosigkeit die von ihr Betroffenen kaputt macht, dass sie ihre Widerstandskraft und ihre subversiven Neigungen zunichte macht [...]. Die wichtigste Errungenschaft dieser Bewegung ist die Bewegung selbst: Sie entreißt die Arbeitslosen und mit ihnen die von Tag zu Tag zunehmende Zahl der prekär Beschäftigten der Unsicherheit, der Isolation, dem Schweigen, kurz: dem Nichts.«[21]

Bourdieu geht es jetzt auch darum, die Resultate soziologischer Analysen einem breiten Publikum zur Verfügung zu stellen. Darum lancierte er 1996 die Reihe ›Raisons d'agir‹ in einem eigenen kleinen Verlag. Die preiswerten Bändchen stoßen auf eine ungeheure Resonanz; *Sur la télévision* (1997) verkauft sich über 150.000 mal. Auf ein ebenso großes Echo stieß in derselben Reihe Serge Halimis Abrechnung mit dem Journalismus *Les Nouveaux chiens de garde*. Seit Beginn der 90er Jahre werden die Interventionen Bourdieus in der Reihe unter dem Titel *Contrefeux* publiziert.[22] Die Bewegung ›Raisons d'agir‹ organisierte im November 1996 die ›Generalstände der sozialen Bewegung‹ (›Etats généraux du mouvement social‹), und zum 1. Mai 2000 rief Bourdieu mit der ›Charta 2000‹ zur Einberufung von Generalständen der sozialen Bewegung in Europa auf.

Wenn Bourdieu in seinem Büchlein *Über das Fernsehen* die Welt des Journalismus als ein Feld für sich darstellt, »das jedoch vermittels der Einschaltquote unter der Fuchtel des ökonomischen Feldes steht [...] und seinerseits strukturell Druck auf andere Felder ausübt«,[23] dann hat er dabei auch die Medienphilosophen im Visier, deren Interventionen bloß der Logik der Mode gehorchten: »Es gibt sie in Frankreich, diese aufgeregten, ein bisschen lächerlichen Intellektuellen, Bernard-Henry Lévy, solche Leute. Die verschaffen dem französischen Intellektuellen ein so schlechtes Image, dass es für ernsthafte Leute schwierig ist, Respekt zu bekommen. Was wir brauchen, ist ja nicht eine moralische oder philosophische, sondern eine wissenschaftliche Kritik.«[24]

Nach der harten Kritik an der willfährigen Medienwelt schlug Bourdieu eine massive Reaktion entgegen. In *Le Monde* vom 18. September 1998 antworteten Intellektuelle auf einer Doppelseite: Bernard-Henri Lévy natürlich, aber auch Philippe Sollers und Alain Finkielkraut. Der Fernsehjournalist Daniel Schneidermann hatte bereits 1996 in *Le Monde diplomatique* mit Bourdieu abgerechnet.[25] Claude Lanzmann und Robert Redeker von der Redaktion der Zeitschrift *Les Temps Modernes* warfen Bourdieu »simplifizierenden Rationalismus« vor; er sei »ein Kardinal Ratzinger der Wissenschaft« und verkenne, dass die Linke Mythen brauche! Olivier Mongin von der Zeitschrift *Esprit*, der für einen reformistischen Kurs eintritt, sah in Bourdieu einen »Populisten«; was nun sicher verkehrt ist, wenn man an die Komplexität seiner Analysen denkt und auch an die Tatsache, dass er die Ausgeschlossenen nicht für eigene politische Ziele zu instrumentalisieren versucht, sondern vielmehr bestrebt ist, ihnen Gehör zu verschaffen.[26]

In seinen letzten Lebensjahren analysiert Bourdieu, zusammen mit Loïc Wacquant die intellektuelle Legitimation der neo-liberalen Restauration. Die beiden versuchen zu erklären, wie sich der Kult der *shareholder value* durchsetzte, ganz ohne den Einsatz brutaler Methoden. Wenn dieser Wandel ohne großen Widerstand akzeptiert wurde, dann weil er gut »verkauft« worden war. Den Denkern der ökonomischen Macht war eine symbolische Revolution gelungen. Sie hatten mit dem Begriff »Globalisierung« – der Internationalismus war ja einst das Signum der Arbeiterbewegung gewesen – einen gefährlichen Schlüsselbegriff geschaffen, der als Erklärungsmuster aller sozialen Veränderungen im Gefolge von Rationalisierung und Fusionen vorgebracht wurde.[27]

Die massiven Einwände gegen Bourdieus Konzept einer engagierten Wissenschaft erklären sich wohl teilweise daher, dass die Soziologie, wie Bourdieu schrieb, »ein Störenfried« ist: »Sie stört, weil sie enthüllt. Darin unterscheidet sie sich in nichts von anderen Wissenschaften. ›Es gibt keine Wissenschaft ohne das Verborgene‹, sagte Gaston Bachelard. Doch dieses Verborgene ist besonderer Art. Häufig handelt es sich um ein Geheimnis – das man wie manche Familiengeheimnisse gar nicht lüften möchte – oder eher noch um etwas Verdrängtes [...] Wenn sie tief gehend und konsequent ist, begnügt sich die Soziologie einfach nicht mit bloßer Feststellung, die deterministisch, pessimistisch oder demoralisierend genannt werden darf. Sie kann realistische Mittel anbieten, um den der Gesellschaftsordnung immanenten Tendenzen entgegenzuwirken. Und wer das deterministisch nennt, sollte sich eines in Erinnerung rufen: Das Gesetz der Schwerkraft musste erst kennen, wer Flugmaschinen baute, die eben dieses Gesetz wirksam überwinden.«[28]

Als Pierre Bourdieu im Sommer und Herbst 2001 daran ging, seine Abschiedsvorlesung am Collège de France als »soziologischen Selbstversuch« auszuarbeiten, da verfügte er, dieser Rückblick solle zuerst in deutscher Übersetzung erscheinen, weil er sich von dort eine unvoreingenommenere Aufnahme versprach als bei den französischen Journalisten, die sich in den letzten Jahren auf ihn eingeschossen hatten. Seine Vorahnung hatte ihn nicht getäuscht, denn im *Nouvel Observateur* vom 31. Januar 2002 wurde nach dem Tod des Soziologen ein Ausschnitt aus dem Erinnerungsmanuskript veröffentlicht, das Bourdieu einem Journalisten dieses Blattes anvertraut, aber nicht zur Veröffentlichung freigegeben hatte. Die Passage handelte von den harten Erfahrungen des Internatsschülers von Pau. Daraus wurde in den Artikeln des Wochenblattes die vulgärpsychologische These abgeleitet, das gesamte spätere Werk Bourdieus erkläre sich aus den Demütigungen des Schülers in der Provinz. Der *Nouvel Observateur* verlor den von der Familie Bourdieus angestrengten Prozess wegen der nicht autorisierten Veröffentlichung des Erinnerungstextes.

Am späten Abend des 23. Januar 2002 war Pierre Bourdieu unerwartet schnell an den Folgen eines Krebsleidens im Pariser Hôpital Saint-Antoine gestorben. Er hatte schon im Herbst nach der Rückkehr aus Lasseube, dem Pyrenäendorf, in dem er immer die Sommermonate verbrachte, über nicht nachlassende Rückenschmerzen geklagt. Doch erst im Laufe der Hospitalisierung gegen Weihnachten hatte man die Krebserkrankung erkannt, der er dann so schnell erlag.

Pierre Bourdieu, der weltweit am meisten zitierte französische Intellektuelle, hinterlässt eine große Lücke, aber auch ein immenses intellektuelles Erbe. Er hat mit seinem eindrucksvollen Œuvre, das mehr als dreißig Bücher umfasst, die Sozialwissenschaften grundlegend erneuert. Er verkörpert wie kein Zweiter nach Sartre die spezifische Tradition des französischen Intellektuellen, die Zola mit seiner Stellungnahme für Dreyfus begründet hatte. Schließlich war er eine charismatische Persönlichkeit, die sich nicht nur durch beeindruckende Klarsicht, sondern auch durch eine große menschliche Wärme auszeichnete.

Darum soll hier zum Schluss auch kurz vom Menschen die Rede sein, obwohl das implizit schon sichtbar wurde in der Darstellung seines Lebensweges und seiner Positionen. Ich erinnere mich, wie ich ihm im Dezember 1980 zum ersten Mal in der Pariser Maison des Sciences de l'Homme begegnete, nachdem ich versucht hatte, seine Theorie des literarischen Feldes bei einer Tagung in Deutschland vorzustellen. Wir aßen in einem einfachen Restaurant in der Nähe seines Instituts am Boulevard Raspail. Er empfahl mir eine Spezialität aus seiner Heimat, dem Béarn. Er war eine intellektuelle Figur, verleugnete aber nie seinen Ursprung aus einem einfache Milieu in der Provinz. Diese zwei Stunden des ersten Gesprächs waren für mich von einer außerordentlichen Intensität. Ich hatte unendlich viel über sein Denken, seine Projekte, ihn selbst erfahren. Es rege ihn auf, so meinte er, wenn Ethnologen ankündigten, sie würden nun ins »Feld« fahren, um ihre Forschung zu betreiben. Das »Feld« sei überall, etwa hier in diesem Restaurant. In der Tat, mich überraschte dieser analytische Blick für alles, was sich um ihn abspielte. Er versuchte stets, die Mechanismen jedes menschlichen Handelns zu verstehen und zu erklären, tat es aber nie in einem Oberlehrerton, sondern oft mit einem verschmitzten Lächeln und mit Humor. Die Leidenschaft zu verstehen beseelte ihn. Er suchte immer wieder nach Analogien, um etwas zu erklären. So bedeutete er mir, wie etwa seine Arbeiten über die französischen Eliteschulen ihm die Augen für die Situation der Stämme in Afghanistan geöffnet hätten. Man müsste immer feinere Methoden entwickeln, um mehrere Dinge gemeinsam zu denken, die sich dann gegenseitig erhellten. Pierre Bourdieu war Tag und Nacht Wissenschaftler. Das erklärt wohl auch den außergewöhnlichen Reichtum seines wissenschaftlichen Oeuvres.

Als Gesprächspartner konnte man diesen scharfsinnigen Geist nur bewundern. Er schuf im Gespräch nie eine Situation der Überlegenheit. Er nahm seine Gesprächspartner mit, gab ihnen zu verstehen, dass er sie ernst nahm. Wenn er seine Ecken und Kanten vor allem gegenüber mondänen Figuren oder Leuten, die sich etwas auf ihre Position einbildeten, zeigen konnte, so fanden Menschen, die sich mit ernsthaften Anliegen an ihn wandten, ohne jedes Ansehen der Person stets Gehör. Er litt unter den Angriffen, denen er vor allem in den letzten Jahren ausgesetzt war, selbst wenn sie, wie er sagte, von der Logik des intellektuellen Feldes voraussehbar waren. Was ihm völlig abging, war ein abgeklärter Alterszynismus. In seinem unermüdlichen Engagement wirkte der Siebzigjährige noch sehr jung. »Ich kann mich täuschen«, dieser Satz, den er im Gespräch beiläufig äußerte, belegt, dass sein Engagement nicht von dogmatischem Eifer gelenkt war. Und dieser andere Satz – »Il faut se donner« – man muss sich ganz der Sache und den anderen hingeben und nicht mit sich selber geizen – dieser Satz wird mir immer in Erinnerung bleiben.

Im Leitartikel, den *Le Monde* unter dem Titel »Le pouvoir des mots« am 26. Januar 2002 dem gerade verstorbenen Soziologen widmete, wurde sein Engagement in die alte französische Tradition der Intellektuellen eingereiht. Bourdieu habe sich im Unterschied zu Zola und Sartre nicht auf eine universelle Moral, sondern auf sein Wissen als Forscher gestützt, um politische Forderungen durchzusetzen.

Ich denke nicht, dass Bourdieu den Bezug auf universelle Werte und wissenschaftliche Legitimität völlig getrennt hielt. Die Untersuchungen über die Elite-Ausbildung in Frankreich oder jene über die Langzeitfolgen der Arbeitslosigkeit lieferten vielmehr rationale Argumente für den Kampf gegen eine neo-liberale Flexibilisierungsidee. Im Grunde bewegt er sich auf der Ebene von Durkheim, der das Engagement der Intellektuellen in der Dreyfus-Affäre nicht durch die Zugehörigkeit zu einer Elite legitimierte, sondern es als Recht eines jeden Bürgers in einer Demokratie darstellte, die Hellhörigkeit gegenüber dem Justizverbrechen und dessen Vertuschung aber auch aus einem professionellen wissenschaftlichen Ethos erklärte, alle Autoritätsargumente zuerst auf ihre Stichhaltigkeit zu überprüfen.[29]

»La sociologie est un sport de combat.« Die Soziologie ist ein Kampfsport, der der Verteidigung dient, der eigenen und der Verteidigung derer, die keine Verteidigung haben.

Anmerkungen

[1] Ders., »Le champ littéraire. Préalables, critiques et principes de méthode«, in: *lendemains*, Nr. 36, 1984, S. 13 (übersetzt von Joseph Jurt).

[2] *Meditationen*, S. 133.

[3] *Reflexive Anthropologie,* S. 131.

[4] Jean-Paul Sartre, *Qu'est-ce que la littérature?*, Paris, Gallimard, 1970, S. 154–155.

[5] *Die Regeln der Kunst,* S. 210.

[6] *Vom Gebrauch der Wissenschaft. Für eine klinische Soziologie des wissenschaftlichen Feldes.* Konstanz, UVK Verlag, 1998, S. 61.

[7] Siehe auch: Pierre Bourdieu: *Die Regeln der Kunst,* S. 527 und Pierre Bourdieu / Hans Haacke, *Freier Austausch*, S. 36.

[8] *Die Regeln der Kunst*, S. 527.

[9] *Die Intellektuellen und die Macht,* S. 61.

[10] *Über das Fernsehen*, Frankfurt a. M., Suhrkamp, 1998, S. 88.

[11] *Meditationen*, S. 162.

[12] Ebenda, S. 131–132.

[13] Auf deutsch liegt ein erster Teil dieses Buches vor: Pierre Bourdieu, *Interventionen 1961–2001.* Band 1: *1961 – 1980.* Hamburg, VSA-Verlag, 2003.

[14] Pierre Bourdieu et al., *Das Elend der Welt. Zeugnisse und Diagnosen alltäglichen Leidens an der Gesellschaft.* Konstanz, UVK Universitäts-Verlag, 1997, S. 17.

[15] Ebenda, S. 14.

[16] Ebenda, S. 826.

[17] Ebenda, S. 826.

[18] Pierre Bourdieu, »Les conditions sociales de la circulation des idées«, *Romanistische Zeitschrift für Literaturgeschichte*, 14, 1990, S. 1–10.

[19] Sylvia Zappi, »Pierre Bourdieu choisit la grève contre la ›barbarie‹«, *Le Monde* (14. Dezember 1995), S. 1.

[20] Pierre Bourdieu, » ...bonjour les citoyens«, *Wochenzeitung* [Zürich] (15. Dezember 1995).

[21] *Gegenfeuer. Wortmeldungen im Dienste des Widerstands gegen die neo-liberale Invasion*. Konstanz, UVK Universitätsverlag, 1998, S. 103 – 104.

[22] Die Bändchen *Contrefeux* waren auch in deutscher Fassung greifbar: Pierre Bourdieu, *Gegenfeuer. Wortmeldungen im Dienste des Widerstands gegen die neo-liberale Invasion*. Konstanz, UVK Universitätsverlag, 1998; ders., *Gegenfeuer 2. Für eine europäische soziale Bewegung,* Konstanz, UVK, 2001.

[23] *Über das Fernsehen.* Frankfurt a. M., Suhrkamp, 1998, S. 76 – 77.

[24] Interview von Thierry Chervel mit Pierre Bourdieu, *Basler Zeitung*, Nr. 303, 29. Dezember 1995, S. 35.

[25] Daniel Schneidermann, »Auch Sie haben Macht! Antwort an Pierre Bourdieu«, *Le Monde diplomatique / taz*, Mai 1996.

[26] Eine gute Auseinandersetzung mit den Vorwürfen gegen Bourdieus Ansatz findet sich bei Lothar Peter,»Das Ärgernis Bourdieu: Anmerkungen zu einer Kontroverse«, *Das Argument*, 231, 1999, S. 545 – 560.

[27] Pierre Bourdieu, Loïc Wacquant, »Schöne neue Begriffswelt«, *Le Monde diplomatique*, 12. Mai 2000.

[28] Pierre Bourdieu, »Störenfried Soziologie«, *Die Zeit*, 26, 21. Juni 1996.

[29] Emile Durkheim, »L'ndividualisme et les intellectuels«, *Revue bleue*, 2. Juli 1898, in: ders., *La science sociale et l'action*. Paris, 1970, S. 269 – 270.

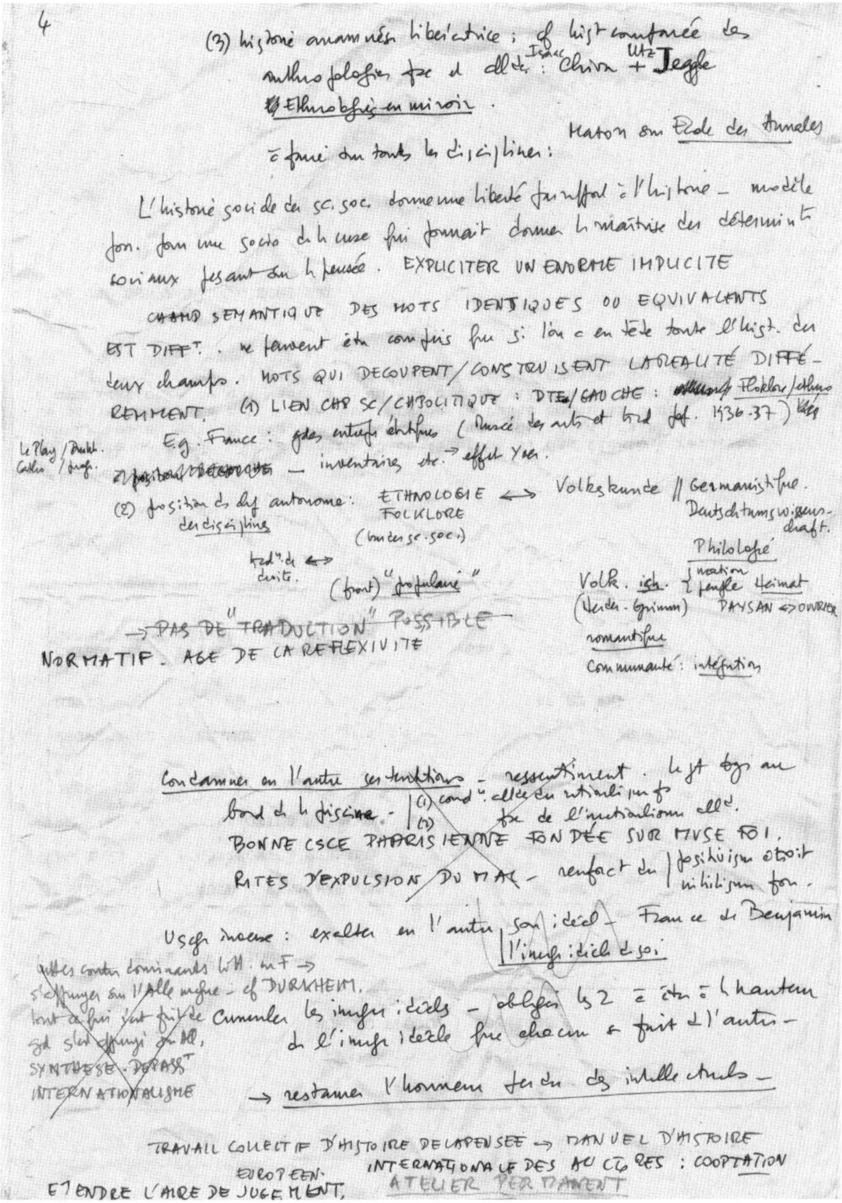
4

(3) histoire anamnèse libératrice ; cf hist. confrontée des anthropologies fr. et allde : Isaac Chiva + Utz Jeggle Ethnologies en miroir.

Maton sur École des Annales

ĉ fumé dans toutes les disciplines :

L'histoire sociale des sc. soc. donne une liberté par rapport à l'histoire – modèle fon. pour une socio de la cause qui pourrait donner la maîtrise des déterminants sociaux pesant sur la pensée. EXPLICITER UN ENORME IMPLICITE

CHAMP SEMANTIQUE DES MOTS IDENTIQUES OU EQUIVALENTS EST DIFFT. ne peuvent être compris que si l'on a en tête toute l'hist. des deux champs. MOTS QUI DECOUPENT / CONSTRUISENT LA REALITE DIFFEREMMENT. (1) LIEN CHP SC / CHP POLITIQUE : DTE / GAUCHE : Folklore / ethno

Le Play / Durkh. Callois / ...

E.g. France : gdes entreprises étatiques (Musée des arts et trad. pop. 1936-37) — inventaires etc. → effet Vichy.

(2) position ds les autonome : des disciplines ETHNOLOGIE ⟷ Volkskunde // Germanistique. FOLKLORE (toutes sc. soc.) Deutschtumswissenschaft. Philologie

trad. de droite ⟷ (front) "populaire"

Volk. isch. { nation peuple Heimat (Herder - Grimm) PAYSAN ⟷ OUVRIER romantique Communauté : intégration

→ ~~PAS DE "TRADUCTION" POSSIBLE~~

NORMATIF. AGE DE LA REFLEXIVITE

Condamner en l'autre ses tentations – ressentiment. ligt ... au bord de la disciple – (1) cond. ... (2) ... de l'inst... alld. BONNE CSCE PHARISIENNE FONDEE SUR MUSE FOI. RITES D'EXPULSION DU MAL – renfort du positivisme étroit nihilisme fon.

Usage inverse : exalter en l'autre son idéal – France de Benjamin l'image idéale de soi

... contre dominants ... → s'appuyer sur l'Alle ... – cf DURKHEIM. ... SYNTHESE – DEPASST INTERNATIONALISME

Cumuler les images idéales – obliger les 2 à être à la hauteur de l'image idéale que chacun a fait de l'autre –

→ restaurer l'honneur perdu des intellectuels –

TRAVAIL COLLECTIF D'HISTOIRE DE LA PENSEE → MANUEL D'HISTOIRE EUROPEEN. INTERNATIONALE DES AUCTORES : COOPTATION

ETENDRE L'AIRE DE JUGEMENT, ATELIER PERMANENT

Konzeptseite von Bourdieus Vortrag anlässlich der Eröffnung des Freiburger Frankreichzentrums, 30. Oktober 1989.

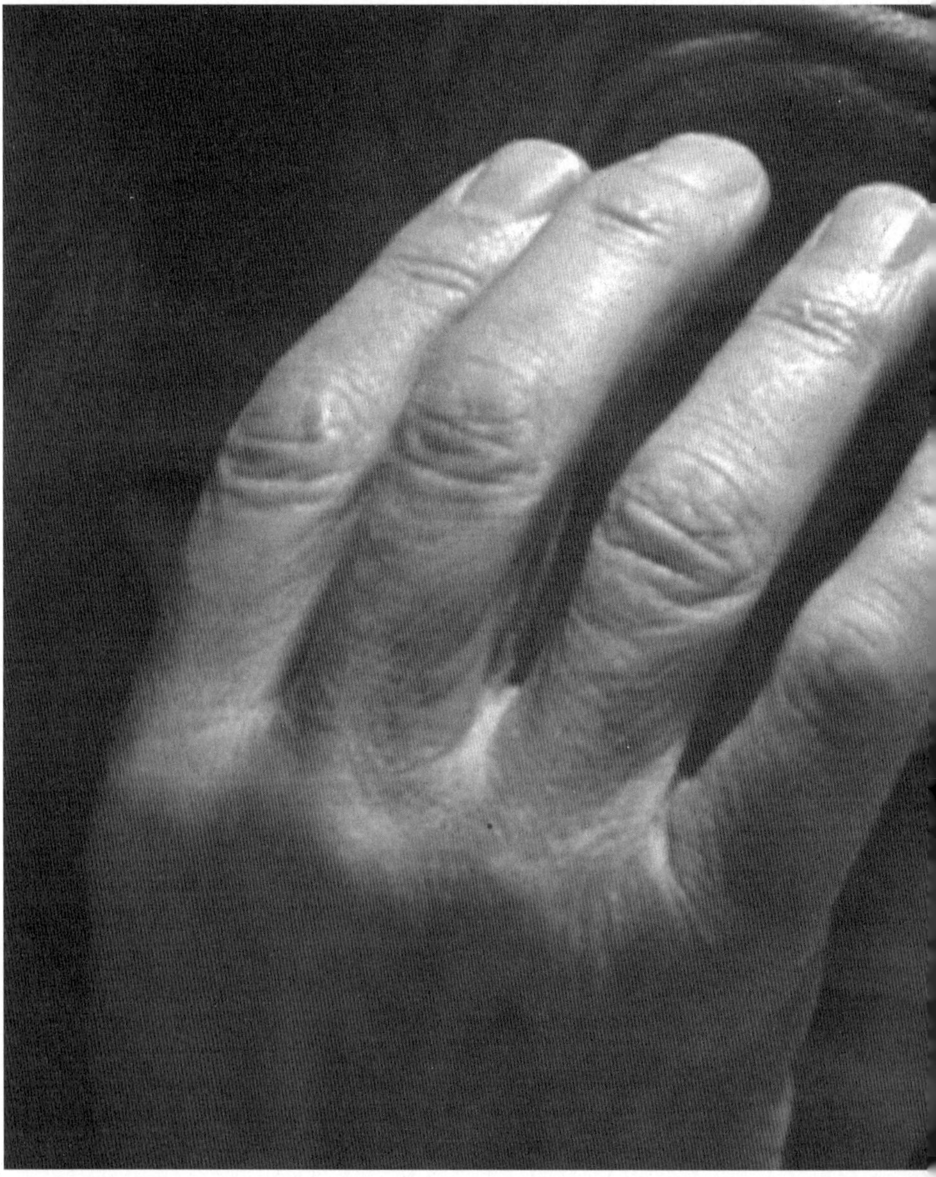

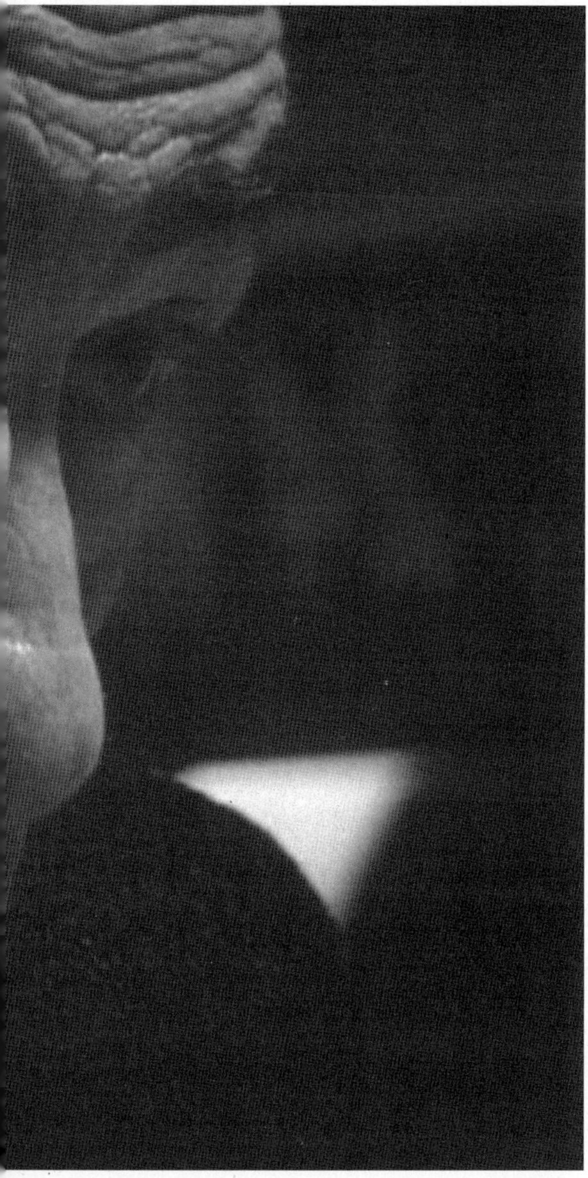

Ihr Unglück begann damit, dass sie sich ein Haus kaufte – ein »Wahnsinn«: 120.000 plus die Notarskosten, von denen sie geglaubt hatte, sie seien im Preis inbegriffen. Sie versucht, sich zu rechtfertigen – was sie auch das restliche Interview über ständig tun wird. In dem Hochhaus, in dem sie wohnte, gefiel es ihr nicht, sie wollte gerne einen Garten. Als sie noch Putzfrau in einem Unternehmen für Gebäudereinigung war (einem der Bereiche, in denen die Beachtung des Arbeitsrechts eine äußerst unsichere Sache ist), wollte sie schon einmal ein Haus kaufen, das für sie weniger teuer gekommen wäre, aber man hatte es ihr unter verschiedenen Vorwänden verweigert.
Sie hatte Pech. Einige Monate nach dem Hauskauf wird sie »aus wirtschaftlichen Gründen«, einer indirekten Folge der »Umstrukturierungsmaßnahmen in der Eisenindustrie«, entlassen und ist ein Jahr lang finanziell von ihrer Mutter abhängig. Dann macht sie »haufenweise Praktika« und findet schließlich in Luxemburg eine Stelle, muss aber mangels Transportmöglichkeit (diejenigen, mit denen sie fahren konnte, wurden entlassen) diese Arbeit wieder aufgeben.
Sie ist ungefähr 35 Jahre alt. An diesem Tag kommt sie gerade von einem Praktikum, das sich »Alphabetisierung« nennt – noch so ein Pflästerchen bzw. ein Aufschub – und in den großen Büroräumen der Firma Usinor abgehalten wird, die zu einem »Haus der Information« umfunktioniert wurden. Sie kann ihre Wut beim Reden nur mühsam unterdrücken, unterstreicht ihre Worte mit kleinen, brüsken Kopfbewegungen, auf die kurze Schweigepausen folgen, und ihr direkter und persönlicher Tonfall ist weniger der des Vertrauens als der eines Plädoyers. Alles an ihrem Auftreten und ihrem Blick drückt den Wunsch aus, verstanden zu werden, endlich einmal angehört zu werden, und auch die Wohltat, jemanden gefunden zu haben, dem sie alles erzählen, vor dem sie sich rechtfertigen oder besser gerechtfertigt – und akzeptiert fühlen kann. Und umgekehrt bewirkt dieser Wunsch bei uns eine so starke Sympathie, dass diese Stück für Stück im Interview die Oberhand gewinnt und Fragen oder Vorschläge hervorbringt, die in erster Linie der Hoffnung entspringen, ein wenig Ermunterung und Trost spenden zu können.
In aller Ausführlichkeit zählt Lydia D. die Liste ihrer Kredite auf: für das Auto, das Haus, den Notar, das Telefon. Hinzu kommen noch die laufenden Kosten – auch wenn sie ihre Ausgaben, selbst die für ihren Sohn, auf ein Minimum herunterge-

schraubt hat –, dann die Gemeindesteuer und die Fernsehgebühren, macht zusammen fast 3.000 Francs im Monat. Sie entrüstet sich angesichts einer wahren Verfolgungsjagd, der sie die Bankangestellten unterziehen, indem sie bei ihr oder sogar bei Bekannten anrufen, um ihr mit dem Zwangsverkauf ihres Hauses zu drohen, und die nicht in der Lage sind zu verstehen, dass sie liebend gern bezahlen würde, wenn sie nur könnte: »Ich bin ein ehrlicher Mensch, ich würde liebend gern bezahlen, geben Sie mir etwas Geld und ich bezahle Ihnen alles sofort zurück, aber ich kann nicht, ich kann einfach nicht bezahlen, so ist das nun mal, was soll ich machen?« (beinahe wörtlich dasselbe sagt ein arbeitsloser algerischer Einwanderer).

Das, was unter diesen Umständen am schwersten für sie ist, ist zweifellos die feindselige, ein wenig verächtliche Haltung ihrer Familie und die Einsamkeit, die daraus resultiert. Abgesehen von einer ebenfalls arbeitslosen Freundin und von ihrer Mutter, einer ehemaligen Arbeiterin, die von ihrem Mann verlassen wurde und gezwungen war, ihre vier Töchter allein aufzuziehen, ist ihr Umfeld alles andere als bereit, ihr zu helfen, ja, macht ihr sogar aus ihrer Situation noch einen Vorwurf: ihr Schwiegervater, Alkoholiker, Hilfsarbeiter und selbst arbeitslos, ihre Schwiegermutter, die ihr die Benutzung des Telefons versagt und ihr Nachrichten in Bezug auf eine mögliche Arbeit zu spät zukommen lässt – sie alle versuchen, ihr ihre Situation vor Augen zu führen und ihr zu verstehen zu geben, dass sie und ihr Mann nur deshalb arbeitslos sind, weil sie Faulpelze sind und nichts dafür tun, Arbeit zu finden. Dabei ignorieren sie die enormen Mühen und Opfer, die die beiden für die Arbeitssuche auf sich nehmen, und die nicht weniger enormen Hindernisse, die sich ihnen dabei in den Weg stellen.

Die schreckliche Isolation, die sie zu einem Teil erleiden, zu einem andern Teil in einer Art Stolz der Verzweiflung aber auch herbeiwünschen, erzeugt das Gefühl, dass es angesichts der so gefürchteten Bedrohung des endgültigen Untergangs keinerlei Ausweg gibt. Als wir, betroffen von ihrer großen Not und von dem Wunsch beseelt, ihr etwas Ermutigung oder Trost zu spenden, nacheinander die eine oder andere Unterstützungsmöglichkeit nennen, die sie in ihrer Familie finden könnte, zum Beispiel bei ihren Schwestern oder deren Ehemännern, ihren Eltern oder den Brüdern ihres Mannes, sehen wir jedes Mal ein neues Unglück auf sie herabsinken. Ihre jüngere Schwester ist netter zu ihr als die ältere, aber sie ist behindert, und der junge Mann, den sie gerade geheiratet hat, ist Hilfsarbeiter und auch arbeitslos. Den einzigen Rückhalt findet sie bei sich selbst und ihrem Mann, den sie mit großer Zärtlichkeit gegen die Anschuldigungen der Familie verteidigt, sowie bei ihrem Sohn, dem sie so gut wie möglich bei der Bewältigung

seiner schulischen Probleme, die im Zusammenhang mit schweren psychischen Problemen gesehen werden müssen, hilft.
Sie ist gefangen im Teufelskreis des Elends. So kann sie sich nicht einmal das Moped oder das Auto kaufen, das es ihr erlauben würde, auf die Stellenangebote am Ende der Praktika zu reagieren (im Übrigen hat sie weder einen Führerschein noch die Möglichkeit, ihn zu machen). Sie und ihr Mann sind diesen immer wiederkehrenden Versprechungen und anschließenden Absagen, die sie zur Verzweiflung treiben, ausgesetzt und erleben die Rohheit skrupelloser Arbeitgeber, die von der Situation der Unterbeschäftigung profitieren, indem sie unter dem Deckmantel falscher Versprechungen einer späteren festen Anstellung elendige Löhne anbieten. Vergeblich sucht sie die Unterstützung der für Unterstützungsleistungen zuständigen Bürokratien, die sie mit Forderungen nach Unterlagen zuschütten, denen keiner jemals nachkommen kann (»Aber das ist doch nicht möglich, dass sie all das verlangen!«), und die sie dazu zwingen, immer und immer wieder dieselben Schritte zu unternehmen, um endlich das RMI zu erhalten, an das sie alle ihre Hoffnungen knüpft.
Es ist sehr gut verständlich, dass beinahe im selben Satz das unterdrückte Aufbegehren gegen eine namen- und gesichtslose Ungerechtigkeit und der verzweifelte Wunsch, einfach alles schleifen zu lassen, zum Ausdruck kommen: »Das ist kein Leben; manchmal habe ich gute Lust, alles hinzuschmeißen, und manchmal, wenn es Probleme mit den Unterlagen gibt, würde ich am liebsten alles aufgeben, so sehr habe ich das alles über.«
Und das Gefühl, überall nur auf Böswilligkeit zu treffen (»Die Gesellschaft war nicht nett zu mir, und ich habe alle Welt dafür verantwortlich gemacht«), hängt zweifellos mit dieser Art Alptraum zusammen, den sie häufig hat, nämlich der verzweifelten Rückschau auf eine Geschichte, die mit dem Weggang und Tod ihres Vaters und den Schikanen ihrer älteren Schwester ihren Anfang nahm, eine Geschichte, die sich endlos zu wiederholen scheint: »Was auch noch ein bisschen … da ist das mit meinem Vater, er ist gestorben, naja, und er hat mir sehr gefehlt, und außerdem, naja, hat er uns im Elend zurückgelassen und so … wenn ich Probleme habe, dann sehe ich das alles vor mir wie ein offenes Buch.«
Immer und immer wieder sagt sie, dass sie sich wie am Rande eines Abgrunds fühlt, dass alles wie an einem seidenen Faden am Weiterleben ihrer Mutter hängt, von der sie vollständig abhängig ist: Als meine Mutter den Anfall hatte, habe ich mir gesagt: »Das war's, jetzt ist es vorbei mit mir, ich werde auf der Straße sitzen, ich werde kein Dach mehr über dem Kopf haben, niemand wird sich mehr um mich kümmern.« Wie lange muss und kann sie sich so noch halten, im Niemands-

land zwischen gesellschaftlichem Leben und Tod, hin- und herpendelnd zwischen dem Haus ihrer Mutter, wo sie sich immer nur als Gast fühlt, und ihrem eigenen, noch immer nicht eingerichteten Haus, in dem es in Zukunft auch keinen Strom mehr geben wird, und im Warten auf das Eingreifen der Sozialarbeiterin, die ihren Antrag auf Erhalt von RMI, der sich immer noch »in Bearbeitung« befindet, endlich voranbringt, oder auf eine endlich definitive Anstellung ihres Mannes?

Stills aus *La sociologie est un sport de combat* (2001), einem Videofilm von Pierre Carles

Wider die Zerstörung einer Zivilisation [1]

Ich bin heute hier, um all jenen unsere Unterstützung auszusprechen, die seit drei Wochen gegen die Zerstörung einer Zivilisation kämpfen, die mit der Existenz des öffentlichen Dienstes verknüpft ist und die Zivilisation[2] der republikanischen Rechtsgleichheit in Bezug auf Bildung, Gesundheit, Kultur, Forschung, Kunst und vor allem Arbeit ist.

Und ich bin hier, um dieser Bewegung unser Verständnis mitzuteilen, ein Verständnis, das gleichzeitig der Verzweiflung und den Hoffnungen gilt, die in ihr zum Ausdruck kommen, denn auch wir empfinden diese Verzweiflung und diese Hoffnung. Und ich möchte Ihnen sagen, dass wir diejenigen, die kein Verständnis dafür haben, nicht verstehen können (oder nur zu gut verstehen), wie beispielsweise jenen Philosophen[3], der *im Journal du dimanche* ganz verblüfft »die Kluft zwischen der rationalen Weltauffassung«, wie sie seiner Ansicht nach Juppé verkörpert, und, ich zitiere, »den tief verwurzelten Wünschen der Leute« bemerkt.

Die Konstruktion eines solchen Gegensatzes zwischen der weitsichtigen Perspektive einer aufgeklärten »Elite« und den kurzsichtigen Beweggründen des Volkes oder seiner Repräsentanten war schon immer und überall typisch für das reaktionäre Denken, aber in Gestalt eines Staatsadels kleidet es sich heute in eine neue Form, die ihre Überzeugung von der eigenen Legitimität aus Bildungstiteln und der Autorität der Wissenschaft – insbesondere der Wirtschaftswissenschaft – schöpft. Für diese neuen Herrscher von Gottes Gnaden sind nicht nur Vernunft und Modernität, sondern auch Wandel und Veränderung der Seite der Herrschenden, der Minister, der Arbeitgeber oder der »Experten« zuzurechnen, Unvernunft und Rückständigkeit, Unbeweglichkeit und Konservatismus hingegen der des Volkes, der Gewerkschaften und der kritischen Intellektuellen.

Dieser technokratischen Überzeugung verleiht auch Juppé Ausdruck, wenn er lautstark verkündet: »Ich möchte, dass Frankreich ein ernst zu nehmendes und ein glückliches Land ist.« Was er damit eigentlich meint, ist: »Ich möchte, dass ernst zu nehmende Leute, also die Eliten, die *ENA*-Abgänger[4], diejenigen, die wissen, wo das Glück des Volkes zu suchen ist, die Möglichkeit bekommen, dem Volk zu seinem Glück zu verhelfen, selbst gegen seinen Willen, denn schließlich ist es mit der Blindheit seiner Begierden geschlagen, von der auch besagter Philosoph sprach, und hat sein eigenes Glück aus den Augen verloren – insbesondere sein

Glück, von Leuten wie Herrn Juppé regiert zu werden, die besser als es selbst wissen, was das Glück des Volkes ist.« Genau so denken die Technokraten, und das ist es, was sie unter Demokratie verstehen. Deshalb verstehen sie auch nicht, warum das Volk, in dessen Namen sie scheinbar regieren, auf die Straße geht, um – Gipfel der Undankbarkeit! – gegen sie zu demonstrieren.
Dieser Staatsadel, der den Rückzug des Staates und die ungeteilte Herrschaft des Marktes und des Konsumenten – dieses kommerziellen Bürger-Substituts – predigt, hat den Staat an sich gerissen, er hat aus dem öffentlichen Gut ein privates Gut gemacht und aus der öffentlichen Angelegenheit, der Republik, seine eigene Angelegenheit. Das, um was es heute geht, ist die Rückeroberung der Demokratie und ihr Sieg über die Technokratie. Es muss Schluss sein mit der Tyrannei der »Experten« vom Typ Weltbank oder internationaler Währungsfonds, die ohne jede Diskussion die Gesetze des neuen Leviathan, nämlich der »Finanzmärkte«, durchsetzen, und die erst gar nicht vorhaben zu verhandeln, sondern nur »erklären«. Es muss Schluss gemacht werden mit diesem neuen Glauben an die historische Unabwendbarkeit, die die Theoretiker des Liberalismus dozieren, und es müssen neue Formen kollektiver politischer Arbeit erfunden werden, die befähigen, die Notwendigkeiten, besonders die ökonomischen, zur Kenntnis zu nehmen (was die Aufgabe von Experten sein kann), aber eben um gegen sie anzugehen und sie gegebenenfalls unschädlich zu machen.
Die heutige Krise stellt eine historische Chance für Frankreich dar, aber ohne Zweifel auch für die wachsende Zahl all jener, die sich tagtäglich in Europa und der ganzen Welt diesem neuen Entweder – Oder von Liberalismus versus Barbarei verweigern. Eisenbahner, Postangestellte, Lehrer, Angestellte des öffentlichen Dienstes, Studierende und viele andere, die aktiv oder passiv an dieser Bewegung beteiligt sind, haben mit ihren Demonstrationen, Erklärungen und den vielen Überlegungen, die sie ausgelöst haben und die vergeblich unter einem mediengerechten Deckel erstickt werden sollen, grundlegende Fragen angesprochen, die zu wichtig sind, als dass sie den ebenso anmaßenden wie unfähigen Technokraten überlassen werden könnten. Wie lässt sich die Entscheidung über die Zukunft des öffentlichen Dienstes in den Bereichen Gesundheit, Bildung, Transportwesen usw. an diejenigen zurückdelegieren, die zuallererst davon betroffen sind, also an jeden Einzelnen von uns, um ganz besonders auch in Zusammenarbeit mit all jenen, die in den anderen europäischen Ländern denselben Bedrohungen ausgesetzt sind, in aufgeklärter und vernünftiger Weise darüber zu befinden? Wie lässt sich der republikanischen Schule neues Leben einhauchen? Und wie kann man im Bereich der höheren Bildung der schrittweisen Durchsetzung eines Systems mit

zwei verschiedenen Geschwindigkeiten, symbolisiert im Gegensatz zwischen *Grandes Écoles*[5] und Universitäten, entgegenwirken? Die gleiche Frage kann man in Bezug auf das Gesundheits- und das Transportwesen stellen. Wie kann man dagegen ankämpfen, dass die Situation des gesamten Personals des öffentlichen Dienstes immer unsicherer wird und es deshalb zu Formen der Abhängigkeit und Unterwerfung kommt, die durch ihre Zensureffekte besonders im kulturellen Bereich, beim Radio, beim Fernsehen oder im Journalismus und sogar im Bildungssystem, äußerst verhängnisvolle Folgen nach sich ziehen?

Bei den Bemühungen um die Neuordnung des öffentlichen Dienstes haben Intellektuelle, Schriftsteller, Künstler, Wissenschaftler usw. eine entscheidende Rolle zu spielen. Zunächst einmal können sie dazu beitragen, das Monopol der technokratischen Orthodoxie in den Medien zu brechen. Aber sie können auch organisiert und dauerhaft – also nicht nur in Form gelegentlicher Treffen in Krisenzeiten – mit denen zusammenarbeiten, die in der Lage sind, der Zukunft der Gesellschaft eine Richtung zu geben, also in erster Linie den Verbänden und Gewerkschaften. Ihre Aufgabe ist es, stichhaltige Analysen und innovative Vorschläge hinsichtlich der wichtigen Fragen zu erarbeiten, die die politisch-mediale Orthodoxie zu stellen verbietet. Ich denke da besonders an die Frage der Herausbildung eines globalen ökonomischen Feldes und an die wirtschaftlichen und sozialen Folgen der neuen weltweiten Arbeitsteilung oder auch an die Frage der angeblich ehernen Gesetze der Finanzmärkte, denen so viele politische Initiativen zum Opfer fallen, und an die Frage der Aufgaben von Bildung und Kultur innerhalb von Ökonomien, in denen das Informationskapital zu einer der entscheidensten Produktivkräfte geworden ist, etc.

Dieses Programm mag abstrakt und rein theoretisch klingen. Aber man kann autoritärem Technokratismus eine Absage erteilen, ohne in einen Populismus abzurutschen, dem die sozialen Bewegungen der Vergangenheit nur all zu oft gehuldigt haben und der einmal mehr den Technokraten in die Hände spielen würde.

Das, was ich hier, vielleicht etwas ungeschickt, zum Ausdruck bringen wollte – und ich möchte mich bei all jenen entschuldigen, die ich vielleicht vor den Kopf gestoßen oder gelangweilt habe – ist eine wirkliche Solidarität mit denjenigen, die heute um die Veränderung der Gesellschaft kämpfen. Denn ich glaube, gegen die nationale und internationale Technokratie kann man nur wirksam vorgehen, indem man sie auf ihrem Lieblingsgebiet, nämlich der Wissenschaft und insbesondere der Wirtschaftwissenschaft, schlägt und dem abstrakten und verstümmelten Wissen, auf das sie sich beruft, ein Wissen entgegensetzt, das den Menschen und den Wirklichkeiten, mit denen sie konfrontiert sind, mehr Achtung entgegenbringt.

Anmerkungen

[1] Anlässlich einer Versammlung, die während der Streiks von 1995 am Gare de Lyon abgehalten wurde, hat Pierre Bourdieu im Namen derjenigen Intellektuellen das Wort ergriffen, die mit der Streikbewegung solidarisch waren. Er tat dies Seite an Seite mit den Vertretern von Gewerkschaften (vor allem des SUD) und Verbänden, mit denen er bereits durch frühere Aktionen verbunden war.

[2] A. d. Ü.: Der deutsche Sprachgebrauch hätte es nahegelegt, den französischen Begriff der *»civilisation«* hier mit »Kultur« zu übersetzen. Dies hätte jedoch den historisch gewachsenen Differenzen der semantischen Konnotationen beider Begriffe Gewalt angetan, weshalb der etwas befremdlich klingende Gegenbegriff der »Zivilisation« vorgezogen wurde. Aus dem Französischen übertragen von Daniela Böhmler.

[3] Es handelt sich um Paul Ricoeur.

[4] A.d.Ü.: Abgänger der *École Nationale d'Administration*, der französischen Eliteschule für Verwaltung, die eine zentrale Rekrutierungs- und Ausbildungsstätte für Spitzenbeamte und Diplomaten ist.

[5] A.d.Ü.: Elitehochschulen, die parallel zur Universität die Führungskräfte Frankreichs (für Politik, Wirtschaft und Bildung) ausbilden.

Das Modell Tietmeyer [1]

Ich möchte meine Aufgabe hier und heute nicht darin sehen, Harmoniebedürfnisse zu befriedigen. Das Zerbrechen der Grundlagen gesellschaftlicher Integration ist die direkte Konsequenz einer Politik, einer Wirtschaftspolitik, und nun überlässt man es der Kultur, sie wieder zu flicken. Und nicht selten erwartet man von den Soziologen, dass sie die Scherben dessen, was die Ökonomen zerbrochen haben, wieder zusammenkleben. Anstatt mich also damit zufrieden zu geben, einige, wie man in den Krankenhäusern sagt, Linderungsmittel vorzuschlagen, möchte ich versuchen, die Frage danach zu stellen, was die Medizin selbst zum Bestehen der Krankheit beiträgt. Denn es könnte sein, dass die gesellschaftlichen »Krankheiten«, die wir beklagen, zu einem Großteil das Produkt einer oft brutalen Medizin sind, die denen verabreicht wird, die eigentlich geheilt werden sollen.

Im Flugzeug von Athen nach Zürich habe ich ein Interview mit dem Präsidenten der deutschen Bundesbank gelesen, der unumwunden als der »Hohepriester der D-Mark« präsentiert wurde, und da ich mich hier in einem Zentrum befinde, das für seine traditionsreichen literaturwissenschaftlichen Arbeiten bekannt ist, möchte ich nun eine Art hermeneutischer Analyse dieses Textes skizzieren, den Sie in ungekürzter Fassung in *Le Monde* vom 17. Oktober 1996 finden.

Lesen wir, was der »Hohepriester der D-Mark« sagt: »Es geht heute darum, günstige Voraussetzungen für dauerhaftes Wachstum und das Vertrauen der Investoren zu schaffen. Deshalb müssen die öffentlichen Haushalte unter Kontrolle gehalten werden.« Im Klartext heißt das: So schnell wie möglich den Sozialstaat und, unter anderem, seine teure Sozial- und Kulturpolitik begraben, um die Investoren zu beruhigen, die sich lieber selbst um ihre kulturellen Investitionen kümmern würden. Ich bin mir sicher, dass sie alle romantische Musik und expressionistische Malerei mögen, und ohne dass ich irgendetwas über den Präsidenten der Bundesbank wüsste, bin ich überzeugt, dass er wie der Direktor unserer Nationalbank, Herr Trichet, in seinen freien Stunden Gedichte liest und sich als Mäzen betätigt. Ich lese weiter: »Deshalb müssen die öffentlichen Haushalte unter Kontrolle gehalten werden und das Steuer- und Abgabenniveau auf ein langfristig erträgliches Niveau gesenkt werden.« Das heißt: das Steuer- und Abgabenniveau der Investoren so weit senken, dass es für genau diese Investoren langfristig

erträglich wird, um zu vermeiden, dass sie abgeschreckt und dazu ermutigt werden könnten, ihre Investitionen anderswo zu tätigen. Ich fahre in meiner Lektüre fort: »Das soziale Sicherungssystem reformieren«. Das bedeutet, den *welfare state* und seine Politik sozialer Sicherung zu Grabe tragen, da sie imstande sind, das Vertrauen der Investoren zu ruinieren und ihr berechtigtes Misstrauen zu erregen, denn schließlich ist man davon überzeugt, dass ihre ökonomischen Errungenschaften – es ist die Rede von sozialen Errungenschaften, man kann aber genauso gut von ökonomischen Errungenschaften sprechen –, also ihre Kapitalanlagen, mit den sozialen Errungenschaften der Arbeiter nicht vereinbar sind, und dass diese ökonomischen Errungenschaften um jeden Preis gerettet werden müssen, selbst wenn dabei die mageren ökonomischen und sozialen Errungenschaften der großen Mehrheit der Bürger des künftigen Europas zugrunde gerichtet werden – dieser Bürger, die man bei uns in Frankreich anlässlich des Streiks vom Dezember 1995 oft als »gut versorgt« und »privilegiert« bezeichnet hat.
Hans Tietmeyer ist überzeugt, dass die sozialen Errungenschaften der Investoren, also ich meine, ihre ökonomischen Errungenschaften, eine Fortführung des derzeitigen sozialen Sicherungssystems nicht überleben würden. Deshalb muss man dieses System *dringend* reformieren, denn die ökonomischen Errungenschaften der Investoren können nicht warten. Und um Ihnen zu beweisen, dass ich ganz und gar nicht übertreibe, werde ich Ihnen nun weiter aus den Worten Hans Tietmeyers vorlesen, dieses hochgeistigen Denkers, der sich in die große Tradition der idealistischen deutschen Philosophie einreiht: »Deshalb müssen die öffentlichen Haushalte unter Kontrolle gehalten werden und das Steuer- und Abgabenniveau auf ein langfristig erträgliches Niveau gesenkt, das soziale Sicherungssystem reformiert und die Starrheiten des Arbeitsmarkts abgebaut werden, denn wir werden nur dann wieder eine neue Wachstumsphase erleben, wenn wir« – dieses »wir« ist herrlich – »wenn wir auf dem Arbeitsmarkt eine Flexibilisierungsanstrengung vollbringen«. Das wär's. Die großen Worte sind gesprochen, und ganz in der großen Tradition des deutschen Idealismus gibt uns Hans Tietmeyer ein wunderbares Beispiel für die euphemistische Rhetorik, die heute auf den Finanzmärkten hoch im Kurs steht, ein Euphemismus, der unverzichtbar ist, um dauerhaft das Vertrauen der Investoren zu gewinnen – und inzwischen wird man wohl verstanden haben, dass dieses Vertrauen das A und das O eines jeden ökonomischen Systems, die Grundlage und das Endziel, das *telos* des künftigen Europas ist. Gleichzeitig ist dieser Euphemismus aber auch nötig, um zu vermeiden, dass sich bei den Arbeitern Misstrauen und Verzweiflung breit machen, denn schließlich muss man sie trotz allem einrechnen, wenn man diese neue Wachstumsphase, die

man ihnen vorgaukelt, haben und sie dazu bringen will, die unverzichtbare Anstrengung zu vollbringen. Denn sie sind es, von denen man trotz allem diese Anstrengung erwartet, auch wenn Hans Tietmeyer, nun endgültig zum Meister der Euphemismen emporgewachsen, erklärt: »[müssen] ... die Starrheiten des Arbeitsmarkts abgebaut werden, denn wir werden nur dann wieder eine neue Wachstumsphase erleben, wenn *wir* auf dem Arbeitsmarkt eine Flexibilisierungsanstrengung vollbringen«. Eine vorzügliche rhetorische Leistung, die folgendermaßen übersetzt werden kann: Nur Mut, liebe Arbeiter! Vollbringen wir gemeinsam diese Flexibilisierungsanstrengung, die von *euch* gefordert wird!
Anstatt eine Frage zur Währungsparität des Euro, zu seinem Verhältnis zum Dollar und zum Yen, zu stellen, hätte der Journalist von *Le Monde*, der sich nicht aus der Ruhe bringen ließ und offensichtlich ebenfalls darum besorgt war, die Investoren und hervorragenden Inserenten unter den Lesern seiner Zeitung nicht zu entmutigen, Herrn Tietmeyer auch nach der Bedeutung dieser Schlüsselbegriffe der Investoren-Sprache fragen können – wie z. B. *Starrheit des Arbeitsmarkts* und *Flexibilität auf dem Arbeitsmarkt*. Würden die Arbeiter eine so unbestritten seriöse Zeitung wie *Le Monde* lesen, wüssten sie sofort, was darunter zu verstehen ist: Nachtarbeit, Wochenendarbeit, unregelmäßige Arbeitszeiten, wachsender Druck, Stress usw. Man kann hier sehen, dass das »Auf-dem-Arbeitsmarkt« wie eine Art homerisches Epitheton funktioniert, und man könnte, um einmal Herrn Tietmeyers sprachliche Flexibilität zu testen, versucht sein, beispielsweise von der Flexibilität oder Starrheit auf den Finanzmärkten zu sprechen. Die Tatsache, dass der Gebrauch dieser Wörter in der hölzernen Sprache des Herrn Tietmeyer so fremd und merkwürdig wirkt, lässt einen vermuten, dass es in seinem Sinne ganz und gar nicht in Frage käme, »die Starrheiten auf den Finanzmärkten abzubauen« oder »eine Flexibilisierungsanstrengung auf den Finanzmärkten zu vollbringen«. Dies wiederum gibt Anlass zu der These, dass diese Flexibilisierungsanstrengung – entgegen dem, was uns Herrn Tietmeyers »Wir« und »Wenn-wir-eine-Anstrengung-vollbringen« glauben machen möchte – von den Arbeitern und ausschließlich von ihnen gefordert wird, und dass auch sie es sind, an die die in diesen Sätzen enthaltene Drohung, die schon einer Erpressung nahe kommt, gerichtet ist: »Denn wir werden nur dann wieder eine neue Wachstumsphase erleben, wenn wir auf dem Arbeitsmarkt eine Flexibilisierungsanstrengung vollbringen«. Mit anderen Worten: gebt heute *eure* sozialen Errungenschaften auf, um das Vertrauen der Investoren nicht zu gefährden, und dies zugunsten eines Wachstums, welches *uns* morgen zugute kommen wird. Diese Logik ist den betroffenen Arbeitern durchaus bekannt; die Partizipationspolitik, die ihnen früher einmal der Gaullismus

angeboten hat, ließ sich folgendermaßen auf den Punkt bringen: »Gib mir deine Uhr und ich sage dir, wie spät es ist.«

Noch ein letztes Mal möchte ich aus den Äußerungen Hans Tietmeyers zitieren: »Es geht heute darum, günstige Voraussetzungen für dauerhaftes Wachstum und das Vertrauen der Investoren zu schaffen. Deshalb ... « – bitte beachten Sie das »Deshalb« – » ... müssen die öffentlichen Haushalte unter Kontrolle gehalten werden und das Steuer- und Abgabenniveau auf ein langfristig erträgliches Niveau gesenkt, das soziale Sicherungssystem reformiert und die Starrheiten des Arbeitsmarkts abgebaut werden, denn wir werden nur dann wieder eine neue Wachstumsphase erleben, wenn wir auf dem Arbeitsmarkt eine Flexibilisierungsanstrengung vollbringen«. Dass ein so außerordentlicher Text Gefahr lief, keine größere Beachtung zu finden und der Kurzlebigkeit der täglich wechselnden Artikel in Tageszeitungen geweiht zu sein, liegt daran, dass er perfekt in den »Erwartungshorizont« der meisten Tageszeitungsleser passt. Und dies wirft die Frage danach auf, wie ein so weit verbreiteter »Erwartungshorizont« erzeugt und verbreitet werden konnte (denn das Mindeste, wodurch man die Rezeptionstheorien, deren Anhänger ich nicht gerade bin, ergänzen müsste, ist die Frage nach der Herkunft dieses »Horizontes«). Dieser Horizont ist das Ergebnis einer gesellschaftlichen, oder besser, politischen Arbeit. Dass man über die Worte aus Herrn Tietmeyers Diskurs so leicht hinwegliest, liegt daran, dass sie überall hoch im Kurs stehen. Sie gehen durch aller Munde, werden weitergereicht wie eine gängige Währung und überall ohne Zögern akzeptiert – genau wie eine stabile und natürlich starke Währung, eben genau wie eine so stabile, vertrauens- und glaubwürdige Währung wie die D-Mark: »dauerhaftes Wachstum«, »Vertrauen der Investoren«, »öffentliche Haushalte«, »soziales Sicherungssystem«, »Starrheit«, »Arbeitsmarkt«, »Flexibilität« und man müsste noch hinzufügen: »Globalisierung« (aus einer anderen Zeitung, die ich ebenfalls auf dem Flug von Athen nach Zürich gelesen habe, erfuhr ich, dass – weiteres Zeichen für die große Verbreitung dieses Wortes – selbst die Köche von »Globalisierung« reden, um die französische Küche zu verteidigen ...), »Flexibilisierung«, »Steuersenkung« – ohne genau zu sagen, um welche Steuern es sich handeln soll –, »Wettbewerbsfähigkeit«, »Produktivität« etc.

Dieser sich ökonomisch gebende Diskurs kann sich nur dann über die engeren Kreise seiner Urheber hinaus verbreiten, wenn er auf die Mitarbeit einer großen Anhängerschaft aus Politikern, Journalisten und einfachen Bürgern zählen kann, die über einen ausreichend ökonomischen Anstrich verfügen, um sich an der allgemeinen Verbreitung ungenügend definierter Begriffe aus einer ökonomischen

Vulgata beteiligen zu können. Einen guten Hinweis auf das, was dieses ständige mediale Wiederkäuen bewirkt, stellen die Fragen des Journalisten dar, der in gewisser Weise den Erwartungen des Herrn Tietmeyer zuvorkommt, so sehr ist er bereits im Voraus von den erwarteten Antworten erfüllt. Mithilfe solcher passiver Komplizenschaften konnte sich die so genannte neoliberale, in Wirklichkeit aber konservative Sichtweise Schritt für Schritt durchsetzen, die auf dem einem anderen Zeitalter angehörenden Glauben an die historische Unabwendbarkeit beruht – ein Glaube, der vom Primat der Produktivkräfte ausgeht und keine anderen Formen der Regulierung kennt als die konkurrierenden Bestrebungen individueller Produzenten. Und vielleicht ist es kein Zufall, dass viele Leute gerade aus meiner Generation ohne große Mühe von einem marxistischen zu einem neoliberalen Fatalismus hinübergewechselt sind. In beiden Fällen hat der Ökonomismus dadurch, dass er der Politik die Bedeutung abspricht, ein Schwinden des Verantwortungsgefühls und eine Demobilisierung zur Folge, denn eine ganze Reihe von Zielen – wie maximales Wachstum, Wettbewerbsfähigkeit und Produktivität – werden einfach vorgegeben und stehen nicht mehr zur Diskussion. Den Präsidenten der Bundesbank zu einem Meisterdenker zu machen, bedeutet, eine solche Philosophie zu akzeptieren. Erstaunlich ist allerdings, dass sich diese fatalistische Botschaft den Anstrich einer Befreiungsbotschaft gibt, und zwar indem sie sich einer Reihe lexikalischer Spielereien mit Begriffen wie Freiheit, Befreiung, Deregulierung etc. bedient, einer Reihe von Euphemismen und eines doppelbödigen Wortspiels – zum Beispiel mit dem Wort »Reform« –, das darauf abzielt, eine Restauration als eine Revolution zu präsentieren, entsprechend einer Logik, die die Logik jedweder konservativen Revolution ist.

Bevor wir zum Ende kommen, will ich noch einmal auf ein Schlüsselwort aus Herrn Tietmeyers Diskurs zu sprechen kommen: *das Vertrauen der Märkte*. Dieser Begriff hat das Verdienst, ein klares Licht auf die historische Entscheidung zu werfen, vor die alle Machthabenden gestellt sind: Sie müssen zwischen dem Vertrauen der Märkte und dem Vertrauen des Volkes wählen. Einer neueren Untersuchung zur Einstellung der französischen Bevölkerung gegenüber den Politikern zufolge, werfen ihnen zwei Drittel der Befragten die Unfähigkeit vor, zuzuhören und dem Rechnung zu tragen, was die Franzosen denken. Bei den Anhängern des *Front National (FN)* ist dieser Vorwurf besonders verbreitet – und dabei beklagt man ständig den unaufhaltsamen Aufstieg des *FN*, ohne auch nur einen Augenblick lang in Betracht zu ziehen, dass es z. B. einen Zusammenhang zwischen *Front National* und Weltwährungsfonds geben könnte. (Dieses mangelnde Vertrauen in die Politiker ist bei jungen Leuten zwischen 18 und 34 Jahren, bei Arbeitern und

Angestellten sowie bei den Sympathisanten der kommunistischen Partei und des *FN* besonders ausgeprägt. Auch bei den Anhängern der anderen Parteien ist er relativ hoch, bei den Sympathisanten der sozialistischen Partei liegt er sogar bei 64%, was durchaus auch in einem Zusammenhang mit dem Aufstieg des *FN* steht.) Wenn man das Vertrauen der Finanzmärkte, das man um jeden Preis retten will, mit dem Misstrauen der Bürger in Beziehung setzt, sieht man vielleicht besser, wo die Wurzel der Krankheit zu suchen ist. Abgesehen von einigen Ausnahmen, ist die Ökonomie eine abstrakte Wissenschaft, die auf der absolut ungerechtfertigten Trennung zwischen dem Wirtschaftlichen und dem Sozialen beruht, für die der Ökonomismus steht. Diese Trennung ist ausschlaggebend für das Scheitern jeder Politik, die kein anderes Ziel kennt als die Rettung der »ökonomischen Ordnung und Stabilität«, dieser neuen axiomatischen Zielvorgabe, zu deren treuem Diener sich Herr Tietmeyer gemacht hat. Für dieses Scheitern, zu dem die politische Blindheit einiger führt, werden wir alle zu zahlen haben.

Anmerkung

[1] Vortrag anlässlich des deutsch-französischen Kulturtreffens zum Thema »Gesellschaftliche Integration als kulturelles Problem« an der Universität Freiburg/Breisgau, Oktober 1996. In leicht veränderter Form bereits abgedruckt in: *DIE ZEIT* Nr. 45, 1. November 1996, unter dem Titel »Warnung vor dem Modell Tietmeyer. Europa darf sich den neoliberalen Theorien des Bundesbankpräsidenten nicht unterwerfen«. Neu aus dem Französischen übertragen von Daniela Böhmler.

Die Arbeitslosenbewegung – ein gesellschaftliches Wunder [1]

Diese Arbeitslosenbewegung ist ein einzigartiges, ein außergewöhnliches Ereignis. Entgegen dem, was uns in den Zeitungen oder in den Rundfunk- und Fernsehnachrichten bis zum Überdruss wieder und wieder vorgesetzt wird, ist dieser *französische Sonderfall* etwas, worauf wir stolz sein können. Sämtliche wissenschaftlichen Arbeiten haben nämlich gezeigt, dass Arbeitslosigkeit die von ihr Betroffenen kaputt macht, dass sie ihre Widerstandskraft und ihre subversiven Neigungen zunichte macht. Wenn dieser Fatalismus nun hat vereitelt werden können, so geschah das dank der unermüdlichen Arbeit von Einzelnen und von Vereinigungen, welche die Bewegung ermuntert, unterstützt und organisiert haben. Ich komme nicht umhin, den Umstand als befremdlich zu empfinden, dass politische Verantwortungsträger der Linken und Gewerkschafter gerade da Manipulation anprangern (wobei sie sich der früheren Redeweise der Arbeitgeber gegen die damals entstehenden Gewerkschaften bedienen), wo sie doch eigentlich der Arbeit von politisch engagierten Menschen Anerkennung zollen müssten. Ohne die hätte es ja bekanntermaßen nie irgendetwas gegeben, was auch nur im entferntesten nach einer sozialen Bewegung aussieht. Mir für meinen Teil ist es wichtig, meine Bewunderung und meine Dankbarkeit all denen gegenüber zum Ausdruck zu bringen – und das umso mehr, als mir ihr Vorhaben oft so aussichtslos vorgekommen ist –, die in den Gewerkschaften und den in den »Generalständen für die soziale Bewegung« organisierten Vereinigungen das ermöglicht haben, was wirklich ein *gesellschaftliches Wunder* darstellt, dessen positive Wirkungen und Segnungen sich uns wohl noch auf lange hin offenbaren werden.

Die wichtigste Errungenschaft dieser Bewegung ist die Bewegung selbst, ihre Existenz als solche: Sie entreißt die Arbeitslosen und mit ihnen die von Tag zu Tag zunehmende Zahl der prekär Beschäftigten der Unsichtbarkeit, der Isolation, dem Schweigen, kurz: dem Nichts. Durch ihr Auftreten in aller Öffentlichkeit verhelfen die Arbeitslosen sich selbst und all den Männern und Frauen, die durch die Beschäftigungslosigkeit gewöhnlich dem Vergessen und der Scham preisgegeben sind, zur Existenz und zu einem gewissen Stolz. Doch rufen sie vor allem in Erinnerung, dass Massenarbeitslosigkeit und die Bedrohung, die sie auf alle ausübt, die noch Arbeit haben, eine der Grundlagen unserer Wirtschafts- und Sozialordnung darstellt. Weit davon entfernt, sich in einer nur auf die eigenen Interessen bedachten Bewegung nach außen hin abzuschotten, weisen sie stattdessen darauf hin, dass es zwar durchaus solche und solche Arbeitslose gibt, jedoch die Unterschiede zwischen *RMI*-Empfängern,[2] Arbeitslosen, deren Anspruch auf Arbeitslosengeld ausgelaufen ist, und solchen, die Arbeitslosenhilfe[3] beziehen, auch nicht wesentlich anders geartet sind als diejenigen zwischen den Arbeitslosen und prekär Beschäftigten. Eine Grundtatsache, die man nur allzu leicht aus dem Blick verliert, wenn man ausschließlich die »kategoriellen« Forderungen (wenn man so sagen darf!) der Arbeitslosen betont, anhand derer sie von den Beschäftigten getrennt werden können, insbesondere von den Beschäftigten, die sich in einer ganz prekären Lage befinden und sich völlig vergessen vorkommen können.

Zudem lassen die Arbeitslosigkeit und die Arbeitslosen der Arbeit und den Arbeitenden keine Ruhe. Selbst wenn zwischen Zeitarbeitern, Aushilfs- und Vertretungskräften, unregelmäßig Beschäftigten, Inhabern von befristeten Arbeitsverträgen und Leiharbeitern in Industrie, Handel, Bildungs- und Erziehungswesen, Theater oder Kino untereinander und im Vergleich zu den Arbeitslosen immense Unterschiede bestehen können, leben sie doch ständig in Angst vor Arbeitslosigkeit und oft auch mit der drohenden Erpressung, die dadurch auf sie ausgeübt werden kann. Die Prekarität ermöglicht neue Herrschafts- und Ausbeutungsstrategien. Diese beruhen auf der Entlassungsandrohung, die heutzutage auf allen Hierarchiestufen in den privaten und sogar den öffentlichen Unternehmen zur Ausübung kommt. Sie erlegt der gesamten Arbeitswelt, insbesondere im Bereich der Kulturproduktion, eine erdrückende Zensur auf, welche eine Mobilisierung und das Vorbringen von Forderungen untersagt. Durch die Arbeitslosigkeit wurde die allgemeine Verschlechterung der Arbeitsbedingungen möglich gemacht oder sogar gefördert, und gerade weil sie eine dunkle Ahnung davon haben, fühlen und erklären sich so viele Franzosen mit einem Kampf wie dem der Arbeitslosen solidarisch. Daher kann man behaupten – und dies ist kein bloßes Wortspiel –, dass die Mobilisierung derjenigen, deren Existenz zweifelsohne der Hauptgrund für die Demobilisierung ist, nun auf eine ganz außergewöhnliche Weise zur Mobilisierung und zu einem Bruch mit dem politischen Fatalismus ermutigt.

Die französische Arbeitslosenbewegung bedeutet auch einen Aufruf an alle Arbeitslosen und prekär Beschäftigten in ganz Europa; ein neuartiger subversiver Gedanke ist aufgekommen, und er kann zu einem Kampfwerkzeug werden, mit dem sich jede nationale Bewegung rüsten kann. Die Arbeitslosen rufen allen Beschäftigten ins Gedächtnis, dass sie gemeinsame Interessen mit den Arbeitslosen haben; dass die Arbeitslosen, deren Vorhandensein so sehr auf ihnen und ihren Arbeitsbedingungen lastet, das Erzeugnis einer Politik sind; dass eine Mobilisierung, die die Demarkationslinie zwischen den Beschäftigten und den Erwerbslosen eines jeden Landes, aber auch zwischen der Gesamtheit der Beschäftigten und Erwerbslosen eines Landes und den Beschäftigten und Erwerbslosen der anderen Länder zu überwinden vermag, einer Politik entgegenarbeiten könnte, die bewirkt, dass die Erwerbslosen all die Menschen zum Schweigen und zur Resignation verurteilen können, die noch das ungewisse »Privileg« einer mehr oder weniger prekären Arbeit haben.

Anmerkungen

[1] Rede vom 17. Januar 1998 anlässlich der Besetzung der École normale supérieure (bildet den Akademikernachwuchs vor allem in den geistes- und mathematisch-naturwissenschaftlichen Disziplinen aus, A. d. Ü.) durch die Arbeitslosen. Aus dem Französischen übertragen von Andreas Pfeuffer.

[2] A.d.Ü.: RMI (Revenue minimum d'insertion): Mindesteinkommen zur beruflichen und sozialen Eingliederung.

[3] A.d.Ü.: Allocation spécifique de solidarité: Staatsfinanzierte Leistung für Arbeitslose, deren Anspruch auf beitragsbezogene Leistungen erloschen ist oder die aus anderen Gründen keine Versicherungsleistungen mehr erhalten.

Fernsehen, Journalismus und Politik[1]

Wie lässt es sich erklären, dass mein Buch *Über das Fernsehen* bei angesehenen französischen Journalisten eine solche Empörung hervorgerufen hat? Teilweise ist zweifellos die Tatsache daran schuld, dass diese ursprünglich als Vorlesung am *Collège de France* gehaltene Rede transkribiert wurde, denn die Transkription bringt unweigerlich all das zum Verschwinden, was an Nicht-Verschriftlichtem mit der Rede einherging, nämlich Tonfall, Gesten, Mimik, hier und da ein Lächeln, also all das, was einen unvoreingenommenen Zuschauer auf Anhieb den Unterschied zwischen einem Diskurs erkennen lässt, der um Verständnis und Überzeugungskraft bemüht ist, und dem polemischen Pamphlet, das viele dieser Journalisten, trotz meiner bereits vorab geäußerten Dementis, in dem Text sehen wollten. Doch vor allem erklärt sich diese Reaktion wohl aus einigen der typischsten Eigenschaften der journalistischen Perspektive, wie beispielsweise der Neigung, alles Neue immer mit so genannten »Enthüllungen« gleichzusetzen, oder dem Hang, immer den am direktesten sichtbaren Aspekt der gesellschaftlichen Welt, also die Individuen, ihre Taten und Untaten, in den Vordergrund zu rücken, noch dazu häufig in der Absicht, sie an den Pranger zu stellen. Dies geschieht auf Kosten der Berücksichtigung unsichtbarer Strukturen und Mechanismen (hier: derjenigen des journalistischen Feldes), die das Handeln und Denken prägen und die, wenn man über sie Bescheid weiß, eher verständnisvolle Nachsicht als empörtes Verurteilen auslösen (ich nenne dies das Primat des Sichtbaren, das zu einer Art Zensur führen kann, indem ein Thema nur noch dann behandelt wird, wenn man Bilder – und möglichst spektakuläre Bilder – dazu hat). Oder dann ist da noch die Neigung, sich vor allem für die (vermuteten) »Schlussfolgerungen« zu interessieren und weniger für die Art und Weise, wie man zu ihnen gelangt. So erinnere ich mich beispielsweise an jenen Journalisten, der mich anlässlich des Erscheinens meines Buches *La Noblesse d'Etat*,[2] einer Bilanz aus zehnjähriger Forschungsarbeit, einlud, an einer Fernsehdiskussion über die *Grandes Écoles*[3] teilzunehmen, bei der der Präsident des Freundeskreises ehemaliger Schüler die »Pro«-Seite und ich die »Contra«-Seite übernehmen sollte, und der überhaupt nicht verstand, wie ich das nur ablehnen konnte. Genauso haben auch die journalistischen Größen, die sich über mein Buch *Über das Fernsehen* hergemacht haben, schlicht und einfach die Methode, die ich darin angewandt habe (insbesondere die Analyse der Welt des

Journalismus als Feld), zur Nebensache gemacht und das Buch auf diese Weise – und auch noch, ohne sich dessen bewusst zu sein – auf eine Reihe von banalen, mit polemischen Angriffen gespickten Stellungnahmen reduziert.

Doch für ebendiese Methode möchte ich auch hier und heute – selbst wenn dies das Risiko neuer Missverständnisse birgt – eine weitere Illustration liefern, indem ich zu zeigen versuche, wie das journalistische Feld eine höchst spezifische Sichtweise des politischen Feldes produziert und durchsetzt, die sich aus der Struktur des journalistischen Feldes und den daraus hervorgehenden spezifischen Interessen der Journalisten verstehen lässt. In einem Universum, das, wie die Welt des Journalismus und vor allem des Fernsehens, von der panischen Furcht zu langweilen und dem Bemühen, um jeden Preis zu unterhalten, beherrscht ist, muss die Politik zwangsläufig als ziemlich undankbares Thema erscheinen, das man zu den Hauptsendezeiten möglichst meidet, ein wenig aufregendes, wenn nicht gar deprimierendes Schauspiel, das schwer zu vermitteln ist und, koste es, was es wolle, interessanter gemacht werden muss. Daher auch die in den Vereinigten Staaten wie in Europa beobachtbare Tendenz, den Leitartikler und interviewenden Reporter durch den Unterhaltungs-Animateur zu ersetzen und Information, Analyse, Tiefeninterviews, Expertenrunden oder Reportagen der reinen Unterhaltung zu opfern – insbesondere dem völlig bedeutungslosen Geschwätz ständig gleicher und austauschbarer Gesprächspartner in Talkshows (von denen ich einige – welch unverzeihliches Vergehen – in meinem Buch als Beispiel genannt habe). Um wirklich zu verstehen, was in diesen fiktiven Gesprächen gesagt wird und was nicht gesagt werden kann, müsste man die Auswahlkriterien genau analysieren, nach denen die in den Vereinigten Staaten so genannten *panelists* ausgewählt werden: ständige Verfügbarkeit, also pausenlose Bereitschaft zur Teilnahme, aber auch dazu, das Spiel mitzuspielen, indem man akzeptiert, über alles zu reden (genau das definiert den *tuttologo* in Italien) und auf alle, selbst die albernsten oder schockierendsten Fragen der Journalisten zu antworten. Man muss zu allem bereit sein, das heißt auch zu allen möglichen Zugeständnissen (was das Thema, andere Teilnehmer etc. angeht), Kompromissen und Kompromittierungen, um mit von der Partie sein und sich dadurch die direkten und indirekten Profite der medialen »Berühmtheit« sichern zu können, also beispielsweise Prestige bei den Presseorganen, Einladungen zu lukrativen Vorträgen etc. Außerdem sollte man bei den Castings, die einige Produzenten in den USA und mehr und mehr auch in Europa zur Auswahl der *panelists* führen, darauf achten, dass man klare und deutliche Stellungnahmen formuliert und es vermeidet, komplexes Wissen mit ins Spiel zu bringen (nach der Maxime: »The less you know, the better off you are«).

Aber die Journalisten, die sich als Rechtfertigung für diese Politik der demagogischen Vereinfachung (die das genaue Gegenteil der demokratischen Intention des Informierens oder einer Unterhaltung mit Bildungsanspruch ist) auf die Erwartungen des Publikums berufen, projizieren lediglich ihre eigenen Neigungen und ihre eigene Perspektive auf das Publikum – vor allem dann, wenn die Angst zu langweilen und damit davor, dass die Quoten sinken könnten, sie dazu bewegt, lieber einen Streit als eine Debatte, lieber Polemik als Dialektik zu senden. Sie setzen alles daran, dass es eher zu einer Konfrontation zwischen Personen (besonders Politikern) als zwischen ihren Argumenten kommt, auf Kosten dessen, was eigentlich Gegenstand der Debatte ist – das Haushaltsdefizit, die Steuersenkung oder die Auslandsverschuldung.

Da das Wissen dieser Journalisten über die politische Welt im Wesentlichen auf persönlichen Kontakten und vertraulichen Mitteilungen beruht (oder sogar auf Klatsch und Gerüchten) und weniger auf der Objektivität einer Beobachtung oder fundierten Recherche, neigen sie dazu, alles auf eine Ebene zu ziehen, auf der sie die Experten sind. Und so interessieren sie sich mehr für das Spiel und die Spieler als für den Spieleinsatz, mehr für rein strategische politische Fragen als für die Substanz der Auseinandersetzungen, mehr für die politische Wirkung von Diskursen in der Logik des politischen Feldes (insbesondere der von Koalitionen, Bündnissen und Konflikten zwischen Personen) als für deren Inhalt (wenn sie nicht sogar so weit gehen, reine Kunstprodukte in die Diskussion zu bringen, wie beispielsweise bei der letzten Parlamentswahl in Frankreich die Frage, ob die Debatte zwischen der Linken und der Rechten zwischen zwei – dem Oppositionsführer Jospin und dem rechten Premierminister Juppé – oder vier Parteivertretern – Jospin und seinem kommunistischen Verbündeten Hué auf der einen Seite und Juppé und seinem Verbündeten aus der Mitte, Léotard, auf der anderen Seite – ausgetragen werden müsste.

Unter dem Anschein von Neutralität fand hier eine klare politische Einmischung zugunsten der konservativen Parteien statt, indem mögliche Divergenzen zwischen den linken Parteien in den Vordergrund gerückt wurden). Aufgrund ihrer ambivalenten Stellung in der Welt der Politik, wo sie höchst einflussreiche Akteure sind, ohne jedoch vollwertige Mitglieder zu sein, und wo sie den Politikern ihre unverzichtbaren symbolischen Dienste anbieten können (die diese sich selbst nicht verschaffen können), neigen sie zur Perspektive eines Thersites und einer spontanen Form von Verdachtsphilosophie, aufgrund derer sie auch noch hinter der selbstlosesten Stellungnahme und den aufrichtigsten Überzeugungen interessengeleitete Motive vermuten, die sich aus den jeweiligen Positionen im politi-

schen Feld ergeben (wie beispielsweise den Rivalitäten innerhalb einer Partei oder einer »Strömung«).
All das führt dazu, dass sowohl über ihre politischen Kommentare als auch über die Fragen, die sie in ihren Interviews stellen, eine zynische Sichtweise der politischen Welt transportiert und auf gedrängt wird, als wäre sie eine Art Arena, die den Manövern überzeugungsloser Ehrgeizlinge ausgeliefert ist, welche allein von ihren wettbewerbsbedingten Interessen geleitet sind (unterstützt werden die Journalisten hierbei, nebenbei gesagt, durch das Handeln politischer Ratgeber und Berater, also Mittelspersonen, deren Aufgabe es ist, die Politiker bei jener Art des bewusst organisierten, wenn auch nicht unbedingt zynischen politischen Marketings zu unterstützen, welches immer notwendiger wird, um politisch erfolgreich zu sein. Hierfür gilt es, sich den Anforderungen des journalistischen Feldes und seiner typischen Institutionen zu beugen, beispielsweise an diesen großen politischen Fernsehsendungen, »Presseclubs« oder Ähnlichem teilzunehmen, also wirklicher *»caucus«*, die immer mehr dazu beitragen, Politiker und ihren Ruf zu erschaffen). Weil also die journalistische Aufmerksamkeit ausschließlich diesem politischen »Mikrokosmos«, den sich darin abspielenden Ereignissen und den von ihm ausgehenden Effekten gilt, kommt es tendenziell zu einer Abkoppelung vom Blickwinkel der Öffentlichkeit oder zumindest derjenigen Teile der Öffentlichkeit, die sich wirklich Gedanken über die realen Konsequenzen machen, die politische Stellungnahmen für ihr Leben und die gesellschaftliche Welt haben können. Besonders bei den Fernsehstars wird diese Abkoppelung durch die gesellschaftliche Distanz aufgrund ihrer ökonomisch und gesellschaftlich privilegierten Situation noch verstärkt.
So weiß man, dass die Medienstars in den USA und den meisten europäischen Ländern seit den sechziger Jahren zusätzlich zu ihren bereits enorm hohen Gehältern – in Europa um die 100.000 Dollar und mehr, auf amerikanischer Seite mehrere Millionen Dollar[4] – auch noch gewaltige Honorare aus der Teilnahme an Talkshows, Vortragsreisen, regelmäßiger Mitarbeit bei Zeitungen und der Moderation bei Versammlungen von Berufsverbänden kassieren. Auf diese Weise kommt es zu einer immer ungleicheren Verteilung von Macht und Privilegien im journalistischen Feld, und gleichzeitig bildet sich auf Seiten kapitalistischer Kleinunternehmen, die ihr symbolisches Kapital mithilfe einer auf ständige Präsenz in den Medien ausgerichteten Politik bewahren und vergrößern müssen (was nötig ist, um ihren Anteil auf dem Markt der Vorträge und Moderationen zu halten), ein breites Sub-Proletariat heraus, das durch seine Prekarisierung zu einer Art Selbstzensur verurteilt ist.[5]

Hinzu kommen noch die Effekte der Konkurrenz innerhalb des journalistischen Feldes, die ich als Jagd nach dem *scoop* und als die Neigung beschrieben habe, grundsätzlich der neuesten und der am schwersten zugänglichen Information den Vorrang zu geben, oder auch dieses Wetteifern um die originellste und paradoxeste, also somit häufig zynischste Interpretation, und schließlich dieser gedanken- und gedächtnislose Umgang mit Vorhersagen in Bezug auf kommende Ereignisse, diese Prognosen und Diagnosen, für die man nie verantwortlich gemacht wird, weil man im Schutze des Vergessens handelt, welches die fast vollständige Diskontinuität des journalistischen Tagesgeschehens und die schnelle Rotation sukzessiver Anpassungen nach sich zieht.
All die aufgezeigten Mechanismen tragen dazu bei, dass es insgesamt zu einem Depolitisierungseffekt oder, genauer gesagt, zu einer Desillusionierung im Hinblick auf die Politik kommt. Ohne dass das unbedingt explizit bezweckt würde, führt dieses ständige Streben nach einem möglichst hohen Unterhaltungswert dazu, dass immer dann, wenn das politische Leben eine wichtige, aber scheinbar langweilige Frage aufs Tapet bringt, die Aufmerksamkeit auf ein spektakuläres Ereignis (oder einen Skandal) gelenkt wird. Oder es wird – was eine subtilere Variante ist – die so genannte »Nachricht« auf eine Abfolge von Ereignissen mit Unterhaltungswert reduziert, die, wie in dem exemplarischen Fall des O. J. Simpson-Prozesses, irgendwo zwischen »Vermischtes« und »Show« anzusiedeln sind, also eine Folge von Ereignissen ohne Ausgangs- noch Endpunkt, die in keinerlei Verhältnis zueinander stehen, sondern einfach nur, dem Zufall ihrer chronologischen Koinzidenz folgend, aneinander gereiht werden (ein Erdbeben in der Türkei und die Darstellung der Haushaltssparpläne, ein Sieg im Sport und ein Sensationsprozess). Dadurch, dass man diese Ereignisse auf den Augenblick, auf die Aktualität reduziert und aus ihrer Vorgeschichte und ihren Folgen herauslöst, werden sie der Sinnlosigkeit überantwortet.
Für unmerkliche Veränderungen, also für all jene Prozesse, die, wie die Kontinentalverschiebung, im Augenblick nicht wahrnehmbar sind und deren Folgen erst mit der Zeit sichtbar werden, fehlt jedes Interesse. Dies verstärkt noch die Effekte der *strukturellen Amnesie*, welche durch die Logik eines immer nur am Tagesgeschehen orientierten Denkens und durch die Konkurrenz gefördert wird, was zur Folge hat, dass das Wichtige und das Neue (der *scoop* und die »Enthüllungen«) gleichgesetzt werden. Die Konsequenz aus all dem ist, dass die Journalisten eine aus disparaten Momentaufnahmen zusammengesetzte Repräsentation der Welt produzieren. Aus Mangel an Zeit und vor allem an Interesse und vorheriger Information (ihre dokumentarische Arbeit reduziert sich in der Regel auf die Lektüre

anderer Presseartikel zum selben Thema) gelingt es ihnen meistens nicht, die Ereignisse (zum Beispiel einen Fall von Gewalt in der Schule) in den Kontext zu stellen, in den sie gehören (z. B. die familiäre Situation, die ihrerseits in einem Zusammenhang mit dem Arbeitsmarkt steht, welcher wiederum mit der Steuerpolitik zu tun hat, usw.), und dadurch dazu beizutragen, dass diese Ereignisse ihrer scheinbaren Sinnlosigkeit und Absurdität entrissen werden. Die Politiker und vor allem die Verantwortlichen in der Regierung werden durch diese Vorgehensweise der Journalisten wiederum darin bestärkt, sich auf kurzfristige Unternehmungen mit dem entsprechenden »Ankündigungseffekt« zu konzentrieren – auf Kosten von Vorhabe ohne direkt sichtbare Effekte.

Diese enthistorisierte und enthistorisierende, atomisierte und atomisierende Sichtweise findet ihren paradigmatischen Ausdruck in dem Bild, das die Fernsehnachrichten von der Welt vermitteln: eine Abfolge scheinbar absurder Geschichten, die sich letztendlich alle irgendwie ähneln, ein ununterbrochener Aufmarsch bedauernswerter Völker, eine Folge von Ereignissen, die ohne jede Erklärung auftreten und deshalb auch ohne jede Lösung wieder im Dunkel verschwinden werden – heute Zaire, gestern Biafra und morgen der Kongo. Jeglicher politischen Zwangsläufigkeit beraubt, können solche Ereignisse allenfalls noch ein vages humanitäres Interesse wecken. Diese zusammenhanglosen Tragödien, die eine auf die andere folgen, ohne dass je eine historische Einordnung vorgenommen würde, unterscheiden sich kaum mehr von Naturkatastrophen, Tornados, Waldbränden und Überschwemmungen, die ja in den »Nachrichten« genauso präsent sind. Diese Tragödien sind traditionelle, um nicht zu sagen: rituelle, journalistische Themen, sie sind spektakulär, und vor allem können sie ohne große Kosten behandelt werden, und die Wahrscheinlichkeit, dass ihre Opfer Solidarität oder wirklichen politischen Widerstand auslösen, ist genauso gering wie bei einer Zugentgleisung oder einem sonstigen Unfall.

Neben den Zwängen der Konkurrenz tragen also auch berufliche Routinen dazu bei, dass das Fernsehen das Bild einer Welt voller Gewalt und Verbrechen, ethnischer Kriege und Rassenhass hervorbringt und seinen Zuschauern täglich eine absurde Abfolge von Unglücksfällen, die man nicht versteht und an denen man nichts ändern kann, präsentiert – eine dermaßen unverständliche und angsteinflößende Umwelt voller Bedrohungen, dass man sich am besten gegen sie abschotten und vor ihr schützen sollte. Auf diese Weise schleicht sich langsam aber sicher eine pessimistische Geschichtsphilosophie ein, die eher zu Rückzug und Resignation als zu Widerstand und Empörung anhält und die – weit davon entfernt zu mobilisieren und zu politisieren – eher dazu beiträgt, ausländerfeindliche Ängste zu schüren, genauso wie auch der Eindruck, Gewalt und Verbrechen nähmen ständig weiter zu, die Ängste und Phobien des Sicherheitsdenkens fördern. Zu dem Gefühl, dass die Welt dem gemeinen Volk der Sterblichen keinen Halt bietet, kommt der Eindruck, dass das politische Spiel – ähnlich wie der Hochleistungssport, der eine vergleichbare Trennung zwischen Aktiven und Zuschauern vollzieht – eine Sache der Profis ist. Beides zusammen fördert, besonders bei schwach politisierten Menschen, einen fatalistischen Rückzug, der natürlich der Bewahrung der bestehenden Verhältnisse in die Hände spielt.

Man muss schon ein sehr zähes Vertrauen in die unbestreitbaren, wenn auch begrenzten »Widerstands«-Fähigkeiten des Volkes haben, um mit einer bestimmten, so genannten »postmodernen Kulturkritik« davon auszugehen, dass der berufliche Zynismus der Fernsehproduzenten, die in Bezug auf ihre Arbeitsbedingungen, Ziele (das Streben nach möglichst hohen Zuschauerquoten, also nach dem »gewissen Etwas«, das gute Verkaufszahlen bringt) und ihre Denkweise den Werbeleuten immer ähnlicher werden, im aktiven Zynismus der Zuschauer (für den besonders das Zappen bezeichnend sei) seine Grenze oder sein Gegengift finden könnte. Wenn man, wie einige »postmoderne« Hermeneutiker, die Fähigkeit für universell hält, in höchst reflexiver Weise eine »Lektüre« dritten oder vierten Grades dieser »ironischen und metatextuellen« Botschaften zu betreiben, die der manipulatorische Zynismus der Fernsehproduzenten und Werbeleute auf den Weg bringt, fällt man in Wirklichkeit einer der perversesten Formen der scholastischen Illusion in populistischem Gewande anheim.

Anmerkungen

[1] Dieser Text erschien als Vorwort der englischen und mit kleinen Änderungen als Nachwort der deutschen Ausgabe von Sur la télévision (P. Bourdieu, Sur la télévision, Paris, Liber-Raisons d´agir, 1996; dt. Über das Fernsehen, Frankfurt, Suhrkamp, 1998). Neu aus dem Französischen übertragen von Daniela Böhmler.

[2] P. Bourdieu, La Noblesse d'Etat, Paris, Editions de Minuit, 1989.

[3] A.d.Ü.: Elitehochschulen, die parallel zur Universität die Führungskräfte Frankreichs (für Politik, Wirtschaft und Bildung) ausbilden.

[4] Vgl. James Fallows, Breaking the News, How Media Undermine American Democracy, New York, Vintage Books, 1997.

[5] Vgl. Patrick Champagne, »Journalismus zwischen sozialer Unsicherheit und Konkurrenz« in: *Liber Jahrbuch* 1997, UVK Universitätsverlag Konstanz, Konstanz 1998, S. 31 – 37.

Vereinheitliche und herrsche[1]

Historisch gesehen, entstand das ökonomische Feld im Rahmen des Nationalstaats, mit dem es einige Gemeinsamkeiten aufweist. Der Staat trägt in der Tat in vielerlei Hinsicht zur Vereinheitlichung des ökonomischen Raums bei (der seinerseits die Entstehung des Staates unterstützt). Wie Polanyi in *The Great Transformation* ausführt, ist die Entstehung nationaler Märkte nicht die logische Folge einer zunehmenden Ausweitung des Warentauschs, sondern der Effekt einer gewollt merkantilistischen staatlichen Politik, die eine Ausweitung des Binnen- und Außenhandels anstrebt (insbesondere durch ihre Förderung des freien Verkehrs von Grund und Boden, Geld und Arbeit). Vereinheitlichung und Integration münden jedoch nicht etwa, wie man glauben könnte, in einen Prozess der Homogenisierung, sondern gehen mit einer Machtkonzentration einher, die bis zur Monopolisierung mit gleichzeitiger Enteignung eines Teils der auf diese Weise integrierten Bevölkerung führen kann. Dies bedeutet, dass die Integration in den Staat und das Gebiet, das er kontrolliert, die Grundlage für Herrschaft darstellt (dies wird in allen Bereichen der Kolonialisierung deutlich). Wie ich in Algerien feststellen konnte, werden durch die Vereinheitlichung des ökonomischen Feldes, vor allem über die Vereinheitlichung der Währung und der sich daraus ergebenden Verallgemeinerung der Wechselkurse, alle sozialen Akteure zu Teilnehmern an einem ökonomischen Spiel, für das sie unterschiedliche und ungleiche ökonomische und kulturelle Voraussetzungen mitbringen. Zudem besteht die Tendenz, dass sie durch diese Vereinheitlichung einer offensichtlich von der Konkurrenz der produktiven Kräfte und der effizienteren Produktionsmethoden bestimmten Norm unterworfen werden, wie es besonders am Beispiel der Kleinbauern deutlich wird, die zunehmend ihre Eigenständigkeit verlieren. Kurz gesagt: Vereinheitlichung dient den Herrschenden. (Als Beispiel aus der jüngeren Geschichte kann hier Roosevelt herangezogen werden, der in den 30er Jahren allgemeine Regelungen für den Arbeitsmarkt wie den Mindestlohn und die Beschränkung der Arbeitszeit einzuführen gezwungen war, um ein Absinken der Löhne und die Verschlechterung der Arbeitsbedingungen zu verhindern, die sich infolge der Integration unterschiedlich entwickelter Regionen in ein gesamtnationales Gefüge abzeichneten.) Im Übrigen fand der Prozess der Vereinheitlichung (und Konzentration) innerhalb nationaler Grenzen statt: Er war zum einen durch rechtliche Hindernisse begrenzt, insbesondere beim freien Verkehr von Gütern und Personen (Zollrechte, Devisenkontrolle etc.), zum anderen war die Produktion und vor allem die Zirkulation von Gütern eng an geographische Gegebenheiten gebunden (vor allem aufgrund der Transportkosten). Diese gleichermaßen technischen wie rechtlichen Hindernisse, die einer Erweiterung des ökonomischen Feldes entgegenstehen, werden heute zunehmend geringer oder verschwinden unter dem Einfluss von verschiedenen Faktoren, einerseits rein technischen, etwa die Entwicklung neuer Transport- und Kommunikationsmittel wie Luftverkehr oder Internet, auf der anderen Seite eher politischen Faktoren, wie etwa Liberalisierung und Deregulierung. Auf diese Weise wird die Entwicklung eines globalen ökonomischen Feldes begünstigt, und zwar insbesondere im Finanzbereich (wo die Entwicklung der Informationstechnologie im Begriff steht, die zeitliche Distanz zwischen den verschiedenen nationalen Märkten völlig aufzuheben).

Die Doppeldeutigkeit des Begriffes »Globalisierung«

Hier wird es notwendig, auf den Begriff der »Globalisierung« zurückzukommen, der im engeren Sinne die Vereinheitlichung des globalen ökonomischen Feldes oder die globale Ausweitung dieses Feldes bezeichnet. Allerdings schwingt hier noch eine ganz andere Bedeutung mit, die klammheimlich den oben erläuterten Begriff nicht mehr im deskriptiven Sinn gebraucht, sondern ihm eine normative, besser performative Bedeutung verleiht: Unter »Globalisierung« wird hier eine *Wirtschaftspolitik* verstanden, die auf eine Vereinheitlichung des ökonomischen Feldes abzielt, und zwar durch eine Bündelung rechtlich-politischer Maßnahmen im Hinblick auf die Beseitigung aller Beschränkungen, aller – hauptsächlich durch die Nationalstaaten errichteten – Hindernisse, die dieser Vereinheitlichung im Wege stehen. Damit erhält man eine ziemlich treffende Definition der neoliberalen Politik, die untrennbar mit einer ökonomischen Propaganda verbunden ist, aus der sie, eben auch durch die Doppeldeutigkeit des Begriffs, einen Teil ihrer symbolischen Kraft bezieht.

Die ökonomische »Globalisierung« ist nicht zwingende Folge der Gesetze von Technik oder Ökonomie, sondern Ergebnis einer von bestimmten Akteuren und Institutionen bewerkstelligten Politik. Sie ist das Ergebnis einer Durchsetzung von Regeln, die bewusst zur Erzielung bestimmter Ergebnisse geschaffen wurden, etwa der Liberalisierung der Handelsbeziehungen *(trade liberalization)*, das heißt der Beseitigung aller nationalen Hindernisse, die sich vor Unternehmen und anlagesuchendem Kapital aufbauen. Der »globale Markt« (wie schon der nationale Markt) ist eine politische *Schöpfung*, Produkt einer mehr oder weniger bewusst konzertierten Politik. Diese Politik hat wiederum, wie schon jene, die zur Entstehung der nationalen Märkte führte, die Schaffung neuer Herrschaftsverhältnisse zur Folge (vielleicht sogar zum Ziel, zumindest bei den berechnendsten Verfechtern des Neoliberalismus), indem sie die bis dahin durch nationale Grenzen geschützten ökonomischen Akteure brutal mit hoch effizienten und machtvollen Produktivkräften und Produktionsweisen konfrontiert. Hier führt der Abbau protektionistischer Maßnahmen in den sich entwickelnden Ländern zum Zusammenbruch nationaler Unternehmen – im Fall von Ländern wie Südkorea, Thailand, Indonesien oder Brasilien führt diese Beseitigung aller Hindernisse für ausländische Investitionen zum Zusammenbruch zahlreicher einheimischer Unternehmen, die dann, oft zu Spottpreisen, von multinationalen Konzernen aufgekauft werden. In diesen Ländern bleibt oft nur der Sektor der öffentlichen Aufträge, durch den ortsansässigen Betrieben die Möglichkeit geboten wird, mit den Großunternehmen der nördlichen Hemisphäre zu konkurrieren. Die Direktiven der WTO im Hinblick auf die Gewährleistung einer »freien Konkurrenz« um öffentliche Aufträge, die als Grundlage eines »globalen Aktionsfeldes« präsentiert werden, führen letztlich dazu, dass unter der Herrschaft dieser »gleichberechtigten« Konkurrenzsituation zwischen großen multinationalen Unternehmen und kleinen nationalen Betrieben, die »Schwachen« in großem Umfang vom Markt verschwinden. Es ist allgemein bekannt, dass formale Gleichheit unter real ungleichen Bedingungen sich immer zugunsten der Herrschenden auswirkt.

»Globalization« ist demnach ein *gleichermaßen deskriptiver wie präskriptiver Pseudobegriff*, der nun den Begriff »modernization« ersetzt, wie ihn die amerikanischen Sozialwissenschaften lange Zeit so euphemistisch verwendet haben, um ein naiv ethnozentrisches, evolutionistisches Modell ins Recht zu setzen, das eine Klassifizierung von Gesellschaften im Hinblick auf ihre Distanz zur ökonomisch führenden Gesellschaft nach sich zieht und das heißt: der amerikanischen, die als das Maß aller Dinge zu gelten hat (dies wird deutlich, wenn etwa als Maßstab für den Entwicklungsstand von Gesellschaften eine typische, scheinbar neutrale und unbestreitbare Größe wie der Energieverbrauch pro Kopf der Bevölkerung herangezogen wird, die schon Levi-Strauss in *Rasse und Geschichte* kritisiert hat). Dieser Begriff (und das Modell, für das er steht) verkörpert die perfekte Form eines *universellen Imperialismus*, einer Gesellschaft, die ihre Eigenheiten zu verallgemeinern und als universelles Modell durchzusetzen bestrebt ist. (Ähnlich wie die französische Gesellschaft, die lange – als Verkörperung der Menschenrechte und des

Erbes der französischen Revolution – insbesondere in der marxistischen Lehre für jede mögliche Revolution Modell stand.)
Und so wird mit diesem Begriff der Prozess der Vereinheitlichung des globalen Feldes der Ökonomie und Finanzen (das heißt die Integration nationaler, bislang gegeneinander abgeschirmter Universen, die von nun an nach dem Modell einer Ökonomie organisiert werden, die ihrerseits in den historischen Besonderheiten der spezifischen sozialen Tradition der amerikanischen Gesellschaft wurzelt) zugleich als unvermeidbares Schicksal und universelles politisches Befreiungsprojekt eingesegnet: Als Abschluss einer scheinbar *natürlichen Evolution* und als staatsbürgerliches und ethisches Ideal verspricht er – im Namen der behaupteten Verwandtschaft von Demokratie und Markt – politische Emanzipation für alle Völker der Erde. Der vollkommenste Ausdruck dieses *utopischen Kapitalismus* ist zweifellos der Mythos von der »Demokratie der Aktionäre«, also einer Gesellschaft von Lohnempfängern, die – in Aktien entgolten – kollektiv zu »Mitbesitzern ihrer Unternehmen« werden und so die vollkommene Vereinigung von Kapital und Arbeit verwirklichen sollen. Ein weiteres Glanzlicht dieses triumphierenden Ethnozentrismus der Theorien von der »modernization« setzen die eifrigen Propheten der neuen ökonomischen Religion, die Amerika als neue Heimat eines »verwirklichten Sozialismus« sehen wollen. (Nebenbei kann man feststellen, dass ein gewisser wissenschaftlicher Wahn, der in der Gegend von Chicago seinen Siegeszug antrat, in nichts den aberwitzigsten Phantasmen des »wissenschaftlichen Sozialismus« nachsteht, der andernorts und zu anderen Zeiten entstanden war und die allseits bekannten Folgen nach sich zog.)
An dieser Stelle wäre zunächst einmal darauf hinzuweisen, dass all das, was hier als universelle Norm jeder rationalen ökonomischen Praxis behauptet und immer weitgehender durchgesetzt wird, in Wirklichkeit nur als Verallgemeinerung der mit einer besonderen Geschichte und Sozialstruktur befrachteten Ökonomie der Vereinigten Staaten verstanden werden kann. Weiter ist festzuhalten, dass die Vereinigten Staaten *per definitionem* als realisierte Form eines politischen und ökonomischen Ideals zu sehen sind, die sich umgekehrt durch eine schrankenlose Idealisierung ihrer eigenen politischen und sozialen Verfassung und, insbesondere, durch die Schwäche des Staates auszeichnet. Dann sollte man die beherrschende Stellung der Vereinigten Staaten im globalen ökonomischen Feld verdeutlichen, die sie der Konzentration einer außergewöhnlichen Fülle von Wettbewerbsvorteilen verdanken: *finanzielle Vorteile* durch die außergewöhnliche Stellung des Dollars, der es ihnen ermöglicht, weltweit aus Ländern mit hoher Sparkraft wie etwa Japan ebenso wie aus den Finanzoligarchien armer Länder oder den weltumspan-

nenden Handelsnetzen das erforderliche Kapital zur Finanzierung ihres enormen Defizits zu schöpfen und endlich ihre extrem niedrige Spar- und Investitionsrate auszugleichen – und der ihnen damit die Möglichkeit bietet, eine Geldpolitik ihrer Wahl durchzusetzen, ohne selbst deren schädliche Auswirkungen auf andere, vor allem arme Länder fürchten zu müssen, die von diesen ökonomischen Entscheidungen Amerikas erheblich betroffen sind und doch gleichzeitig zum amerikanischen Wachstum beigetragen haben, im Hinblick sowohl auf die geringen Devisenkosten ihrer Arbeit und ihrer Erzeugnisse – vor allem der Rohstoffe – als auch die Einnahmen aus dem weltweiten Warenumschlag, die den Banken und der Börse in den Vereinigten Staaten mächtige Gewinne bescheren; *ökonomische Vorteile* durch ihre Konkurrenzfähigkeit auf dem Sektor der Kapital- und Investitionsgüter, vor allem bei der industriellen Mikroelektronik oder auch die gewichtige Rolle der Banken bei der privaten Finanzierung industrieller Innovationen; *politische und militärische Vorteile*, ihr diplomatisches Gewicht, mit dem sie für die eigenen Wirtschaftsinteressen günstige Abkommen und Regelungen durchzusetzen in der Lage sind; *kulturelle und sprachliche Vorteile*, etwa der außergewöhnliche Umfang öffentlicher und privater Forschungsförderung (dies wird schon an der Zahl der Nobelpreise deutlich), die Macht der *lawyers* und der großen *law firms* und die praktische Universalität der englischen Sprache, die den Bereich der Telekommunikation und die gesamte kommerzielle Kulturproduktion beherrscht; *symbolische Vorteile* aufgrund der Durchsetzung eines zumindest bei Jugendlichen mehr oder weniger weltweit anerkannten Lebensstils, der vor allem mit der Produktion und Distribution bestimmter Vorstellungen über die Welt (insbesondere durch die Filmindustrie) befördert wird, die mit »Modernität« gleichgesetzt werden. (Gerade dies macht deutlich, dass die Überlegenheit der amerikanischen Ökonomie – die sich übrigens immer mehr vom Modell des vollkommenen Wettbewerbs entfernt, in dessen Namen sie durchgesetzt werden soll – vor allem auf strukturelle Effekte und weniger auf die besondere Effizienz einer bestimmten Wirtschaftspolitik vertraut, auch wenn die Auswirkungen einer dort mustergültig vorangetriebenen Intensivierung der Arbeit, einer Verlängerung der Arbeitszeiten, einer Niedriglohnpolitik, natürlich auch die Bedeutung der »Neuen Ökonomie« technisch-wissenschaftlichen Zuschnitts nicht außer Acht gelassen werden sollten.)

Eines der offensichtlichsten Beispiele für die Kräfteverhältnisse, die sich im globalen ökonomischen Feld nun einrichten, ist zweifellos jener Mangel an Symmetrie, eine Ungleichbehandlung, die Logik des *double standard* (das Messen mit zweierlei Maß), die dazu führt, dass die Herrschenden, allen voran die Vereinigten Staaten,

selbst Protektionismus und Subventionspolitik betreiben, die sie den in der Entwicklung begriffenen Ländern verbieten wollen (die etwa daran gehindert werden, den Import bestimmter, die einheimische Industrie gefährdender Produkte zu beschränken oder ausländische Investitionen zu kontrollieren). Es braucht reichlich guten Willen, daran zu glauben, dass die hingebungsvolle Sorge um die sozialen Rechte in den Ländern der südlichen Hemisphäre (oder etwa das Verbot der Kinderarbeit) völlig ohne protektionistische Motive ist, wenn man in Betracht zieht, dass diese Sorge Länder wie die Vereinigten Staaten an den Tag legen, in denen Deregulierungs- und Flexibilisierungsmaßnahmen, Lohnabbau und Beschneidung gewerkschaftlicher Rechte in großem Umfang betrieben werden. Die Politik der *»globalization«* liefert das beste Beispiel für diesen Asymmetrie, solange das Ziel dieser Politik darin besteht, der Welt einseitig (also isolationistisch und partikularistisch) das für die Herrschenden günstigste Modell auf zuzwingen.
Die Vereinheitlichung des globalen ökonomischen Feldes mit seiner Durchsetzung der absoluten Herrschaft des freien Verkehrs von Waren, Gütern und Geld und eines exportorientierten Wachstums weist dieselbe Ambiguität auf wie die Integration in das nationale ökonomische Feld in früheren Zeiten. Indem es sich den Anschein eines gewissermaßen ökumenischen und grenzenlosen Universalismus gibt, der seine Rechtfertigung in der weltweiten Verbreitung »billiger« Lebensstile im Sinn einer »Zivilisation« à la McDonald's, Jeans und Coca-Cola oder auch in einer »rechtlichen Angleichung« findet, die eine »positive globalization« anzukündigen scheint, dient dieses »Gesellschaftsprojekt« den Herrschenden, das heißt dem Großkapital, das sich über die einzelnen Staaten hinwegsetzt und gleichzeitig auf deren Hilfe zählen kann, gerade im Fall der politisch und militärisch übermächtigen Vereinigten Staaten. Diese Großanleger werden von den wichtigsten internationalen Institutionen unterstützt, etwa von der Weltbank, dem Internationalen Währungsfonds und der Welthandelsorganisation, die ihnen immer wieder günstige Bedingungen für die eigenen wirtschaftlichen Aktivitäten sichern. Die Auswirkungen einer solchen Herrschaft, die mit der Einbindung unter ungleichen Kräfteverhältnissen verbunden sind, lassen sich bestens am Schicksal Kanadas zeigen (es könnte auch das Schicksal Europas werden, das sich in Richtung einer Art Zollunion mit den Vereinigten Staaten bewegt): Nach der Ausmerzung traditionell protektionistischer Gesetze, die es vor allem im kulturellen Bereich eines jeden Schutzes beraubt haben, erliegt dieses Land einer völligen ökonomischen und kulturellen Eingliederung durch die amerikanische Macht.
Ebenso wie in den alten Nationalstaaten sind die herrschenden ökonomischen Kräfte dabei, sich das (internationale) Rechtswesen und die wichtigen internatio-

nalen Organisationen dienstbar zu machen. Dieses sind die Ziele mächtiger Lobbys, denen es darum geht, wirtschaftliche Interessen von Unternehmen oder Staaten juristisch zu rechtfertigen (beispielsweise industriellen Investoren ein Höchstmaß an Rechtsschutz – gleichbedeutend mit Rechtsfreiheit – einzuräumen). Umgekehrt werden hier beträchtliche Anstrengungen im Hinblick auf den Abbau nationaler Rechte unternommen, etwa von Gesetzen und Regelungen zum Verbraucherschutz. Internationale Instanzen steuern, ohne allerdings jene Aufgaben wahrzunehmen, die gewöhnlich den Nationalstaaten obliegen (etwa solche, die mit der sozialen Sicherung zusammenhängen), mit unsichtbarer Hand die nationalen Regierungen, die mehr und mehr zu Verwaltern zweitrangiger Angelegenheiten herabgestuft werden und als politischer Paravent dienen, der die tatsächlichen Entscheidungsträger verbirgt. Diese Instanzen stärken symbolisch den scheinbar automatischen Ablauf des wirtschaftlichen Wettbewerbs, der die Nationalstaaten dazu zwingt, das Spiel der Konkurrenz auf steuerlicher Ebene (etwa durch Freistellungen und Ermäßigungen) oder im Bereich der Wettbewerbsvorteile (durch das Angebot kostenloser Infrastrukturen) zu spielen.

Die Beschaffenheit des globalen ökonomischen Feldes

Das globale ökonomische Feld ist als Gesamtheit weltweiter Einzelfelder zu verstehen, die jeweils eine eigene *»industry«* aufweisen, eine Gesamtheit von Unternehmen, die bezüglich der Produktion und Vermarktung einer homogenen Kategorie von Produkten miteinander konkurrieren. Die meist oligopolistische Struktur jedes dieser Einzelfelder entspricht der Verteilung des Kapitals (in seinen unterschiedlichen Formen) zwischen jenen Unternehmen, die als weltweit ernst zu nehmende Konkurrenten aufzutreten in der Lage sind, und die Stellung eines Unternehmens in jedem einzelnen Land hängt dabei von seiner Stellung in allen anderen Ländern ab. Das globale ökonomische Feld ist stark polarisiert – die heimische Wirtschaft der führenden Nationen neigt dazu, schon aufgrund ihres Gewichts innerhalb dieser Struktur (das wie eine Zugangssperre wirkt), eine Konzentration der Aktiva der Unternehmen und der Aneignung der erzielten Gewinne zu fördern, zugleich wirkt sie richtungsweisend auf die Tendenzen, die für die Vorgänge im Feld entscheidend sind. Die Stellung der einzelnen Unternehmen im nationalen wie im internationalen Feld hängt also nicht nur von eigenen Wettbewerbsvorteilen ab, sondern auch von den wirtschaftlichen, politischen, kulturellen und sprachlichen Vorteilen, die sich aus einer jeweiligen nationalen Zugehörigkeit ergeben, sodass diese Form »nationalen Kapitals« sich – positiv oder negativ – verstärkend auf die strukturelle Wettbewerbsfähigkeit der einzelnen Unternehmen auswirkt.

Diese unterschiedlichen industriellen Felder sind heute strukturell dem globalen Feld der Finanzen untergeordnet, aus dem man (durch Maßnahmen wie etwa dem 1985/86 erlassenen Gesetz zur Deregulierung des Finanzmarktes in Frankreich) alle Regulierungsmöglichkeiten radikal entfernt hat, die vor knapp zweihundert Jahren eingeführt und infolge einer Reihe von Bankpleiten während der 30er Jahre nochmals verstärkt wurden. Dieses Feld hat also den Zustand fast vollständiger Autonomie und Integration erreicht, das konzentrierte Kapital der Großanleger (Pensionsfonds, Investmentfonds, Versicherungsgesellschaften) wird zu einer autonomen Macht, kontrolliert nur noch von den Banken, die ihrerseits und in zunehmendem Maße hoch renditeträchtige Finanzspekulationen fördern – zum Nachteil produktiver Investitionen. Die internationale Spekulationswirtschaft ist hier der Kontrolle nationaler Institutionen immer mehr entzogen, die einst, wie etwa die Zentralbanken, für die Regulierung der Finanzgeschäfte zuständig waren, und die langfristigen Zinssätze werden heute immer weniger von nationalen Einrichtungen, sondern von einer kleinen Gruppe internationaler Akteure festgesetzt, die nun über die Entwicklungen der Finanzmärkte entscheiden.

Die Konzentration des Finanzkapitals in Pensions- und Versicherungsfonds, die das kollektive Sparvermögen an sich ziehen und verwalten, ermöglicht es, den über die Staatsgrenzen hinweg tätigen Verwaltern dieser Gelder im Namen der Aktionärsinteressen den Unternehmen Forderungen nach Gewinnerzielung aufzuzwingen, die dann nach und nach die Strategien dieser Unternehmen bestimmen. Dies geht mit einer Beschränkung der Erweiterungsmöglichkeiten und dem Zwang zur Kosten- und Personalreduzierung *(downsizing)* oder auch zu Fusionsübernahmen einher bei denen alle Risiken auf die Beschäftigten abgewälzt werden, die bisweilen (zumindest in den oberen Etagen) einen Teil ihres Gehaltes in Aktien beziehen und somit fiktiv am Gewinn teilhaben. Die zunehmende Freiheit, zur Erzielung größtmöglicher Renditen Kapital einzusetzen bzw. freizumachen und Investitionen zu tätigen oder abzuziehen, führt zu einer zunehmenden Mobilität des Kapitals und einer allgemeinen Standortverlagerung von Industrieunternehmen und Banken. *Direktinvestitionen im Ausland* schaffen die Möglichkeit, die unterschiedliche Kapitalkraft der einzelnen Nationen oder Regionen ebenso wie die unterschiedlichen Lohnkosten auszunutzen und die Nähe des günstigsten Marktes zu suchen. Ebenso wie die einzelnen Nationen bei ihrer Bildung die einst autonomen Gebiete in »Provinzen« verwandelten, die dem Zentralstaat untergeordnet wurden, finden die »vernetzten« Unternehmensgruppen auf einem gleichzeitig exklusiven und internationalen Markt die Mittel zur »Internalisierung« ihrer »Transaktionskosten« (Williamson) vor: Sie werden nun innerhalb von Produktionseinheiten organisiert, in denen die übernommenen Firmen im Status von »Filialen« einer »Muttergesellschaft« integriert sind – andere wiederum suchen im Subunternehmertum einen Weg zur Schaffung von hierarchischen Verhältnissen innerhalb einer relativen »Unabhängigkeit«.

Die Integration des globalen ökonomischen Feldes führt also zur Schwächung nationaler und regionaler Macht, und der formale Kosmopolitismus, der in diesem Zusammenhang dazu benutzt wird, alle anderen, vornehmlich nationalen Entwicklungsmodelle als nationalistisch zu diskreditieren, lässt den einzelnen Bürger machtlos werden angesichts der grenzüberschreitenden Kräfte der Wirtschaft und Finanzwelt. Politische Maßnahmen, die angeblich einer »strukturellen Anpassung« dienen, zielen letztlich darauf ab, die schwächere Volkswirtschaften in ein Unterwerfungsverhältnis zu »integrieren«. Zu diesem Zweck wird der Abbau aller so genannten »künstlichen« und »willkürlichen« wirtschaftspolitischen Regulationsmechanismen des Sozialstaates (der als einzige Instanz in der Lage ist, sich den internationalen Unternehmen und Finanzinstitutionen zu widersetzen) zugunsten des so genannten freien Marktes ebenso betrieben wie eine Reihe entsprechender Maßnahmen zur Deregulierung und Privatisierung, etwa die Beseitigung aller Protektionsmöglichkeiten der heimischen Märkte und die Lockerung der Kontrolle ausländischer Investitionen (entsprechend dem darwinistischen Postulat, nach dem die Unternehmen durch die Konkurrenzsituation effizienter werden). Diese Maßnahmen sind auf eine fast vollständige Freiheit des konzentrierten Kapitals und die Bereitstellung aller Aufstiegsmöglichkeiten der großen, multinationalen Unternehmen gerichtet, die mehr oder minder direkten Einfluss auf die entsprechenden politischen Entscheidungen nehmen. (Umgekehrt tragen sie dazu bei, die Anstrengungen der so genannten »aufstrebenden« Länder abzublocken, die in der Lage wären, sich zu einer ernsthaften Konkurrenz zu entwickeln, indem sie alle nationalstaatlichen Versuche vereiteln, durch eine Förderung der wirtschaftlichen Infrastruktur einen nationalen Markt zu schaffen, die heimische Produktion zu schützen, Bauern und Arbeiter am Konsum teilhaben zu lassen, also die Entstehung einer echten Nachfrage durch eine Erhöhung der Kaufkraft in die Wege zu leiten, die ihrerseits durch staatliche Entscheidungen wie Agrarreformen oder die Einführung eines progressiven Steuermodells begünstigt werden können.)

Die Kräfteverhältnisse, die sich in diesen politischen Machenschaften ausdrücken und dazu führen, dass den ärmsten Ländern letztlich nur der extensive oder intensive Abbau ihrer Bodenschätze als wirtschaftliche Grundlage bleibt, offenbaren sich auch in der ungleichen Behandlung der verschiedenen Nationen durch globale Instanzen (IMF, WTO, Weltbank), die davon abhängt, welchen Stellenwert sie in der Struktur der Kapitalverteilung einnehmen: Das deutlichste Beispiel dafür ist zweifellos der Umstand, dass die Vereinigten Staaten die Forderungen des IMF nach Ausgleich ihres bestehenden Haushaltsdefizits lange Zeit in den Wind schlagen konnten, während derselbe IMF eine ganzen Reihe bereits hochgradig gefährdeter afrikanischer Volkswirtschaften zur Verringerung ihres Defizits zwang – die Folge war immer ein Anstieg der Arbeitslosigkeit und zunehmende Verelendung. Es ist zudem bekannt, dass dieselben Staaten, die sich weltweit für die Öffnung der Grenzen und den Abbau des Staates stark machen, ihrerseits eine mehr oder minder subtile Form des Protektionismus betreiben können, etwa über Importbeschränkungen mittels Quotierung, freiwillige Exportbeschränkungen, Einführung von Qualitäts- und Sicherheitsnormen oder die Auf- bzw. Abwertung von Währungen, ganz zu schweigen von den entrüsteten Ermahnungen zur Wahrung universeller sozialer Rechte. Und dieselben Staaten können bestimmte Formen staatlicher Hilfe betreiben, etwa bei so genannten »gemischten Oligopolen«, die mit staatlichen Interventionen rechnen, um eine Teilung der Märkte durch Vereinbarungen zur freiwilligen Exportbeschränkung durchsetzen zu können, oder etwa auch über die Festlegung bestimmter Produktionsquoten in den ausländischen Tochtergesellschaften.

Im Unterschied zu jener Vereinheitlichung auf nationaler Ebene, wie sie einst in Europa verwirklicht wurde, findet dieser Prozess heute ohne Mitwirkung des Staates statt – anders als es Keynes wollte, der sich die Schaffung einer zentralen Weltbank und eine neutrale Reservewährung zur Sicherung paritätischer Wechselkurse wünschte – und folgt allein den Interessen der Herrschenden, die es im Gegensatz zu den Juristen der Gründungsphase des europäischen Staates nicht wirklich nötig haben, einer ihren Interessen dienenden Politik den Anschein des Universellen zu geben. Die Logik des Feldes und die Eigendynamik des konzentrierten Kapitals sorgen zunächst für die Schaffung von Kräfteverhältnissen, die den Interessen der Herrschenden entgegenkommen, jenen, die über die Mittel verfügen, diese Kräfteverhältnisse in scheinbar globale Spielregeln zu verwandeln, sei es mit der Hilfe angeblich »neutraler« Interventionen der großen internationalen Institutionen wie IWF und WTO, die sich ihrem Einfluss doch kaum entziehen können, sei es unter dem Deckmantel neuer Vorstellungen über das Verhältnis von Wirtschaft und Politik, die von ihnen durchgesetzt werden und ihre höchste Vollendung im Projekt MAI (multilaterales Investitionsabkommen) erreicht haben: Angesichts dieser sich verwirklichenden Utopie einer jedes staatlichen Schutzes beraubten, allein der Willkür der Großanleger ausgelieferten Welt kann man sich leicht ein Bild von jener tatsächlichen »Globalisierung« machen, deren Verwirklichung das Ziel der konservativen Internationale der Bosse multinationaler Industrie- und Finanzunternehmen ist und die sich zu diesem Zweck der politischen, diplomatischen und militärischen Macht eines imperialen Staates bedienen, der sich immer mehr auf die bloße Aufrechterhaltung der inneren und äußeren Ordnung beschränkt. Man wird deshalb vergeblich hoffen, dass diese durch eine »Harmonisierung« der Rechtsprechungen herbeigeführte Vereinheitlichung allein durch ihre immanente Logik zu einer wahrhaftigen Universalisierung führt, derer sich ein universaler Staat annimmt. Andererseits kann man vernünftigerweise hoffen, dass die Auswirkungen der Politik einer kleinen, ausschließlich im Sinne ihrer eigenen, kurzfristigen, finanziellen Interessen handelnden Oligarchie die Entstehung ebenfalls globaler politischer Kräfte fördert, die nach und nach die Schaffung grenzüberschreitender Instanzen durchsetzen können, um die herrschenden wirtschaftlichen Kräfte zu kontrollieren und sie in den Dienst wahrhaft universeller Zwecke zu stellen.

Anmerkung

[1] Dieser Beitrag wurde am 3. Oktober 2000 im Rahmen einer Konferenz an der Kreisen-Universität in Tokyo vorgestellt. Aus dem Französischen übertragen von Jörg Ohnacker.

Das symbolische Kapital

Über die von ihr angebotenen sozialen Spiele verschafft die soziale Welt mehr und anderes als das, was diese scheinbar bieten:
Die Jagd zählt, wie Pascal bemerkt, ebenso viel wie die Beute, wenn nicht sogar mehr, und im Handeln liegt ein Glück, das über die offenkundigen Gewinne – Lohn, Preis, Auszeichnung – hinausgeht; es besteht darin, der Gleichgültigkeit (oder Depression) zu entrinnen, beschäftigt zu sein, Ziele zu haben und sich objektiv, also subjektiv mit einem sozialen Auftrag versehen zu fühlen. Erwartet, umworben, mit Verpflichtungen und Verbindlichkeiten überhäuft sein heißt nicht nur der Einsamkeit oder Bedeutungslosigkeit entkommen, es heißt auf die kontinuierlichste und konkreteste Weise das Gefühl haben, für die anderen zu zählen, für sie, also an sich *wichtig* zu sein und in diesem permanenten Plebiszit in Form von ständigen Interessebezeugungen – Anfragen, Erwartungen, Einladungen – eine Art dauernde Daseinsberechtigung zu finden.
Um jedoch den Effekt der Anerkennung, der durch die Zuweisung einer angesehenen sozialen Funktion vom Gefühl der Bedeutungslosigkeit und Kontingenz einer grundlosen Existenz zu erlösen vermag, vielleicht weniger negativ und überzeugender aufzuzeigen, könnte man Durkheims Schrift *Der Selbstmord* anführen (deren Verfasser die Wissenschaftsgläubigkeit so weit treibt, dass er die Frage nach der Berechtigung einer Tat ausklammert, die im höchsten Grade die Frage nach den Existenzgründen aufwirft). Dieser Untersuchung zufolge schwankt die Tendenz, sich umzubringen, umgekehrt proportional zum sozialen Ansehen, und die Akteure sind vor der Infragestellung des Sinns ihres Lebens umso sicherer, je besser sie als Gatte, Vater, Mutter usw. über eine anerkannte soziale Identität verfügen (das heißt, dass Eheleute sicherer leben als Unverheiratete, Eheleute mit Kindern sicherer als solche ohne Kinder usw.). Die soziale Welt vergibt das seltenste Gut überhaupt: Anerkennung, Ansehen, das heißt ganz einfach Daseinsberechtigung. Sie ist imstande, dem Leben Sinn zu verleihen, und, indem sie ihn zum höchsten Opfer weiht, selbst noch dem Tod.
Weniges ist so ungleich und wohl nichts grausamer verteilt als das symbolische Kapital, das heißt die soziale Bedeutung und die Lebensberechtigung. Es ist zum Beispiel bekannt geworden, dass noch die Pflege und Aufmerksamkeit, die Krankenanstalten und deren Akteure Sterbenden zuteil werden lassen, sich bewusst

und mehr noch unbewusst nach deren sozialer Bedeutung richten. In der Hierarchie der Würden und Entwürdigungen, die sich nie völlig mit der Hierarchie von Reichtum und Macht deckt, steht der Adlige, sei es traditioneller, sei es moderner Prägung (Letztere bezeichne ich als den Staatsadel), dem stigmatisierten Paria gegenüber, der – wie der Jude zur Zeit Kafkas oder heute der Schwarze in den Gettos oder der Araber oder Türke in den Arbeitervierteln der europäischen Städte – mit dem Fluch eines negativen symbolischen Kapitals geschlagen ist. Alle Bezeugungen sozialer Anerkennung, die das symbolische Kapital ausmachen, alle Formen des Wahrgenommenwerdens, aus denen das bekannte, sichtbare (durch *visibility* ausgezeichnete), berühmte (oder gerühmte), bewunderte, zitierte, geliebte usw. soziale Sein sich zusammensetzt, sind Bezeugungen der Gnade *(charisma)*, die diejenigen, denen sie zuteil wird, von dem Elend einer nicht gerechtfertigten Existenz befreit und ihnen nicht nur (wie es die Religion nach Max Weber tut) eine »Theodizee ihres Privilegs« verleiht – was gar nicht so wenig wäre –, sondern auch eine Theodizee ihrer Existenz.

Umgekehrt gibt es vielleicht keine schlimmere Enteignung, keinen grausameren Verlust als den, den die im symbolischen Kampf um Anerkennung, um Zugang zu einem sozial anerkannten sozialen Sein, das heißt, mit einem Wort, um Menschlichkeit, Besiegten erleiden. Dieser Kampf lässt sich nicht auf ein Goffmansches Ringen um die bestmögliche Inszenierung seiner selbst reduzieren: Vielmehr wird hier um eine Macht konkurriert, die nur andere Konkurrenten um dieselbe Macht verleihen können, eine Macht über die anderen, die ihre ganze Existenz den anderen verdankt, ihrem Blick, ihrer Wahrnehmung und Bewertung (sodass zwischen dem Hobbesschen *homo homini lupus* und dem *homo homini Deus* Spinozas keine Wahl bleibt) – eine Macht also über ein Begehren nach Macht und über den Gegenstand dieses Begehrens. Obwohl Produkt subjektiver Sinnverleihungen (die nicht unbedingt Bewusstsein und Vorstellung einschließen), scheint diese symbolische Macht – Charme, Attraktivität, Charisma – mit objektiver Wirklichkeit ausgestattet, scheint sie die Blicke derer zu lenken, die sie produzieren (ähnlich der von Benveniste beschriebenen *fides* oder dem von Max Weber untersuchten Charisma, das selbst den Effekten von Fetischisierung und Transzendierung ausgeliefert ist, die aus der Bündelung von Blicken und vor allem aus der Übereinstimmung sozialer und einverleibter Strukturen entsteht).

Jede Art Kapital (ökonomisches, kulturelles, soziales) tendiert (in unterschiedlichem Grade) dazu, als symbolisches Kapital zu funktionieren (sodass man vielleicht genauer von *symbolischen Effekten des Kapitals* sprechen sollte), wenn es explizite oder praktische Anerkennung erlangt: die Anerkennung als Habitus, dessen

Strukturen den Strukturen des Raumes entsprechen, in dem er sich hervorbrachte. Mit anderen Worten: Das symbolische Kapital (die Mannesehre in den Gesellschaften des Mittelmeerraums, die Ehrbarkeit des Notabeln oder des chinesischen Mandarins, das Prestige des berühmten Schriftstellers usw.) ist nicht eine besondere Art Kapital, sondern das, was aus jeder Art von Kapital wird, das als Kapital, das heißt als (aktuelle oder potenzielle) Kraft, Macht oder Fähigkeit zur Ausbeutung verkannt, also als legitim anerkannt wird. Genauer gesagt:
Das Kapital existiert und agiert als symbolisches Kapital (und verschafft Profite, man denke nur beispielsweise an die Feststellung – und Anweisung – *honesty is the best policy)* in der Beziehung zu einem Habitus, der darauf eingestellt ist, es als Zeichen, und zwar als Zeichen von Wichtigkeit, wahrzunehmen, das heißt, es in Abhängigkeit von kognitiven Strukturen zu kennen und anzuerkennen, die geeignet und entsprechend ausgerichtet sind, ihm Anerkennung zu schenken, weil sie selbst übereinstimmen mit dem, was es ist. Als Produkt der Verklärung einer Machtbeziehung zu einer Sinnbeziehung befreit das symbolische Kapital von der Bedeutungslosigkeit als Mangel an Wichtigkeit und Sinn.
Bekannt und anerkannt sein heißt auch die Macht innehaben, anzuerkennen, zu würdigen, zu dekretieren, was gekannt und anerkannt zu werden verdient, und allgemeiner: zu sagen, was ist oder, besser, was es mit dem, was ist, auf sich hat, was man davon zu halten hat, und dies durch performative Aussagen (oder Voraussagen), die bewirken, dass das Gesagte ist wie besagt (eine Macht, deren bürokratische Spielart die Rechtsprechung und deren charismatische Variante die Prophezeiung ist). Die Einsetzungsriten, Akte symbolischer Investitur, die dazu bestimmt sind, das durch sie geweihte Wesen zu legitimieren als das, was es ist, zu existieren, wie es existiert, *schaffen* schließlich denjenigen, den sie einsetzen, indem sie der Ausübung seines Amtes das Illegale, der Fiktion des Betrügers (dessen Grenzfall der Verrückte ist, der sich für Napoleon hält) das Wahnsinnige oder der Anmaßung des Usurpators das Willkürliche entziehen. Dies durch die öffentliche Erklärung, dass er durchaus ist, was er zu sein beansprucht, dass er es legitimerweise zu sein beansprucht, dass er zu Recht die Funktion, Fiktion oder Verkleidung übernimmt, die, da vor aller Augen verkündet wurde, dass sie universelle Anerkennung verdient, zu einer legitimen Verkleidung wurde (J. L. Austin): also *verkannt* und als solche von allen, angefangen beim Betrüger selbst, geleugnet.
Indem diese Akte performativer Magie durch eine inthronisierende Eröffnungszeremonie – die *inceptio* des mittelalterlichen Magisters, die Priesterweihe, der Ritterschlag, die Königskrönung, die Antrittsvorlesung, die Eröffnungssitzung des Gerichtshofs usw., oder, in einem ganz anderen Register, die Beschneidung oder

die Heirat – dem Betreffenden feierlich Namen und Titel verleihen, erlauben und befehlen sie ihm zugleich, der zu werden, der er ist, das heißt zu sein hat, seine Funktion, das heißt seine *soziale Fiktion*, mit Leib und Seele auszufüllen, das Bild oder die soziale Essenz, die ihm in Form von Bezeichnungen, Titeln, Diplomen, Posten oder Ehrenämtern übertragen wurde, anzunehmen und sie als gewöhnliches oder außergewöhnliches Mitglied einer Gruppe, zu deren Bestehen er durch seine beispielhafte Verkörperung beiträgt, juristisch zu verkörpern.

Unter dem Anschein von Unpersönlichkeit ist der Einsetzungsritus doch stets in hohem Maße an die Person gebunden:

Er muss persönlich, in Gegenwart der Person, vollzogen werden (man kann sich bei einer solchen Zeremonie, von ganz außergewöhnlichen Umständen abgesehen, nicht vertreten lassen), und wer hier seine Würde empfängt – von der es heißt, dass sie nicht stirbt *(dignitas non moritur)*, was besagen soll, dass sie den Leib ihres Inhabers überlebt –, muss sie tatsächlich mit seinem ganzen Wesen, das heißt mit seinem Körper, in Furcht und Zittern, in vorbereitendem Leiden oder unter schmerzhafter Prüfung, auf sich nehmen. Er muss sich in seine Investitur persönlich investieren, das heißt seine Hingabe, seinen Glauben, seinen Körper einbringen, sie verpfänden und durch sein ganzes Verhalten und Sprechen (dies ist die Funktion der rituellen Danksagung) seinen Glauben an die Funktion und an die Gruppe bezeugen, die sie verleiht und die ihm diese gewaltige *Sicherheit* nur unter der Bedingung zuteil werden lässt, dass er sie voll und ganz rückversichert. Diese garantierte Identität fordert nämlich dazu auf, die Identität, die Konformität mit dem Sein, das die soziale Definition produzieren soll, rückwirkend zu garantieren *(»noblesse oblige«)* –, gilt es doch, dieses Sein durch eine individuelle und kollektive Repräsentationstätigkeit am Leben zu halten, die der Gruppe als Gruppe zur Existenz verhilft, ihr Bekanntheit und Anerkennung verschafft und sie dadurch hervorbringt.

Mit anderen Worten: Der Einsetzungsritus ist dazu da, den Eingesetzten seiner Existenz als vollberechtigtes Mitglied der Gruppe, seiner Legitimität zu versichern, aber auch dazu, die Gruppe ihrer eigenen Existenz als anerkannte und Anerkennung verleihende Gruppe zu versichern und ihr die Realität der sozialen Fiktionen – Bezeichnungen, Titel, Würden – zu bestätigen, die sie produziert und reproduziert und denen der Empfänger dadurch zur Existenz verhilft, dass er sie annimmt. Die Repräsentation, durch die die Gruppe *sich produziert* – eine Darstellung im theatralischen und zugleich eine Vertretung im rechtlichen Sinn, als *procuratio ad omnia facienda* –, kann nur Akteuren zukommen, die bis in den Körper hinein von dieser Aufgabe gepackt sind und einen bedingungslos gutgläubigen

Habitus garantieren. (Während hingegen eine vor allem hinsichtlich des Rituals der Investitur und dessen, was es instituiert, zu Reflektiertheit neigende Disposition eine Bedrohung für die reibungslose Zirkulation der symbolischen Macht und der Autorität darstellen würde oder sogar eine Art Unterschlagung symbolischen Kapitals zugunsten einer unverantwortlichen und beängstigenden Subjektivität.) Als biologische Personen sind Bevollmächtigte, Mandatsträger, Delegierte, Sprecher weder gegen Dummheit noch gegen Leidenschaft gefeit und sterblich. Als Repräsentanten haben sie teil an der Permanenz und Omnipräsenz der Gruppe, zu deren Existenz als ewig, allgegenwärtig, transzendent sie beitragen und die sie zeitweise verkörpern, indem ihr Mund der Gruppe zur Sprache verhilft und ihr Leib, der sich damit zum Symbol und zum mobilisierenden Emblem verwandelt, sie repräsentiert.
Wie Eric L. Santner an dem durch Freuds Analyse berühmt gewordenen Fall des Daniel Paul Schreber zeigt, der nach seiner Ernennung zum Senatspräsidenten beim Oberlandesgericht Dresden im Juni 1893 unter Verfolgungswahn litt, droht eine Krise potenziell immer und namentlich dann, wenn Einsetzungen das Willkürliche einer Institution in Erinnerung rufen. Und dies deswegen, weil die Aneignung einer Funktion durch den Ernannten auch eine Aneignung des Ernannten durch die Funktion darstellt: Er nimmt von seinem Amt nur Besitz, wenn er akzeptiert, dass es von ihm körperlich Besitz ergreift; so jedenfalls verlangt es der Ritus der Investitur, der das Anlegen einer Kleidung (oft einer Uniform), die Übernahme einer Sprache (die ebenfalls standardisiert und stilisiert ist wie eine Uniform) und einer entsprechenden körperlichen *hexis* auferlegt und den Ernannten damit auf Dauer an eine unpersönliche Verhaltensweise zu binden und durch diese Entpersönlichung zu bekunden trachtet, dass er das – bisweilen exorbitante – Opfer der Privatperson hinnimmt. Diese Inbesitznahme durch das Erbe, die der Aufstieg zum Erbberechtigten erforderlich macht, versteht sich wohl deswegen nicht von selbst, weil sie erahnt (oder im Willkürlichen der Einsetzung plötzlich entdeckt) wird. In den Einsetzungsriten verdichten sich all die unzähligen, unmerklichen und unsichtbaren, da oft unendlich winzigen Handlungen und Worte, die jeden zur Ordnung rufen, das heißt zu dem sozialen Sein, das die Sozialordnung ihm zuweist (»das ist deine Schwester«, »du bist der Ältere«), dem des Mannes oder der Frau, des Älteren oder des Jüngeren, und den Bestand der symbolischen Ordnung sichern, indem sie die Zirkulation des symbolischen Kapitals zwischen den Generationen regeln, zunächst innerhalb der Familie und dann auch in Institutionen jeder Art. Indem der legitime Nachfolger – ob Würdenträger oder Beamter – sich, wie man so sagt, mit Leib und Seele seiner Funktion und

damit der *Körperschaft* (*universitas*, *collegium*, *societas*, wie die Kanoniker sagten) hingibt, trägt er zur Perpetuierung der Funktion bei, die vor ihm da war und die ihn überleben wird, und des mystischen Körpers, den er inkarniert und an dem er teilhat, womit er zugleich an dessen Zeitlosigkeit teilhat.

Die Einsetzungsriten geben ein vergröbertes, besonders deutliches Bild vom Wirken der Institution, dieses willkürlichen Wesens, das die Macht hat, von Willkür zu befreien und die Daseinsberechtigung schlechthin zu verleihen, die Bestätigung nämlich, dass ein kontingentes, von Krankheit, Gebrechen und Tod angreifbares Wesen der transzendenten, unsterblichen Würde so würdig ist wie die soziale Ordnung, der es angehört. Und die Ernennungen und Benennungen – von den trivialsten der gemeinen Bürokratie wie der Ausstellung eines Personalausweises oder einer Krankheits- oder Invaliditätsbescheinigung bis hin zu den feierlichsten, die dem Adel zuteil werden – führen über eine Art *regressus in infinitum* bis zu jener Art Verwirklichung Gottes auf Erden, die der Staat darstellt: Er ist es ja, der die unendliche Reihe behördlicher Akte, die stellvertretend die Gültigkeit der Bescheinigungen legitimen Existierens (ob als Kranker, Invalide, Hochschulabsolvent oder Pfarrer) bescheinigen, letzten Endes garantiert. Und die Soziologie vollendet sich dergestalt in einer Art Theologie der letzten Instanz: Wie das Gericht bei Kafka, so verfügt der Staat über eine absolute Macht des Urteilens und über eine schöpferische Wahrnehmung; Kants göttlichem *intuitus originarius* gleich, schafft er, indem er benennt und unterscheidet. Sichtlich war Durkheim nicht so naiv, wie man glauben machen möchte, als er aussprach, was auch Kafka hätte sagen können: »Gott ist die Gesellschaft.«

»Ich denke, dass man die nationale und internationale Technokratie nur effizient bekämpfen kann, wenn man sie auf ihrem eigenen Terrain angreift und der Wissenschaft, vor allem der Wirtschaftswissenschaft und ihrem abstrakten und verstümmelten Wissen, Erkenntnisse entgegenhält, welche Menschen und Realitäten, mit denen sie konfrontiert sind, besser respektieren.«

Stills aus *La sociologie est un sport de combat* (2001), einem Videofilm von Pierre Carles

Bibliografie

1958 Sociologie de l'Algérie, Paris.
1964 Le Déracinement, la crise de l'agriculture traditionnelle (mit Abdelmalek Sayad), Paris.
1964 Les Étudiants et leurs études (mit Jean-Claude Passeron), Paris, Den Haag.
1964 Les Héritiers, les étudiants et la culture (mit Jean-Claude Passeron), Paris.
1964 Travail et Travailleurs en Algérie (mit Alain Darbel, Jean-Paul Rivet et Claude Seibel), Paris, Den Haag.
1965 Rapport pédagogique et communication (mit Jean-Claude Passeron et Monique de Saint Martin), Paris, Den Haag.
1966 L'amour de l'art, les musées d'art européens et leur public (mit Alain Darbel, D. Schnapper), Paris.
1970 Zur Soziologie der symbolischen Formen, Frankfurt.
1970 Die Illusion der Chancengleichheit, Paris (Stuttgart 1971, mit J.-C. Passeron).
1973 Grundlagen einer Theorie der symbolischen Gewalt (mit J.-C. Passeron), Frankfurt.
1976 Entwurf einer Theorie der Praxis auf der ethnologischen Grundlage der kabylischen Gesellschaft, Frankfurt (Genf 1972).
1981 Eine illegitime Kunst. Die sozialen Gebrauchsweisen der Photographie, Frankfurt (Paris 1965).
1981 Titel und Stelle. Über die Reproduktion sozialer Macht (mit L. Boltanski u.a.), Frankfurt.
1985 Sozialer Raum und »Klassen«, Leçon sur la leçon, Frankfurt (Paris 1982).
1987 Die feinen Unterschiede, Kritik der gesellschaftlichen Urteilskraft, Frankfurt (Paris 1979).
1987 Sozialer Sinn, Kritik der theoretischen Vernunft, Frankfurt (Paris 1980).
1988 Homo Academicus, Frankfurt (Paris 1984).
1989 Satz und Gegensatz. Über die Verantwortung des Intellektuellen, Berlin.
1989 La Noblesse d'État. Grandes écoles et esprit de corps, Paris.
1990 Was heißt sprechen? Die Ökonomie des sprachlichen Tausches, Wien (Paris 1982).
1991 Die Intellektuellen und die Macht, Hamburg.
1991 Soziologie als Beruf, Berlin (Paris 1968).
1992 Rede und Antwort, Frankfurt (Paris 1987).
1992 Die verborgenen Mechanismen der Macht, Hamburg.
1993 Soziologische Fragen, Frankfurt (Paris 1980).
1995 Freier Austausch (mit Hans Haacke), Frankfurt (Paris 1994).
1997 Der Tote packt den Lebenden, Hamburg.
1998 Der Einzige und sein Eigenheim, Hamburg.
1998 Gegenfeuer. Wortmeldungen im Dienste des Widerstands gegen die neoliberale Invasion, Konstanz (Paris 1998).
1998 Praktische Vernunft. Zur Theorie des Handelns, Frankfurt (Paris 1994).
1998 Über das Fernsehen, Frankfurt (Paris 1996).
1998 Vom Gebrauch der Wissenschaft. Für eine klinische Soziologie des wissenschaftlichen Feldes, Konstanz (Paris 1997).
1998 La Domination masculine, Paris.
1999 Die Regeln der Kunst. Genese und Struktur des literarischen Feldes, Frankfurt (Paris 1992).
2000 Das religiöse Feld. Texte zur Ökonomie des Heilsgeschehens, Konstanz.
2000 Die zwei Gesichter der Arbeit. Interdependenzen von Zeit- und Wirtschaftsstrukturen am Beispiel einer Ethnologie der algerischen Übergangsgesellschaft, Konstanz (Paris 1977).
2000 Les structures sociales de l'économie, Paris.

2001 Gegenfeuer 2: Für eine europäische soziale Bewegung, Konstanz (Paris 2001).
2001 Meditationen. Zur Kritik der scholastischen Vernunft, Frankfurt (Paris 1997).
2001 Das politische Feld. Zur Kritik der politischen Vernunft, Konstanz (Lyon 2000).
2001 Wie die Kultur zum Bauern kommt. Über Bildung, Schule und Politik, Hamburg.
2001 Langage et pouvoir symbolique, Paris.
2001 Science de la science et réflexivité, Paris.
2002 Le Bal des célibataires. Crise de la société en Béarn, Paris.
2002 Ein soziologischer Selbstversuch, Frankfurt.
2003 Interventionen 1961 – 2001. Sozialwissenschaft und politisches Handwerk, Band 1: 1961 – 1980, Hamburg (Marseille 2002).
2003 Images d'Algérie. Une affinité élective, Arles.

Zu Pierre Bourdieu

Yvette Delsaut, Marie-Christine Rivière, Bibliographie des travaux de Pierre Bourdieu, Paris 2002.
Anna Boschetti, La rivoluzione simbolica di Pierre Bourdieu, Venedig 2003.
Rolf-Dieter Hepp, Bourdieu, Sozioanalyse, Soziosemiotik, Wien 2000.
Joseph Jurt, Das literarische Feld. Das Konzept Pierre Bourdieus in Theorie und Praxis, Darmstadt 1995.
Derek Robbins, Bourdieu and Culture, London 2000.
Louis Pinto, Pierre Bourdieu et la théorie du monde social, Paris 2002.
Boike Rehbein, Gernot Saalmann, H. Schwengel (Hg.), Pierre Bourdieus Theorie des Sozialen, Konstanz, 2003.
Markus Schwingel, Analytik der Kämpfe. Macht und Herrschaft in der Soziologie Bourdieus, Hamburg 1993.
Markus Schwingel, Bourdieu zur Einführung, Hamburg 2000.

Sondernummern

»Pierre Bourdieu«, Critique, 579 – 580, Aug. – Sept. 1995.
»Schwerpunkt: Die Literatur- und Kunstsoziologie Pierre Bourdieus«, Internationales Arvchiv für Sozialgeschichte der deutschen Literatur, 2, 1997.
»Comparing Pierre Bourdieu's Sociological Thought«, International Journal of Contemorary Sociology, 38/1, 4/01.
»L'œuvre de Pierre Bourdieu«, Sciences humaines, 2002.
»Pierre Bourdieu«, Les Inrockuptibles, 323, 29. Januar 2002.

Dokumentarfilm

Pierre Carles, La sociologie est un sport de combat, CP-Productions, 2001.
Pierre Carles, Enfin pris, CP-Productions, 2002.

Textnachweise

Die Welt entfatalisieren. Défataliser le monde. In: Les Inrockuptibles. N° 99, April 1997, S. 20 – 25. Mit freundlicher Genehmigung von Jérôme Bourdieu. Deutsch von Helene Greubel.
Die biografische Illusion. In: Pierre Bourdieu, Praktische Vernunft. Ffm: Suhrkamp, 1998, S. 75 – 83.
Die Erfindung des totalen Intellektuellen. Erstabdruck: Romanistische Zeitschrift für Literaturgeschichte, 14, 1981, S. 385 – 391. Rechte beim Autor.
Die Erzeugung des ökonomischen Habitus. In: Pierre Bourdieu, Die zwei Gesichter der Arbeit. Konstanz: UVK, 2000, S. 7 – 18. Mit freundlicher Genehmigung des Verlages.

Die konservative Schule. In: Pierre Bourdieu, Wie die Kultur zum Bauern kommt. Hamburg: VSA, 2001, S. 25 – 31.

Die drei Formen des kulturellen Kapitals. In: Pierre Bourdieu, Wie die Kultur zum Bauern kommt. Hamburg: VSA, 2001, S. 112 – 120.

Ungezwungen oder unverfroren. In Pierre Bourdieu, Die feinen Unterschiede. Ffm: Suhrkamp, 1982, S. 311ff.

Über einige Eigenschaften von Feldern. In: Pierre Bourdieu, Soziologische Fragen. Ffm: Suhrkamp, 1993, S. 107ff.

Einführung in eine Soziologie des Kunstwerks. In: Pierre Bourdieu, Die Intellektuellen und die Macht. Hrsg. von Irene Dölling, Hamburg: VSA Verlag, 1991, S. 101 – 124.

Flaubert – Einführung in die Sozioanalyse. Erstabdruck: Sprache im technischen Zeitalter 102, Juni 1987, S. 173, 189; Sprache im technischen Zeitalter 103, September 1987, S. 240 – 250. Rechte beim Autor.

Am seidenen Faden. In: Pierre Bourdieu et al., Das Elend der Welt. Konstanz: UVK, 1997, S. 443 – 445. Mit freundlicher Genehmigung des Verlags.

Wider die Zerstörung einer Zivilisation. In: Pierre Bourdieu, Gegenfeuer 1. Konstanz: UVK, 1998, S. 34 – 38. Mit freundlicher Genehmigung des Verlags.

Das Modell Tietmeyer. In: Pierre Bourdieu, Gegenfeuer 1. Konstanz: UVK, 1998, S. 53 – 59. Mit freundlicher Genehmigung des Verlags.

Die Arbeitslosenbewegung – ein gesellschaftliches Wunder. In: Pierre Bourdieu, Gegenfeuer 1. Konstanz: UVK, 1998, S. 103 – 105. Mit freundlicher Genehmigung des Verlags.

Fernsehen, Journalismus und Politik. In: Pierre Bourdieu, Gegenfeuer 1. Konstanz: UVK, 1998, S. 77 – 85. Mit freundlicher Genehmigung des Verlags.

Vereinheitliche und herrsche. In: Pierre Bourdieu, Gegenfeuer 2. Konstanz: UVK, 2001, S. 100 – 116. Mit freundlicher Genehmigung des Verlags.

Das symbolische Kapital. In: Pierre Bourdieu, Meditationen. Ffm: Suhrkamp, 2001, S. 309 – 315.

Bildnachweise

Cover unter Verwendung eines Fotos von Pierre Bourdieu, mit freundlicher Genehmigung von Jérôme Bourdieu. Fotos Seiten 33-35, mit freundlicher Genehmigung von Jérôme Bourdieu.

Seiten 64, 120, 121, 174, 175, 179, 218, mit freundlicher Genehmigung von Pierre Carles.

Trotz aller Bemühungen von Herausgebern, Autoren und Verlag kann es immer wieder passieren, dass einzelne Urheberrechte unrichtig, unvollständig oder gar nicht verzeichnet sind. Alle diesbezüglichen Anfragen bitten wir an den Verlag zu richten.

Dank

Der Herausgeber und der Verlag danken Jérôme Bourdieu und Marie-Christine Rivière für ihre Unterstützung und insbesondere Pierre Carles für die freundliche Überlassung der Bilder aus seinem Film *La sociologie est un sport de combat*. Der Herausgeber dankt Pascal Jurt für hilfreiche Hinweise.

Der Herausgeber

Joseph Jurt, geb. 1940 in Willisau-Land (Schweiz). Studium der Romanistik, Geschichte und Philosophie in Fribourg und an der Sorbonne, Literatursoziologie an der EHESS in Paris. Professor für französische Literaturwissenschaft in Regensburg und seit 1981 in Freiburg. Vorsitzender des Frankreich-Zentrums (1993 – 2000). Gastprofessuren am Centre de sociologie européenne (P. Bourdieu), an der Sorbonne Nouvelle und an der Bundesuniversität von Rio de Janeiro.

Personenregister